중국선
로드맵

중국선 로드맵

중국 선문화 가이드북

법지 글, 사진

중국의 선종 사찰과
조사들의 선사상 산책

운주사

추천의 글

안국선원 선원장 수불

새벽을 깨우는 산사의 종소리가 아랫마을로 울려 퍼지듯, 법지 스님이 각고의 노력으로 출간하는 『중국선 로드맵』이 불조의 정법을 따르는 도반들의 가슴에 잔잔한 파문을 일으키리라 기대된다.

법지 스님은 중국 남경대학에서 수학하며 인고의 시간을 보냈다. 그동안 한눈팔지 않고 오로지 외길로 수행 정진하는 모습을 멀리서 가만히 지켜봐 왔다. 그 애쓰고 애쓴 세월이 모여 오늘 소중한 저서가 되어 대중 앞에 선보이는 것을 진심으로 축하하는 바이다.

아마 말로 다 표현할 수는 없겠지만, 법지 스님이 아니면 이겨낼 수 없는 일련의 어려운 일들이 많았을 것이다. 중국 땅에서의 어려운 공부 과정을 묵묵히 참고 견디면서 이제 여법한 결실을 이룬 데 대해, 남의 일 같지 않아 기쁜 마음으로 박수를 보내는 바이다.

말도, 음식도, 풍토도 낯선 중국 본토에서 오랫동안 조사 어록을 연구 번역하고, 현지에서 각종 학계 활동은 물론 선종사찰 순례도 꾸준히 하면서 정진해온 노력과 원력을 높이 사고 싶다.

이 책은 중국 선종사찰 답사의 생생한 기록이다. 한국불교는 기본적으로 임제종 양기파의 법맥을 이어오고 있으므로, 이 책은 우리 정신의 혈맥을 기록한 살아 있는 현장 보고서라 할 만하다.

초조 보리달마의 소림사에서 시작하여 육조혜능의 남화선사를 거쳐 황벽선사, 밀인사, 임제의현의 임제사 등 30여 곳의 선종사찰을 답사하고 마침내 조주종심의 백림선사를 참배하고 근대의 고승 허운대사가 주석했던 와룡선사로 발길을 멈춘다.

선의 황금시대에 태동한 오가칠종을 망라한 성실한 답사기에는 각 종장의 가풍과 방편까지 세밀히 기록하여, 선불교 법맥에 대한 저자의 공력이 얼마나 깊은지 웅변으로 보여주고 있다.

보리선사 동산양개의 '정편오위'나 경산사 대혜종고의 '화두참구법' 등 학인 제접의 다양한 수단까지 소개한 대목은 저자의 괄목할 만한 실력을 보여주고 있어 새삼 치하해 마지않는다.

이는 모두 본인이 자발적으로 감동받고 신이 나서 연구하고 찾아다녔다는 증거이고, 이처럼 스스로 좋아서 하는 일보다 더 보람 있는 일은 없을 것이다. 더구나 그 일이 옛 명안종사들의 발자취를 직접 답사하여 소상한 자초지종의 기연과 사진자료를 한국불교계에 소개하는 것일진대!

불조의 기연들이 살아서 꿈틀거리는 모습으로 다가와, 넓은 바다의 파도소리처럼 인연 있는 많은 분들의 마음속에 끊임없이 울려 퍼지기를 기원한다.

법지 스님의 보람찬 결실을 기쁜 마음으로 찬탄하며, 독자 여러분께서 명실상부한 '사진과 글로 보는 중국선종사'를 읽어보시기를 권하면서 삼가 추천에 갈음하는 바이다.

추천의 글

율주 중산혜남(불찰대본산 영축총림 통도사)

원래 불교는 우주의 중심이라는 인도에서 태어나신 석가모니 부처님이 깊은 선정에 들어 지혜의 눈을 뜨게 되고 일체의 괴로움에서 벗어나 중생을 구제하겠다는 대자대비하신 원력으로부터 시작되었다. 이 불교가 자기들만이 우주의 중심에 위치한 중화中華이고 사방에 있는 나라들은 모두 오랑캐라고 생각하는 중국인에게 그대로 받아들여질 수 없었다. 그래서 이 문화적 충돌을 극복하고 불교를 중국에 뿌리내리게 하기 위하여 초기의 불교는 중국의 전통사상에 빗대어 그 유사점을 찾아 불교를 이해하려는 격의불교格義佛敎로부터 시작되었다. 그러나 불교가 제자리를 찾게 되면서 불교가 도리어 중국의 문화, 예술, 학술, 종교에 많은 영향을 끼치게 되었음을 부정할 수 없다. 그 가운데서도 중국의 선종은 중국 고유의 사상인 노장철학과 닮은 것이 많아 가장 중국적인 불교로 발전하게 되었다.

『중국선 로드맵』은 보리달마에 의하여 중국에 선법이 전해져서 육대조사를 거쳐 오가칠종五家七宗이 갖추어진 큰 줄기는 물론 북종선과 하택종 등 비주류까지 총망라한 선종사임과 동시에 현재 이들 사원의 모습까지도 잘 정리하고 있다.

이 책의 저자인 법지 스님은 나와 오랜 인연이 있는데, 그동안 지켜본 바에 의하면 사람됨이 침착하고 자기를 내세우지 않고 끊임없이 노력하는 수행자로서 불교를 대하는 태도도 바로 믿고 이해하고 실천하여 그 경지에 이르도록 실천하는 수행자이다. 그래서 한국의 정각사선원, 해인사선원과 중국의 남화선사 등에서 좌선 수행을 하며 『법보단경』 등을 번역하고 주석하였다.

이 책을 편찬하기에 앞서 때로는 도반들과 함께 때로는 혼자서 넓은 중원 땅을 자동차로 달리기도 하고 때로는 풍찬노숙風餐露宿을 마다않고 험한 길을 걷기도 하면서 중국에 최초로 선법을 전했다는 불타선사와 달마대사가 주석했던 소림사를 시작으로 선종의 육조와 오가칠종 여러 선사들이 활동한 30여 개의 사찰을 마치 살아 있는 선사들을 친견하듯 참배하면서, 각 사원의 개산조 및 중흥조의 활동과 선사상 및 사원의 옛 모습과 지금의 모습을 담은 많은 사진과 함께 수록하였으니, 이 책을 읽음으로써 중국 선종의 법맥과 선사상 그리고 수행의 모습을 한눈에 볼 수 있는 길잡이가 될 것으로 믿고 일독을 권하는 바이다.

추천의 글

김방룡(한국선학회 회장)

언어와 사유가 끊어진 선禪의 세계는 밖으로 향하던 눈을 내면으로 되돌릴 때 온전히 드러난다. 선사禪師들이 남긴 자취는 오히려 우리를 미궁 속에 빠뜨린다. 이 책은 선의 미궁에 빠져 오랜 시간 중국 선사들의 자취를 찾아 헤맨 법지 스님의 고독한 여정이 녹아 있다. 초조 달마대사부터 허운선사에 이르기까지 그들이 머물던 사원의 역사와 현황, 선사상과 고사들을 여래선, 조사선, 분등선으로 나누어 정리해 놓은 이 책은 손에 잡히는 '중국선종사'라 할 수 있다. 선의 미궁 속을 빠져나오게 하는 실타래처럼, 이 책을 통해 선의 세계에 다가가길 기대해 본다.

라이용하이(賴永海, 중국 남경대 중화문화연구원 원장)

불교가 중국에 전래된 이후 가장 중요한 성과 가운데 하나는 바로 중국의 고대문화와 서로 융합하여 가장 중국적 특색을 지닌 종파, 즉 선종이 출현했다는 것이다. 본서는 법지법사가 중국 선종의 중요한 사찰을 몇 년간의 답사로 이루어낸 저술이다. 선종의 사찰들에 대하여 상세한 설명과 함께 사진을 싣고 있으며, 특히 그 사찰에 주석한 종장들의 선사상적 특색을 소개하고 있다.

불교에 있어서 한국과 중국은 역대로 끊임없는 교류를 통하여 서로에게 영향을 주고받았으며, 중요한 사상적 발전을 함께 이루어왔다. 현대에 있어서 한국과 중국이 다시 수교하여 교류를 시작한 지 30년에 이르게 되었다. 이러한 때에 법지법사의 본서는 한중 불교교류에 있어서 중요한 의미를 지니고 있어 그 노고에 감사를 드리며, 기쁜 마음으로 추천의 글을 쓴다.

발문

누가 "살불살조"라 했던가! 선학인禪學人의 절박함이 시공을 사무친다!

일찍이 92년 무렵 붓다가 설한 '무아無我'의 의미를 알고 싶어 인도를 1년 1개월간 만행하고 마지막에 경비행기로 붓다가 바라본 히말라야산을 돌아보면서 "그저 산이구나" 하는 소회를 품고 품었다.

선사들의 깨달음이 사무쳐 약 15년의 세월을 중국을 왕래했다. 지금 여기 '중국선 로드맵'은 저자가 본, 선禪 맥락인 '길 없음'에서 역으로 종장宗匠들의 선리禪理의 길을 조견照見하고자 한다.

가보고 없다고 하는지 안 가보고 없다고 하는지,
진짜 없는 길인지, 길이 없는 것이 또 하나의 길인지,
길이 있다 해도 틀리고, 없다 해도 틀리는 건지,
그래도 길이 없음이라고도 하니, 자체 모순이다.
없는 길이든 아니든 한바탕 여유이길 바라옵고,
그냥 두면 좋을 걸 본래 없는 마음에 점을 찍으니
부끄러울 따름이고, 비평받아 마땅하리.
삼가_()_ 위음왕威音王 이전 일을 알 길 없어

눈 푸른 독자에게 길을 물을 뿐이고,

그래도 시주 은혜 무거워 조금이라도 녹이고자

읽고 보는 번뇌를 더 하니 많은 질책을 기다린다.

이 책이 다시 나오기까지 애써주신 도서출판 운주사 김시열 대표님, BBS방송 스텝진과 황민호 부장님, 김정규 PD님께 감사드린다. 또한 중국 불교의 거장이신 라이용하이 교수님, 여러 도반님들, 그리고 무엇보다도 항상 필자를 지원해주시는 대원사의 여러 신도님들과 회장님께 감사를 드린다.

아련야阿練若에서 법지 화남

※ 이 책은 2021년에 BBS불교방송 지정교재로 성준문화에서 출판된 『무로無路』를 개정하여 출판한 것임을 밝힌다.

일러두기

1. 기본적으로 시대의 흐름에 따라 선사들의 순서를 편집했다.
2. 여래선, 조사선, 분등선의 구분은 중국학계의 분류법을 따랐다. 다만 조주는
   조사선으로 분류하고 근대 허운 노화상의 선사상은 분등선으로 구분했음은
   본인의 뜻임을 밝힌다.
3. 인용문은 한문 원문을 부가하여 또 다른 해석의 여지를 남겨 놓았다.

하남성 등봉시 숭산
河南省 登封市 嵩山

소림사
少林寺

초조 보리달마
初祖 菩提達磨

달마 이전의 중국불교는 '수식관數息觀'과 '사념처四念處'를 중심으로 운용하는 '선수학禪數學'이 주류를 이루고 있었다. 이러한 선수학은 남북조南北朝시기에 이르러 북위北魏에서는 대승선관大乘禪觀을 결합하여 '정학定學'으로 발전하는데, 불타佛陀-승조僧稠 계열이 중국불교를 장악하게 되었다. 그러나 달마선의 『능가경楞伽經』을 중심으로 하는 이입사행론二入四行論은 바로 '자교오종(藉教悟宗; 교에 의지하여 깨달음을 종지로 삼음)'의 출발을 알리는 것이며, 이것은 후세에 '종문宗門'과 '교문敎門'의 서막을 열어 놓았다고 할 수 있다. 특히 '이입'과 '행입'은 불성佛性의 '유有'와 반야般若의 '공空'을 결합할 수 있는 근거를 마련하였다고 하겠다. 이러한 '공'과 '유'의 이론적 융합은 전체 선종禪宗의 기본적인 사상적 특징을 확립하였다. 이 두 가지 측면이 바로 달마선이 가지는 사상사적인 중요성이라고 하겠다.

머리말

중국 사찰 가운데 가장 유명한 곳을 꼽으라면 누구나 소림사를 든다. 전설적이고 신비로운 '소림무술'로 전 세계적인 유명세를 떨치고 있기 때문이다. 소림사는 중국의 오악五嶽 가운데 중악中嶽에 위치해 있으며, 불교 역사에서 빼놓을 수 없는 중요한 자리를 차지하고 있다. 1,500여 년 전, 북위北魏 효문제孝文帝가 서역의 고승 불타야사佛陀耶舍를 위하여 창건하였다. 소실산少室山 산림 속에 있어 소림사少林寺라 이름하게 되었다.

소림사 정문

선종禪宗 초조初祖 보리달마菩提達摩가 중국 건강(建康: 현재의 南京)에서 갈대를 타고 장강(長江: 楊子江)을 건너 숭산嵩山 소림사에 도착하여 9년간 면벽 좌선했다는 전설로 유명하다. 달마대사는 소림사에서 법을 혜가慧可에게 전수하면서 중국 선종의 새로운 장을 열게 되었다.

사원의 역사

북위 태화太和 19년(495), 효문제는 불타선사佛陀禪師를 모시기 위하여 숭산 소실산 북쪽 기슭에 소림사를 창건하였다. 불타선사는 인도 고승으로 먼저 북위의 도읍인 평성(平城: 현 山西省 大同)에 도착하니, 효문제가 높이 받들어 모셨다. 이후 수도를 낙양洛陽으로 천도하자 특별히 선사를 위하여 도성과 마주보는 숭산에 소림사를 세우기로 하였다. 불타선사는 절이 완공된 이후,

"이 소림정사少林精舍는 특별한 영지靈祇로 가피가 있어, 창건 이 래로 끝까지 부족함이 없을 것이다."*

라고 하였다. 그에 따라

"각지의 사문들이 명성을 듣고 모여들어 항상 수백 명이었다."**

라고 한다.

이후 북위 효명제孝明帝 효창孝昌 3년(527), 보리달마가 소림사에 도착하여 오유봉五乳峰 아래 '초조암初祖庵'에서 9년간 면벽面壁하 였다.

북주北周 건덕建德 3년(574) 무제武帝의 폐불정책으로 소림사도 훼손되었다. 대상大象 2년(580) 정제靜帝가 조서를 내려 불교와 도 교를 다시 홍성시켰으며, 소림사는 중창하여 척호사陟岵寺로 이름 을 바꾸었다.

수隋 개황開皇 연간(581~600) 문제文帝가 소림사에 조서로 많은

---

* 〔唐〕道宣, 『續高僧傳』 卷16, 「佛陀傳」(『大正藏』 50, 551a), "此少林精舍別有 靈祇衛護, 一立已後, 終無事乏."
** 앞의 책, "四海息心之儔, 聞風響會者, 衆恒數百."

당산 소림사 발우봉 아래 있는 이조암

땅을 하사하니, 소림사는 이로부터 많은 농지와 거대한 재산을 보유하게 된다.

　당唐 무덕武德 2년(619), 수 장군 왕세충王世充이 낙양에서 스스로 황제라고 선포하고, 국호를 '정鄭'이라 하였다. 그의 조카 왕인칙王仁則이 소림사가 속한 원주성轘州城을 점거하였다. 무덕 4년(621), 소림사 현종 등 13명의 스님이 왕 인칙을 체포하고 원주성을 빼앗아 진왕 이세민李世民에게 귀순하였다. 3년 후, 당 태종에 즉위한 이세민은 사신을 특파하여 소림사에 고마움을 전하였다. 전쟁에 참가한 스님들은 모두 상을 받고, 현종은 대장군을 품수하였으며, 백곡오柏谷塢 지역의 농지를 소림사에 하사하였다. 물론 당시 소림사는 선학禪學의 중심도량이었다. 홍도弘道 원년(683), 달마선 계통의

숭산 준극봉

법여法如선사가 소림사에서 교화하고, 6년 후 소림사에서 원적하였
다. 그때 유명한 선사 혜안, 영운, 동광 등이 소림사에서 정진하였
다. 현장玄奘법사도 황제에게 소림사에서 역경譯經을 두 차례나 청
하였지만, 허가를 받지 못하였다. 신라 스님 혜소慧昭는 원화 5년
(810) 소림사에서 구족계具足戒를 받았으며, 수년 간 습선習禪한 이
후에 귀국하여 지리산 화개곡에 옥천사(玉泉寺; 현 雙磎寺)를 세우고
'진감眞鑑국사' 칭호를 받았다.

　원나라 때에도 걸출한 많은 스님이 배출되었다. 선종 오가五家
가운데 하나인 조동종曹洞宗 복유福裕선사가 소림사 주지 소임을
맡았다. 이때부터 소림사는 100여 년간 선종의 중심도량으로 가장
찬란한 시대를 열었다. 그러나 원나라 말기 농민봉기 때 홍건군紅
巾軍이 소림사에 난입해 또 한 번 스님들이 산산이 흩어졌다.

　명나라 때 소림사 대중은 다시 800명이 넘었다. 황제의 아들 여
덟 명이 전후로 소림사에 출가하였다. 수차례 황명으로 중창하니

소림무술 수련

규모 또한 대단했다.

청나라 조정에서도 소림사를 중시하였다. 옹정擁正 13년(1735),
황제가 친히 사원의 조감도를 보고 방안을 제시하였으며, 일주문
을 중창하고 천불전을 모셨다. 건륭乾隆 15년(1750), 건륭은 친히
소림사에 가서 방장실에 머물며 시를 쓰고 비석을 세웠다.

중화민국 때, 재앙이 소림사에 또 미치게 되었다. 1928년, 국민
당 정부의 석우삼石友三이 군대를 이끌고 불을 질러 천왕전, 대웅
전, 법당, 종루 등을 모두 훼손하였다. 수많은 진귀한 서재, 사지寺
誌, 권보拳譜 등은 잿더미로 변해 막대한 손실을 입게 되었다. 이
후 1970년대 이르러 복원되기 시작하여 현재의 모습을 갖추게 되
었다.

전각 위에서 은행을 줍는 스님

사원의 현황

소림사 건축은 산세와 어우러져 기운차고 도량이 장엄하다. 현 사원은 상주원, 초조암, 이조암, 탑림 등 몇 개 부분으로 구성되었다. 상주원 건물은 북쪽에 자리 잡고 남쪽을 향하는 대칭이다. 산문, 천왕전, 대웅보전, 법당, 방장실, 달마정達摩亭, 천불전 등을 갖추고 있다. 그리고 양쪽으로 종루, 선당, 승원, 백의전白衣殿, 지장전 등이 있다.

산문은 소림사 정문이다. 청나라 옹정 13년(1735) 중건하고, 1974년 개축하였다. 정문 앞 양측에 한 쌍의 청석青石 사자가 우뚝 솟아 있다. 정문 위에는 장방형의 검은 바탕 편액에 가로로 '소림사'가 새겨져 있고, 한가운데는 '강희어필지보康熙御笔之寶' 여섯 글자와 옥새가 새겨져 있어 강희황제의 친필임을 알 수 있다. 정문 앞에는 오랜 측백나무 숲이 있어 소박하고 예스러우며 사람의 마음을 깨끗하고 맑게 해준다.

천왕전은 원래 소림사 정문으로 '천하제일 조정天下第一 祖庭'*이라는 편액이 걸려 있다. 대웅보전은 가로 다섯 칸, 세로 네 칸이고, 지붕은 녹색 유리로 된 기와가 올려져 있다. 종루는 대웅보전 정면 동쪽에 4층으로 되어 있고, 웅장하며 위세가 넘친다. 종루 밖에 "소산선사행실비小山禪師行實碑"와 당 현종이 세운 '태종문황제어서비太宗文皇帝御書碑'라는 비석이 있는데, 모두 소림사를 지키는 보물이다.

종루 북쪽 앞에는 건륭황제가 지었다는 '어서비御書碑'라는 비석이 세워져 있다. 고루鼓樓는 종루와 서로 대칭되게 4층으로 되어 있다.

천불전 내의 벽돌바닥에는 2줄로 깊이가 20cm 되는 발자국이 있다. 전설에 의하면 소림사 스님들이 기마자세騎馬姿勢로 무예를 닦을 때 밟아서 생긴 흔적이라고 한다.

소림사 선원은 1,500여 년의 역사를 가지고 있다. 상주원 동북쪽 조용한 곳에 위치하고 있다. 현재 선원은 방장 영신스님이 중창하여 30여 대중이 동시에 정진할 수 있다.

초조암初祖庵은 선종의 초조 달마를 기념하기 위하여 송대宋代에 세운 암자다. 소림사 서북쪽 2km에 위치하고 오유봉五乳峰을 등지

---

* "천하제일조정"에서 '조정'은 우리나라의 사찰 '본사'에 해당됨.

무술 벽화도와 기마자세 연마 시 파인 바닥

탑림塔林

고 있다.

소림사 탑림塔林도 유명하다. 절 서편에 위치하는데, 당나라 이
후 역대 고승 부도탑 230여 좌가 있다. 중국 최대 탑림으로 당나
라 탑 2좌, 송나라 탑 2좌, 금나라 탑 10좌, 원나라 탑 46좌, 명나라
탑 148좌, 나머지는 청나라 탑 혹은 시대가 분명하지 않은 탑들이
다. 중국 고대 벽돌 건축물과 조각 예술을 연구할 수 있는 보물창고
이다.

달마대사와 그의 선사상

보리달마(菩提達磨: ?~536) 대사는
남천축 바라문족으로 향지왕香至
王의 셋째 아들이다. 대승불법을
통달하고, 출가 후 반야다라般若多
羅 대사를 스승으로 섬겼다. 남조
南朝 양나라 때 인도에서 배를 타
고 광주廣州로 왔다고 전해진다.

보리달마

보리달마 관련 전설은 다양하지
만 가장 유명한 것이 양무제梁武帝와의 문답이다.

양무제는 사신을 파견하여 남경까지 모셔온 달마대사에게 "짐
(朕)은 황제가 되고 나서 많은 사찰을 건립하고 역경사업을 하였습
니다. 그리고 많은 사람들을 출가시켰습니다. 이러한 나의 공덕은
어떠합니까?"라고 물었다. 달마대사는 "아무런 공덕이 없소이다."

라고 답하였다. 무제가 "어째서 아무런 공덕이 없습니까?"라고 질문하였다. 대사는 "이것들은 단지 인간계와 천상계에 태어나는 과보를 받을 수 있는 것으로, 유루법有漏法의 인과因果에 불과합니다. 몸을 따르는 그림자같이 설사 공덕이 있더라도 실제 있는 것이 아닙니다."라고 하였다. 무제가 다시 "어떤 것이 참된 공덕입니까?"라고 묻자, 대사는 "깨끗하고 맑으며 지혜롭고 원묘한 것입니다. 이는 세상이 추구하는 것과는 다릅니다."라고 하였다. 무제가 또한 묻기를 "지금 짐의 말에 대답하는 자는 누구입니까?"라고 하자, 대사는 "알 수 없습니다."라고 답하였다. 그러나 무제는 이러한 문답에서 참다운 종지를 깨닫지 못하였다. 그에 따라 달마는 무제와 마음이 계합하지 않음을 알고, 장강을 건너 북상하여 북위에 도착했다는 유명한 전설이다.

달마의 대승선관大乘禪觀은 후기 불교의 하나이다. 소승불교가 개인 수행과 해탈에 주력하는 데 비해, 이타구제의 입장에서 인간 전체의 평등과 성불을 이상으로 삼는다. 달마 이전의 중국불교는 수행 방면에서 이른바 '선수학禪數學'이 주류를 이루고 있었다. '선수학'은 '수식관數息觀'과 '사념처四念處'를 중심으로 선정禪定을 통해 마음의 해탈을 강조한다. 당시 중국에서는 '불로장생'과 '신통' 등을 추구하는 도교의 양생술養生術이 유행했는데, 선수학이 그와 상당히 유사했기에 중국인들에게 받아들여진 것이라고 볼 수 있다. 남북조南北朝시기에 들어 북위에서는 이러한 선수학이 '정학定學'으로 발전하는데, 불타선사가 '정학'의 대가였으며 효문제가 그를 위하여 소림사를 창건했던 것이다. 그렇지만 이후 달마가 들어와 대승선법을 펼치자 정학을 중심으로 하는 이들에게 배척을 당하였다. 심지어는 성도에도 들어가지 못하고 제자와 함께 이곳저곳에서 '두타행頭陀行'만 하였다. 하지만 결국 달마계통 선법이 불교계를 장악하고, 이후 소림사는 달마대사 본향으로 알려지게 된 것이다.

달마선법을 '남천축일승종南天竺一乘宗', '달마선達磨禪'이라고도 하고, '대승벽관大乘壁觀'이라 부르기도 한다. 이러한 달마의 선사상은 『보리달마대사약변대승입도사행관菩提達磨大師略辨大乘入道四行觀』에서 다음과 설하고 있다.

"입도入道에는 여러 길이 있지만, 핵심을 말하자면, 두 가지뿐이다. 하나는 이입理入이고, 둘은 행입行入이다. '이입'이란 자교오종藉教悟宗을 말하는 것으로, 중생에 동일한 진성眞性이 있지만, 객진客塵이 허망하게 가리고 있어 나타나지 못함을 깊게 믿음이다. 만약 허망함을 버리고 진성에 돌아와, 벽관에 머문다면, 자타가 없고, 범성이 하나로 같으며, 견고하게 머물러 움직이지 않으면, 다시 언교言教에 따르지 않게 되고, 이것이 바로 도道와 그윽히 부합하여, 분별이 없고, 적연寂然하여 무위가 되니, 이입이라고 부르는 것이다. 행입이란 사행四行을 이르는 것으로, 그 나머지의 제행이 모두 이 속으로 포섭된다. 무엇이 네 가지인가? 첫째는 보원행報怨行이고, 둘째는 수연행隨緣行이며, 셋째는 무소구행無所求行이고, 넷째는 칭법행稱法行이다."*

이로부터 달마선의 핵심을 짐작할 수 있는데, 바로 '이입二入'과 '사행四行'이라고 할 수 있다. 또한 '이입'은 '이입理入'과 '행입行入'의 두 가지를 말한다. 먼저 '이입'은 경전에 의지하여 깨달음을 얻음을 천명하는데, 여기서 말하는 경전은 『능가경楞伽經』으로 달마선을 '능가종楞伽宗'이라고도 칭한다. 『능가경』에서는 모든 중생에게 불성佛性이 있음을 강조하는데, 위의 인용문에서는 바로 이를 설명하고 있는 것이다. 또한 '이입'을 '안심安心'으로 설명하는데, "안심이란 벽관壁觀이다."라고 한다. 여기서 벽을 관하라는 말은 일종의 비유이다. 선을 닦을 때, 마음이 장벽처럼 움직임이 없어야 하고 집착을 버려야 한다는 뜻이다. 집착이 없는 마음으로 체득하여 참된 도리를 깨달으면, 내 마음과 진리는 그윽이 상응한다는 것이다. '벽관'은 달마선의 요지라고도 할 수 있다. 다음은 행입行入으로 인용문에서 말하는 '보원행', '수연행', '무소구행', '칭법행' 네 가지이다. 그 가운데 '보원행'은 도를 닦는 자가 고달픔을 견디고 기꺼이 받아들일 것이며 원망이 없어야 한다는 것이다. 이 세상에서 받는 고난은 전생에 악행을 행하였으므로 응당한 과보를 받는 것이라 생각해야 한다. 인과응보의 윤회輪回에서 벗어나기 위하여 반드

---

*　　〔梁〕菩提達磨說, 『菩提達磨大師略辨大乘入道四行觀』(卍續藏 63, 1a-b) "入道多途, 要而言之, 不出二種: 一者理入, 二者行入. 理入者, 謂藉敎悟宗, 深信含生, 同一眞性, 但爲客塵妄覆, 不能顯了. 若也捨妄歸眞, 凝住壁觀, 無自無他, 凡聖等一, 堅住不移, 更不隨于言敎, 此卽與道冥符, 無有分別, 寂然無爲, 名之理入. 行入者, 謂四行, 其余諸行, 悉入此中. 何等四耶? 一報怨行, 二隨緣行, 三無所求行, 四稱法之行.

시 묵묵히 고통을 참고 수행하여 마음과 도가 부합되도록 해야 한다. '수연행'은 고락을 인연에 맡기고 그 어떤 영욕榮辱과 득실得失에 개의치 아니해야 한다. 마음은 항상 평상심을 유지해야 한다. 왜냐하면 금생의 길흉화복은 모두 전생에서 심은 선행先行의 결과이기 때문이다. 인연이 다하면 모두 무로 돌아가는데 무엇을 기뻐하고 슬퍼하겠는가? 고락을 인연에 맡기고 마음이 고요해야만 깊이 도에 계합할 수 있는 것이다. '무소구행'은 탐욕을 끊고 구하는 것이 없어야 한다는 것이다. 만약 구하고자 하는 것이 있다면, 이미 동쪽을 보면서 다시 동쪽을 찾는 것이니, 생각이 일어난 순간 도道와는 멀어진다는 것이다.

이상의 세 가지 행은 모든 중생이 실존에 있어 고苦, 락樂, 사捨에 초연해야 함을 천명하고 있다. 불교 논리 가운데 하나의 원칙이며, 불교에서 제시하는 기본 방향이다. '칭법행'은 성정性淨의 도리에 계합함을 말한다. '성정'은 자성청정심自性淸淨心을 가리킨다. 도를 행할 때 매사 진실과 상응하고, 수행을 방편에 맡기고 집착하지 않는 것이다. 즉 "이와 같은 방편은 집착하지 않음을 가르친다."는 것이다. 진실과 상응하는 것은 법과 상응하는 것과 같다. 그러므로 '칭법행'이라 말한다. 칭법행 또한 '이입'과 종지는 같지만 굳이 구분한다면, '이입'은 선을 닦는 참다운 '도리'를 아는 것이고, '칭법행'은 부딪히는 모든 일을 '도리'에 부합시키는 것이다. 따라서 달마선사의 '이입사행' 가운데 '이입'은 여래장如來藏의 '자성청정심'에 근거하고, '행입'은 반야공관般若空觀에 근거한다고 할 수 있다.

달마의 여래장과 반야공관을 융합한 이론과 실천의 선법은 후

선종소림禪宗少林 음악대전音樂大典

대 조사들이 제창하는 '정혜등지定慧等持'의 선범先範이며, 중국선
발전에 다방면으로 커다란 영향을 주었다. 달마가 제시한 '자교오
종'은 교를 방편으로 온전한 깨달음을 얻는 수행실천법이다. 이것
은 후세에 '종문宗門'과 '교문敎門'의 서막을 열어 놓았다고 할 수 있
다. 또한 후대 선종의 "이심전심以心傳心, 불립문자不立文字"의 종풍
과 "교외별전敎外別傳"의 이론적 근거를 제공하였다. 또한 '이입'과
'행입'은 불성佛性의 '유有'와 반야의 '공'을 결합할 수 있는 근거를
마련하여 중국 선종禪宗의 기본적인 사상적 특징을 확립하였다. 이
두 가지 측면이 달마선이 갖고 있는 사상사적 중요성이다.

맺음말

달마는 인도로부터 불조 석가모니의 정법안장正法眼藏, 열반묘심涅槃妙心의 도리, 직지인심直指人心, 견성성불見性成佛의 묘리妙理를 중국에 전하였다. 이로부터 중국 선종의 찬란한 황금기를 열어 놓았다고 평가할 수 있다. 지금 숭산 소림사는 중국 선종의 본사로 천고 이래로 불자들의 마음속의 성지聖地이다. 우수한 전통을 유지하면서 발전하여 세계 속의 소림문화로 자리매김하고 있다. 또한 중국 전통문화를 상징하는 도량으로 대중들의 큰 관심을 받고 있다.

소림고사
少林故事

㉮북위北魏 송운宋云은 유명한 사신이다. 특별한 임무로 서역에 다녀오는 길에 우연히 총령蔥嶺에서 달마를 만난다. 그때 달마는 짚신 한 짝을 지팡이에 걸고 서역으로 돌아가는 길이었다. 그때 그는 달마선사가 원적한지 모르고 질문하였다.

　송운: 스님은 어디로 가십니까?(달마대사를 이미 알고 있었으니까)
　달마: 인도로 돌아가는 길이요!

짚신 한 짝 신고 갔네(지리서귀 只履西歸)

　송운이 귀국하여 이 일을 황제에게 고했다. 황제는 이상하게 여겨 달마의 관을 열어 보았더니 신 한 짝만 남아 있었다.
　지금 달마의 탑은 하남성 웅이산熊耳 山 공상사空相寺에 있다.

㉯달마가 처음 숭산嵩山에 왔을 때는 소림굴에서 오직 정좌하여 면벽정진만 하였다. 달마는 처음 3년은 원력대로 정진을 성취했다. 그 후 점점 자기도 모르게 혼침昏沈에 빠지곤 했다. 어느 날 혼침에서 깨어난 후 부끄러움과 분노가 치밀어 눈꺼풀을 뽑아 땅에 버리면서까지 용맹정진을 하였다. 후에 버려진 눈꺼풀이 놀랍게도 한 그루 나무로 자라나는 것이 아닌가!

그 후 5년 동안 맑은 정신으로 수행에 전념했다. 하지만 얼마 지나지 않아 또 다시 혼침으로 면벽이 어려웠다. 우연히 옆에 있는 나뭇잎을 따먹었더니 순식간에 정신이 맑아지고 눈이 밝아졌다. 그리고 문득 9년 선정禪定의 원력이 이루어졌음을 깨달았다. 달마가 먹었던 그 나뭇잎이 후세들이 마시는 녹차이다.

2

안휘성 악서현 사공산
安徽省 岳西縣 司空山

이조사
二祖寺

이조 혜가
二祖 慧可

달마선을 계승한 혜가는 달마의 선법을 전수받아 두타행을 수행하면
서 법을 전했으며, 또한『능가경』을 바탕으로 수행하여 '능가사楞伽師'라
고 칭한다. 혜가의 핵심적인 사상은 바로『능가경』에서는 "문자와 도리
는 서로 융합하고, 행위와 본질은 서로 관통함〔文理相諧, 行質相貫〕"을 제
창하며, 사상의 근본 종지에서는 "전적으로 오직 지혜를 염하고, 언설에
있는 것은 아님〔專唯念慧, 不在話言〕"을 천명하여, "언설과 생각을 잊고,
얻음이 없이 바르게 관함〔忘言忘念, 無得正觀〕"을 강조하고 있다. 언어와
문자에 집착하지 않는 것은 바로 달마대사의 '자교오종〔籍教悟宗; 교에
의지하여 깨달음을 종지로 삼음〕'의 전통을 계승한 것이다.

머리말

삼상*의 일곱 호수를 뛰어 넘어(躍過三湘七澤中)
두 어깨에 달을 지고 사공산에 오르니(兩肩擔月上司空)
납의가 해지면 구름으로 꿰매고(禪衣破處裁雲補)
얼음 만두와 하얀 눈으로 주린 배를 달래리.(冷饅飢時嚼雪充)

이 시는 선종 이조二祖 혜가惠可대사가 지은 것으로, 당시 스님이 종파논쟁을 피해 숭산嵩山에서 남하하여 사공산司空山에 은거, 수행하는 상황을 엿볼 수 있다. 초조달마는 인도로부터 먼저 광주廣州를 거쳐 남경南京에 도착하였다. 남경은 양梁의 수도였으며, 무제武帝가 황제자리에 있었다. 그러나 양무제와 서로 인연이 맞지 않아 바로 북상하여 숭산으로 갔으며, 그곳에서 혜가를 만나 의발衣鉢을 전수하였다. 이로부터 혜가는 선종 '이조'로 칭해진다. 혜가는 제자 승찬僧璨 등과 같이 사공산에 은거하면서 정진하였는데, 불교 내부의 종파논쟁과 북주北周 무제武帝의 폐불廢佛을 피하게 되었다. 이로서 사공산은 선종 이조의 도량이 되었다.

---

* 삼상三湘: 호남湖南의 상향湘鄉, 상담湘潭, 상음湘陰으로 동정호洞庭湖 부근을 가리킴.

사원의 역사

북주北周 무제武帝가 폐불廢佛을 단행(577)하자 선종도 갑자기 위기에 처한다. 이러한 상황에서 선종 2조 혜가는 달마가 전수한 『능가경楞伽經』과 가사를 가지고 사공산 아래 '앙천와仰天窩'에서 종적을 감추고 수행만 하였으며, 이때 혜가는 승찬僧璨을 만나게 된다.

　『조당집祖堂集』의 기록에 의하면, 북제北齊 천보天保 초년(550)에 이름을 밝히지 않고 마흔이 넘은 한 거사가 혜가의 처소로 찾아왔다. 그리고 말하기를, "저는 풍질風疾의 병이 있으니, 화상이 저를 위하여 지은 죄를 참회하여 없애게 해주십시오."라고 하자, 혜가는 "그대가 죄를 나에게 가져온다면, 나는 너를 위하여 죄를 참회하게 해주리라."고 하였다. 거사는 심사숙고하여 말하기를, "지금 저의 죄가 도대체 무엇인지를 알 수 없습니다."라고 하자, 혜가가 말하기를, "나는 이미 그대를 위하여 참회하게 하였다. 그대는 불법승佛法僧 삼보三寶에 귀의하여 출가하는 것이 제일 좋을 것이다."라고 답하였다. 거사가 "오늘 화상을 만나니, '승보僧寶'임을 알겠으나 세간에서 어떤 것이 부처이며, 무엇을 법이라 합니까?"라고 하자, 혜가는 "마음이 부처요, 이 마음이 법法이니, 마음과 부처와 법은 어떤 차별도 없으니, 그대는 알겠는가?"라고 하자, 거사가 즉시 깨닫고 "비로소 오늘에야 사람의 죄는 안에도 바깥에도 중간에도 있지 않음을 알았습니다. 마음이 그렇듯이 불법도 이와 같음을 알게 되었습니다."라고 말하였다. 혜가는 그가 법기法器임을 알아 삭발시키

상원上院 입구

면서 말하였다. "그대는 승보이니, 승찬僧璨이라는 이름이 적합하겠구나."

이후로부터 두 선사는 사공산에서 수행에 몰입하는 한편, 이조사를 중심으로 중생을 교화하였다. 이와 같은 수행과 교화는 불교의 혜명慧命을 지켰고, 법맥이 면밀히 이어지게 하였다.

이조사가 가장 찬란했던 시기는 당唐 현종玄宗 천보天寶 연간(742~755)이라고 할 수 있다. 육조 혜능의 제자 본정本淨선사가 주지를 맡았던 때이다. 천보 3년(744), 당 현종은 중사中史 양정광楊庭光을 파견하여 사공산에서 장생불로長生不老의 약을 구하게 하였다. 불로초를 채취하는 데 본정선사의 도움을 받게 되었다. 이에 현종은 크게 기뻐하며 본정선사를 장안(長安: 지금의 西安) 백련사白蓮寺에 주석하게 하였고, 많은 고승들과 왕래하며 선종을 널리 선양하게 하였다. 본정선사는 현종 및 수많은 문무백관들의 귀의를 받았다. 선사에게는 '대효大曉'라는 법호가 하사되어 국사國師로 받들어지고, 다시 사공산으로 돌아오게 되었다. 이에 현종은 은화를 하사하여 '무상선사(無相禪寺; 二祖寺)'를 거듭 중창하고 승방僧房 5048칸(間)을 짓고 아홉 개의 암자와 네 개의 사찰을 세웠다. 얼마 지나지 않아 사공산은 세상에 널리 알려지고 스님들이 구름같이 모였으며, 참배자 또한 문전성시를 이루며 전례 없는 성황을 이루었다.

이후 전쟁과 천재天災 등 여러 가지 원인으로 이조사는 점차 쇠락하였다. 명나라 천계天啓 원년(1662)에 이르러 사공산은 다시 부흥기를 맞이하였다. 태공太空 여호如浩선사는 이조사를 중창하기 위하여 사방팔방으로 분주히 다닌 결과 태수太守 완자화阮自華와

이조사 대웅보전

주사柱史 사안원史顏遠의 도움을 받아 대웅전과 조사전 등을 건립
하였다.

청나라 말기 태평천국太平天國의 난 때 사찰은 다시 파괴되었으
며, 문화혁명文化革命 기간에 사공산의 60좌 가운데 몇 개 안 남은
불상과 대웅보전이 모두 훼손되었다.

사원의 현황

안휘성安徽省 악서현岳西縣에 위치한 사공산司空山은 '사공산思空山',
'사공산四空山', '시공산施空山'이라고도 한다. 이러한 명칭은 선종의
'사유공思惟空', 불교의 '사대개공四大皆空'을 뜻한다.

이 산은 해발 1,227m이며, 주변 둘레가 35㎢가 되고 산세가 독특하다. 전설에 따르면, 전국戰國시기 순우씨淳于氏가 있었는데, 사공(司空; 삼공三公의 하나로, 토지와 민사를 담당하는 관직)을 맡아 평생 청렴하게 살았으며, 퇴직 후에 이 산에 은거하였기에 '사공산'이라는 이름이 붙었다고 한다.

예로부터 사공산은 사면이 모두 다 부처님의 모습으로, 발걸음을 옮길 때마다 산의 자태가 변화무쌍하다. 서편에서 보면 달마가 불탑을 받드는 모습이고, 북쪽에서 볼 땐 미륵보살이 귀를 기울여 경전을 듣는 형국이며, 남쪽에서 보면 이조 혜가가 좌선하는 모습이고, 동쪽에서 볼 땐 관세음보살이 부처님께 예를 올리는 형상이라고 한다.

하원 선원 내 선당禪堂

오르는 길은 굽이굽이 산길이지만 절을 가리키는 이정표를 자주 볼 수 있어 쉽게 이조사를 찾을 수 있다. 이조사는 상원上院과 하원下院으로 가람을 형성하고 있다.

하원은 사공산 산기슭에 위치하며 현재 대규모로 증축하고 있다. 스님들의 요사채는 이미 완공되었으며, 대중은 사찰 아래 부분인 하원에 거주한다. 그다지

폐관 정진을 위해 자기의 일용품을 직접 옮기는 수행자

상원 폐관수행처(上院關房)

크지 않은 일주문으로 들어가면 오관당五觀堂과 육합당六合堂이 양측에 자리하고 있다. 지금의 건축물은 1995년에 신축한 것이다.

상원은 산 위에 있다. 깎아 만든 가파른 돌계단을 한참 걸어 올라가야 한다. 어떤 길은 산세가 가파르며, 심지어 철근으로만 받치는 계단도 있다. 산으로 올라가는 계단 입구 암벽에는 중국불교협회 회장을 역임하였던 조박초趙樸初의 글씨 '선종제일산禪宗第一山'이 새겨져 있고, 그의 동상도 있다.

상원은 사공산의 주봉인 앙천와仰天窩에 위치한다. 산꼭대기의 벼랑을 등지고 강경대講經臺를 향하고 있다. 좌측에는 푸른 산이 감싸고, 우측에는 샘물이 졸졸 흐른다. 하늘이 만든 둘도 없는 절세의 도량이라고 할 수 있다. 상원은 이조사와 조사동祖師洞, 조사전祖師

선원 내 좌선좌

승조사에서 12년간 폐관정진한 창욱선사

殿 세 부분으로 구성되어 있다.

대웅전은 석벽으로 이루어진 비교적 드문 건축으로, 뒤에 버티고 있는 사공산과 잘 어우러져 참배객들의 만감을 교차하게 만든다.

선원은 대웅전 한쪽 측면에 위치하고 있으며, 2010년, 2011년 선칠禪七*을 시작으로 사부대중이 안거에 동참하고 있다. 이조동二祖洞은 이조석굴二祖石窟이라고도 한다. 혜가가 사공산에서 처음 정진하던 곳이다.

---

* 선칠禪七: 석존께서 보리수 아래에서 "만약 성도成道하지 않는다면, 금강보좌金剛寶座를 떠나지 않겠노라!"라고 서원하시고, 7일 후에 정각을 이루신 것에서 기원한 좌선 작법作法이다.

이조사 뒤에는 삼조동三祖洞도 있다. 승찬이 사공산에 있을 때 좌선했던 곳으로 전해지고 있다. 삼조동 동남쪽에 거대한 바위가 있다. 암석 중간에 칼로 깎은 듯 틈이 있는데, 매일 아침이면 돌 틈 사이로 태양이 떠오르는 것을 볼 수 있다. 전설에 따르면, 이 돌 틈은 삼조 승찬대사가 불퇴전不退轉의 신심으로 갈라놓은 것이라 한다.

삼조동 뒤에는 전의석傳衣石이 있는데 '이조대사가 의발을 전한 대〔二祖大師傳衣之臺〕', '공관空觀' 등의 글자가 새겨져 있다. 이조 혜가가 의발을 승찬에게 전수한 곳이라고 한다.

절 옆 멀지 않은 곳에 '태백서원太白書院'이 있다. 이곳은 시선詩仙 이백李白이 영왕永王 이린李璘을 황위에 추대하는 역모를 꾀하다 전쟁에 패하여 은거한 곳이라고 한다.

상원은 1991년 중창을 시작하여 2009년 제 모습을 드러내기 시작하였다. 하원은 아직도 중창 중에 있으며 규모가 상원보다 더 크다. 앞으로 몇 년 지나지 않아 웅장한 가람의 모습을 드러낼 것으로 보인다.

혜가선사와 그의 선사상

이조 혜가(487~593)의 속성俗姓은 희姬이고, 호뢰(虎牢; 현 河南 滎陽市) 사람이다. 젊었을 때 유학을 공부하였고, 불교에 귀의한 후 삼장三藏을 연구하여 통달하였다. 40세 즈음하여 보리달마를 만났으며, 달마를 6년 동안 시봉하여 심법心法을 인가印可 받고 4권본『능가경楞伽經』을 전수받았다.

천평天平 초년(534) 혜가는 동위東魏 도성인 업성(鄴城; 현 河南 安陽市)에 와서 달마의 새로운 선법을 펼쳤다. 그러나 혜가는 기존 학파로부터 공격을 받았으며, 이후 이름과 종적을 숨기고 황하 연안 일대에서 수행하다 다시 종파의 투쟁과 북주 무제의 폐불廢佛을 피하여 사공산으로 은거하게 되었다. 그 사이에 최고의 제자인 승찬을 만나게 된 것이다.

혜가는 수나라가 건립된 후에 또 다시 업성으로 돌아가 두타행과 달마선법을 전개하였다. 그렇지만 개황開皇 13년(593)에 종파적 분쟁으로 박해를 받고 열반에 드니, 세수는 107세였다.

이조 혜가에 대하여 가장 많이 알려진 것은 '단비구법斷臂求法'의 고사이다. 혜가는 낙양에 살았는데, 달마가 숭산 소림사에서 좌선한다는 소식을 듣고 참배하였다. 달마가 선정삼매에 들어 모른 척하자 혜가는 오랫동안 동굴 앞에 서서 기다렸는데, 밤에 폭설이 내려 무릎까지 덮고 나서야 겨우 아는 척을 하였다. 이에 달마가 측은히 여겨 묻기를, "이렇게 오랫동안 눈 속에 서 있는 것은 무슨 연고인가?"라고 하자, 혜가는 "불도를 구하기 위해서입니다."라고 답하였다. 달마는 "부처님의 무상無上한 묘도妙道는 깊고 깊다. 일반 사람은 감히 배울 수 없고 참기 어려운 고통을 참고 견디어야만 겨우 행할 수 있는 것이다."라고 했다. 혜가는 그 말이 떨어지자마자 자신의 한쪽 팔을 잘랐으며, 이에 달마는 혜가가 법기임을 알고 제자로 삼았다는 이야기이다.

그렇지만 학계에서는 이 이야기가 전설에 불과하다고 평가하고 있다. 왜냐하면 혜가가 "강도에게 팔을 잃었다"는 내용이 역사 자

료에 명확하게 기록되어 있기 때
문이다. 한편으로 이 이야기를 종
파논쟁과 관련지어 해석하는 경
우도 있다. 당시에 주류를 차지하
고 있었던 불타佛陀-승조僧稠계
에서 새롭게 부상하고 있었던 달
마-혜가계를 견제하는 과정에서
발생한 사건일지도 모른다는 해
석이다. 그렇지만 이를 증명할 수

혜가대사

있는 자료 역시 명확하지 않기 때문에 단지 추정이라고 할 수 있다.
그러나 이는 당시 종파논쟁이 상당히 격렬했음을 보여주는 것이라
고도 볼 수 있다. 이렇게 혜가는 한 손밖에 없었기 때문에 합장 또
한 한 손으로 할 수밖에 없었는데, 이로부터 중국불교에 한 손으로
예를 갖추는 경우가 나타났다고 한다.

혜가의 선사상은 달마로부터 계승받는다. 『속고승전續高僧傳』을
찬술한 도선道宣은 달마-혜가계의 선법을 '남천축일승종南天竺一乘
宗'이라 칭한다. 여기에서 '남천축'은 용수보살龍樹菩薩에 의해 중관
반야학中觀般若學이 발원한 곳이다. 따라서 달마-혜가계를 이렇게
칭한 까닭은 그 선법의 핵심이 '반야공관'에 있다고 파악했기 때문
이다. 또한 도선은 『속고승전』에서 불타-승조계와 달마-혜가계를
다음과 같이 비교하여 논하였다.

두 종宗을 살펴보면, 바로 대승의 두 궤도이다. 승조僧稠는 사념

처四念處를 품었으며, 청범淸範하여 존경할 만하다. 달마의 허종
虛宗은 현지玄旨가 그윽하고 깊다. 숭상할 만하다는 것은 곧 실정
과 상황이 쉽게 드러나는 것이고, 그윽하고 깊다는 것은 곧 이성
理性이 통하기 어렵다는 것이다.*

이로부터 두 계열의 차별을 충분히 짐작할 수 있다. 불타-승조계
는 '수식관數息觀'과 '사념처四念處'를 중심으로 한 '선수학禪數學'을
바탕으로 대승의 관법觀法을 받아들이고 있는데, 이를 '정학定學'이
라고 한다. 그렇지만 달마-혜가계는 앞에서 언급한 바와 같이 철저
하게 '반야공관'을 바탕으로 하고 있기 때문에 이 둘의 선법은 사실
상 상당한 차별을 보이고 있다.

혜가는 달마로부터 4권본『능가경』을 전수받았으며, 이후 혜가
와 제자들은『능가경』을 소의경전으로 하고 도성에 들어가지 않고
작은 마을과 산을 옮겨 다니며 수행하는 '두타행頭陀行'을 하게 된
다. 이에 사람들은 혜가 등이『능가경』을 바탕으로 수행하는 것을
보고 '능가사楞伽師'라고 칭하기도 한다.

『능가경』에서는 "문자와 도리는 서로 융합하고, 행위와 본질은
서로 관통함〔文理相谐, 行質相貫〕"을 제창하며, 사상의 근본 종지에
서는 "전적으로 오직 지혜를 염하고, 언설에 있는 것은 아님〔專唯念
慧, 不在話言〕"을 천명하여, "언설과 생각을 잊고, 얻음이 없이 바르

---

* 〔唐〕道宣,『續高僧傳』,「習禪篇」(『大正藏』50, 596c) "觀彼二宗, 卽乘之二軌也.
稱懷念處, 淸範可崇; 摩法虛宗, 玄旨幽賾. 可崇則情事易顯, 幽賾則理性難通."

게 관함〔忘言忘念, 無得正観〕"을 강조하고 있다. 언어와 문자에 집착하지 않는 것은 바로 달마대사의 '자교오종(籍教悟宗; 교에 의지하여 깨달음을 종지로 삼음)'의 전통을 계승한 것이다.

혜가는 달마선에서 제시하는 본정本淨의 진성眞性과 진여眞如의 실상實相은 서로 그윽이 부합함을 강조하고, 반야성공般若性空의 '이理'를 보편적인 '진여'에 결부시켰다고 하겠다. 그리고 이로부터 한 걸음 더 나아가 만법은 하나이고, 중생과 부처가 불이不二라는 사상을 제시하였다. 혜가의 선사상은 위진魏晋 현학玄學 이래 본말本末과 체용體用이 일여一如하다는 점을 충분히 실현시켰다고 평가한다. 이는 『유마경維摩經』을 대표로 한, 생사生死와 열반涅槃이 둘이 아니며, 번뇌와 해탈, 중생과 부처가 둘이 아니라는 대승불교사상을 표현한 것이다.

중국불교협회 회장을 역임하였던 조박초趙樸初는 "혜가가 없었다면 중국 선종도 없었을 것이다."라고 혜가를 극찬하였다. 북주北周 무제武帝가 폐불을 단행하여 모든 불교를 초토화시켰지만, 혜가는 남방으로 잠시 피신하여 승찬에게 전법하여 선맥禪脈을 지켰고, 이후 수나라가 건립되어 시절인연이 성숙하자 다시 북상하여 선종을 북방에 전개하는 선구자 역할을 한 것이다.

맺음말

이조사와 혜가대사는 선종 역사상 아주 중요한 위치에 있다. 혜가는 중국 선종의 개척자는 아니지만, 인도불교를 중국의 정서에 맞게 결합시켜 불교를 철저하게 '중국화'시키는 데 커다란 역할을 하였다. 그리하여 중국 사대부와 백성의 정서에 맞는 중국불교로 재구성하였다고 할 수 있다. 이것은 혜가대사가 중국문화에 끼친 위대한 공헌이다. 그러한 점을 인정하였기에 수隋 문제文帝는 '정종선각대사正宗善覺大師'라는 칭호를 내리고, 당唐 덕종德宗은 '대조대사大祖大師'라는 시호諡號를 하사하였다. 이조사는 혜가가 남쪽으로부터 피난하여 정진하고, 제자 승찬에게 법을 전한 도량으로 중국불교의 중요한 역사적 위치를 차지하고 있다.

二祖故事

㉮ 천보天寶 3년(744), 당 현종은 양귀비를 얻는다. 그녀를 위하여
천하에 조서를 내려 먹으면 장수도 하고 피부미용에 좋은 비방을
구하도록 했다.

　어느 날 중사中使 양광정陽光庭이 신령한 산으로 유명한, 이조사
가 있는 사공산司空山에서 장춘등長春藤을 캐고 있었다. 이를 본 혜
능대사의 제자인 본정本淨선사가 고정차苦丁茶를 양귀비에게 진상
하도록 한다. 양귀비가 이 차를 마시고 미용에 좋아 목욕까지 하게
된다. 특별한 효험에 당 현종도 크게 기뻐하였다. 그는 본정대사를
경성으로 청하여 백연사白蓮寺에 모시고 고승들과 같이 지내게 한
다. 본정 또한 남다른 언변으로 불교를 펼친다. 당 현종과 불자들에
게 존경을 받았고 '대효大曉'라는 호까지 받은 후 다시 사공산으로
돌아간다. 당 현종은 '무상선사無相禪寺'를 창건하였는데 무려 방이
5,048칸이고 산내 암자가 아홉 개, 사원이 네 개로 이루어졌다.

㉯이조혜가二祖慧可의 속명은 신광神光이다. 그는 본래 전직이 관료 무사다. 어느 날 소림사의 달마를 참배하러 왔다. 마침 달마가 면벽 수행을 하는 것을 보고 문 밖에서 오랜 시간 기다렸지만 본척만척 했다. 한참이 지나자 폭설이 내려 세상을 다 덮었다. 하지만 신광은 여전히 눈 속에서 묵묵히 기다렸다. 아침이 되어 눈이 무릎까지 쌓였으나 달마가 여전히 실내에 들어오도록 허락하지 않았다. 이에 신광은 칼로 자신의 왼팔을 베어 달마에 대한 믿음을 보이는 것이 아닌가! 이에 놀란 달마대사가 무슨 짓이냐고 물었다. 이에 신광은

"스님의 감로법문으로 저의 어리석음을 깨우쳐 주십시오!"

라고 말하였다. 달마는 신광의 단비斷臂에 법을 전할 자격을 갖추었다고 여겨 의발을 전했으며, 혜가로 이름을 바꾸어 부처님 법으로 다시 태어나게 했다.

3

안휘성 잠산현 천주산
安徽省 潛山縣 天柱山

삼조사
三祖寺

삼조 승찬
三祖 僧璨

학계에서는 승찬선사에 대한 기록이 후대에 조작되었을 가능성이 많은 것으로 평가한다. 즉, 선종의 조통부법설祖統付法說을 정립하면서 달마-혜가계와 도신-홍인계를 연결시키기 위한 필요에 따라 설정한 것으로 본다. 특히 승찬의 저술로 알려진 『신심명信心銘』에 나타난 선사상은 후대에 정립된 조사선의 사상적 경향으로 판단되고 있으며, 전법하였다는 사조 도신道信 선사의 선사상과도 어긋난다. 하지만 『신심명』은 역대 수많은 선사들, 특히 조주종심趙州從諗 선사가 자주 인용하고 있어 일부 학자들은 조주종심 선사의 작품으로도 추정하고 있다. 그러나 선종의 성립사의 입장에서는 상징적인 의미를 갖는다고 볼 수 있다.

머리말

"어느 선원이 제일인가?
이곳이 남방에서 으뜸이로구나!"

(禪林誰第一, 此地冠南州)

여기에서 말하는 '제일선원'은 대별산大別山 동남쪽, 안휘성安徽
省 잠산潛山 현성 서북쪽으로 9km가량 떨어진 봉형산(鳳 形山) 위에
있는 '삼조선사三祖禪寺'를 가리킨다. 춘추전국시대 당시 대부분 환

백晥伯이 차지한 지역이다. 그렇기 때문에 이곳의 산은 환산晥山이라 하고, 강물은 환수晥水라고 한다. 지금의 안휘성을 약칭하여 '환晥'이라 부르는 것도 여기에 근원한 것이다.

서한西漢 원봉元封 5년(B.C. 106) 무제武帝가 남방을 순행한다. 그 때 산세의 수려함을 보고 봉형산 동쪽에 제단을 세우고 제사를 지냈으며, 부근의 천주산天柱山을 '남악南嶽'이라 봉하였다. 이후 한漢 선제宣帝, 남송南宋 효무제孝武帝, 명明 성조成祖 등이 남악 천주산에서 천제를 지냈다는 기록이 전한다. 이로 인하여 천주산은 예로부터 명성이 천하에 알려졌다.

사원의 역사

삼조사는 원래 남북조시기 보지寶志화상이 창립하였으며, 그때 양무제가 산곡사山谷寺라는 이름을 하사하였다. 전설에 의하면 그 당시 보지 스님이 전국 각지로 행각할 때, 이곳 천주산으로 오게 되었다. 아름다움에 매료되어 절을 세우고 불법을 펼까 생각하는데, 마침 백학도사白鶴道人도 강남을 주유하다 이곳이 마음에 들어 도관道觀을 짓고 전도할 생각을 하였다. 두 사람이 이곳에서 교세를 펴기 위하여 다투게 되었는데, 양무제가 보지화상의 손을 들어주었다. 이때부터 동굴에서 수행이 시작되었다고 한다.

그때 은거하던 하구何求, 하점何点, 하윤何胤 삼형제가 이를 알고 보지화상에게 자기의 집과 땅을 보시하여 절을 세우게 되고, '보리암菩提庵'이라 칭하였다. 보리암은 무성한 삼림과 대나무 숲속에 자

산문山門 안으로 보이는 삼조사

리한 조그만 암자였지만, 보지화상의 깊은 수행이 세상에 알려지자 멀고 가까운 곳에서 많은 신도들이 찾아왔다. 나날이 참배객이 늘어나고 근방을 넘어서 먼 지역에까지 영향을 미치니, 명성이 사해에 널리 퍼졌다. 보리달마도 남경에서 양무제와 의기투합이 되지 않아 북상할 때 보리암을 참배하였다고 한다. 그리하여 이곳의 가파른 절벽에 관음각觀音閣을 조성했는데, 지금은 달마애達摩崖라고 한다.

주周 무제武帝의 폐불廢佛시기에 혜가는 달마선법을 보존하기 위하여 남쪽으로 수행처를 옮기면서 승찬을 만나 함께 사공산司空山에 머물렀다. 승찬은 수隋 개황開皇 2년(583)에 혜가의 의발을 전수받고 사공산과 천주산을 오가며, 이름을 숨기고 수십 년 동안 산과

들에서 수행과 교화를 하였다. 무제가 죽은 이후 선제宣帝, 정제靜帝가 즉위하면서 폐불이 중지되었고, 다시 불교의 부흥이 일어나게 되었다. 승찬선사는 개황 10년(590)에 정식으로 산곡사에 주석하여 『신심명信心銘』을 저술하고, 본격적으로 선법을 펼쳤다. 승찬선사는 인수仁壽 원년(601)에 의발을 도신道信에게 전하고, 곧바로 광동 나부산羅浮山에 갔다가 2년 후 산곡사로 돌아왔다. 수隋 양제煬帝 대업大業 2년(606) 10월 15일 대중에게 설법을 마친 뒤, 합장하고 선 채로 입적하는 기연을 보인다.

삼조의 법신은 절 뒤에 매장하였는데, 당唐 현종玄宗 천보天寶 4년(745)에 사리舍利 300과를 수습하고, 그 가운데 100과를 승찬상僧璨像을 세워 모셨으나 지금은 현존하지 않는다. 동시에 탑도 세워 대중들로 하여금 참배케 하였다.

후에 당唐 숙종肅宗은 '삼조산곡건원선사三祖山谷乾元禪寺'라는 편액을 하사하였다. 당 대종代宗은 또한 삼조 승찬의 시호諡號를 '감지선사鑒智禪師'라고 하고, 사리탑은 '각적탑覺寂塔'이라는 이름을 하사하였다. 삼조사의 뛰어난 풍광과 명성은 유명한 문인과 시인들의 발걸음을 끊이지 않게 하였다. 북송北宋시기에는 임포林逋, 왕안석王安石, 소동파蘇東坡, 황정견黃庭堅, 이공린李公麟, 육재陸宰 등이 절을 찾아 빼어난 시를 남긴다. 어떤 이는 또 삼조사에서 불법을 배우며 수행하였고, 늙어서는 이곳에서 살다가 죽기를 서원하였다. 송말까지는 대웅전의 향불이 끊어진 날이 없었고, 종풍은 사해에 떨쳤다.

그러나 남송 말기에 잦은 전란으로 천고의 사찰이 훼손되고 삼

대웅보전

조 승찬의 탑만 겨우 보존되었다. 명대明代에 다시 중흥하였지만, 말기부터 청대淸代에 이르기까지 흥망성쇠가 반복되었으며, 현대에 이르러 문화대혁명 시기에 철저히 훼손되었다. 홍위병紅衛兵들이 사찰에 침입하여 탑을 훼손하는 것에 실패하자 탑감塔龕에 보존되어 있던 삼조 승찬의 사리와 불상, 경서, 법기法器 등을 모조리 불태운 것이다.

사원의 현황

봉형산鳳形山은 봉우리가 빼어나고 주위는 울창하며 동서쪽으로 산등선이 이어지고 산맥은 남쪽으로 뻗었다. 산세는 마치 봉황이 날개를 펼친 듯 삼조사를 둘러싸고 외호外護한다. 삼조사 산 서쪽의 골짜기에 흐르는 샘물은 맑고 투명하며 감미롭고 청량하다. 샘물의 맑은 소리는 마치 옥이 부딪치는 것 같은 화음을 만들며 남쪽 입구의 강물과 합류한다. 산 입구의 서쪽에서 동쪽으로 흐르는 강물은 맑고 잔잔하며 반짝거린다. 청산과 탑의 그림자가 비칠 때면 청산과 절과 강물은 완전히 혼연일체가 되어 마치 한 폭의 아름다운 풍경화를 연출한다.

삼조사의 건축들은 봉형산 산세에 따라 아래로부터 위로 올라가면서 세워져 있다. 산기슭 평지에는 새로 만든 방생지放生池가 있는데, 한백옥漢白玉으로 전체를 둘러싸고 있다. 산문전山門殿에서 천왕전天王殿으로 가는 돌계단이 있는데, 이를 하늘과 통하는 계단이라는 뜻으로 '통천계通天階'라고 칭한다. 돌계단은 이 산에서 출토되는 화강암을 가늘고 길게 깎아서 서로 겹쳐 만들었다. 통천계 양측에는 주위에 어울리게 층계식 화단이 자리한다. 이 화단에는 사계절 내내 꽃을 심어 항상 은은한 향기를 맡으며 오를 수 있다.

통천계에 올라서면 천왕전이 정면에 보인다. '육각무량전六角無梁殿'이라고도 하며, 그 뒤편이 대웅보전이다.

대웅보전 뒤에 '삼조동三祖洞'이 있고, 동굴에는 삼조의 석상이 있다. 측면에 있는 '해박석解縛石'은 삼조 승찬이 사조四祖 도신道信에게 전법한 곳이라고 한다.

당시 도신이 처음 삼조를 참배하며 청하기를, "원컨대 스님께서 자비심으로 저를 이 무거운 속박에서 풀어주소서."라고 하자, 삼조가 "누가 그대를 속박하는가?"라고 물었다. 도신이 "누구도 저를

해박석解縛石

속박하진 않았습니다."라고 하였다. 그러자 삼조는 "누구도 그대를 속박하지 않는데, 내가 당신을 위하여 어떤 속박을 풀어야 하는가?"라고 반문하자 도신이 듣고 즉시 깨달으니, 삼조는 도신이 큰

승찬대사 입화탑(立化塔, 선 채로 입적)

그릇인 줄 알아보고 제자로 삼아 수년 간 동행하다 의발을 전수하였다고 한다.

전각 측면의 돌계단을 따라 위로 올라가면 돌로 이루어진 '입화탑立化塔'이 있는데, 승찬이 대중들에게 설법한 후 열반한 곳이라고 한다. 현존하는 탑은 건립 연대가 분명하지 않지만 탑의 모양으로 볼 때 원나라시기로 추정한다.

'삼고정三高亭'은 보지화상에게 자기 집과 땅을 내어 절을 짓게 해준 하씨 삼형제를 기념하기 위하여 지은 것이다. 이 외에 또 아름다운 전설이 담긴 '탁석정卓錫井', '승곡문전升谷文錢', '마위천磨圍泉' 등 유적이 있다.

천불전 북쪽에 위치한 삼조 사리탑은 '각적覺寂'이라고 칭하지만 일반적으로는 '삼조탑'이라 불린다. 이 탑은 당 현종玄宗 천보 4년(745) 서주舒州의 별가別駕 이상

각적탑覺寂塔, 삼조탑

李常이 보시하여 세운 것이고, 대종代宗이 대력大曆 7년(772)에 '각적탑'이라는 탑호를 하사하였다. 탑의 높이는 약 30m이고 돌로 만들어진 1,000개의 불상이 벽면을 장엄하고 있다. 탑 일층에는 원래 이상이 조성한 승찬 사리소상이 있었지만 '문화대혁명' 시기에 훼손되어 지금은 새로 조성한 삼조 승찬상이 모셔져 있다. 사지寺誌에는 탑에 이끼가 끼지 않고 새들이 서식하지 않으며, 매년 용이 내려와 탑을 씻어 준다고 기록되어 있다.

탑 뒤편에는 조사전이 있는데, 위층은 장경각藏經閣이다. 조사전에는 달마, 혜가, 승찬 세 조사가 모셔져 있다. 동편 뒤쪽에는 보지화상이 어깨에 석장錫杖을 메고 서 있다. 지금의 삼조사는 아미타불을 염하는 '불칠佛七'법회가 매년 봉행되는 염불도량이다.

승찬선사와 그의 선사상

승찬대사

승찬에 대한 역사적 기록은 아주 적다. 『전법보기傳法寶紀』에 "북주 무제의 폐불 시기에 선사는 10여 년간 심산유곡으로 행각하였고, 수나라 개황 초기에는 환공산皖 公山에서 은거하였다."라고 기재하고 있다. 속설에 의하면 도신에게 전법 후, 광동 나부산羅浮山으로 내려갔다가 2년 후 천주산으로 돌아왔다고 한다. 당나라 독고 급獨孤及이 쓴 탑명塔銘에서도 "어디 사람인지는 알 수 없고, 주周나라와 수隋나라 사이에 있었던 사람"이라고만 쓰여 있다. 이는 당시 이들이 그 시대를 이끄는 불교의 주류 종파가 아니어서 은거할 수밖에 없었던 것과 관계있다고 볼 수 있다.

또한 승찬이 남긴 것은 단지 『신심명信心銘』한 권 밖에 없다. 게다가 이 『신심명』은 146구절, 매 구의 4글자, 총 548글자 밖에 안 된다. 그러나 각 글자마다 무게가 있고 구절마다 여운이 있으며 힘차다. 후대의 백장회해百丈懷海는 『신심명』의

"일여一如는 그 바탕이 현묘玄妙하여, 연緣을 잊고 홀로 우뚝하니,
만법萬法을 가지런하게 관觀하면, 자연自然으로 다시 돌아간다."[*]

는 구절을 인용하고 있으며, 또한 조주종심趙州從諗도

"지극한 도道는 어려움이 없는 것인데, 오직 분별함을 꺼린다."**

"터럭만한 차이라도 있다면 하늘과 땅만큼 어긋난다."***

등의 말을 자주 인용하였다. 이들만이 아니라 역대의 수많은 선사들이 『신심명』을 인용하고 있으며, 이에 따라 후대 '조사선祖師禪'에 지대한 영향을 미쳤다고 할 수 있다.

　『신심명』의 사상적 핵심은 달마가 혜가에게 전수한 『능가경』 가운데 보이는 '여래장자성청정심如來藏自性淸淨心'과 『유마경』의 '불이법문不二法門'을 결합한 것이라고 한다. 이로부터 다시 진일보하여

"놓아버리고 자연과 하나되니 체體는 갈 곳이 없고, 성性에 맡기
고 도에 계합하니 번뇌가 끊어져서 소요逍遙함이로다."****

라고 한다. 이는 불교의 만법일여萬法一如와 분등선分燈禪에서 나타나는 노장老莊의 자연무위自然無爲, 임성소요任性逍遙의 사상적 경

---

*　〔隋〕僧璨作, 『信心銘』(『大正藏』 48, 376c) "一如體玄, 兀爾忘緣, 萬法齊觀, 歸
　複自然."
**　앞의 책, "至道無難, 唯嫌揀擇."
***　앞의 책, "毫釐有差, 天地懸隔."
****　앞의 책, "放之自然, 體無去處, 任性合道, 逍遙絶惱."

향을 상당히 함유하고 있음을 볼 수 있다. 또한 『신심명』에서는 학인이 도를 얻고자 한다면, 먼저 분별심을 버릴 것을 요구한다. 평등무이平等無二의 마음으로 일체의 차별이 없어야 하며, 만법을 하나로 보아 평상심平常心을 유지하고, 좋아하고 싫어하는 마음이 없어야만 확연히 드러난다고 갈파한다. 따라서 『신심명』은 먼저 깨닫고 난 뒤에 닦는 선오후수先悟後修를 제창한다고 하겠다. 이것은 달마의 '이입사행理入四行'에 입각한 것으로, 만일 '이입'이 없다면 정수靜修는 무익한 것이라고 하여

"현지玄旨를 알지 못하고, 헛되이 염정念靜에 힘쓴다."*

라고 지적한다. 『신심명』에서는

"급히 상응相應해야 한다면, 오직 불이不二를 말할 뿐이다."**

라고 하여 '불이법문不二法門'을 상당히 중시하고 있음을 알 수 있다. 사실상 승찬이 강조하는 것은 진여眞如와 법계法界가 둘이 아니고, 일념一念과 만념萬念이 둘이 아니며, 시방세계十方世界와 눈앞의 경계가 둘이 아니고, 하나와 일체가 둘이 아니라는 점이다. 실제로 『신심명』에서는

---

*   앞의 책(『大正藏』 48, 377a) "不識玄旨, 徒勞念靜."
**   앞의 책, "要急相應, 唯言不二."

하나의 공空은 둘과 같은 것으로, 만상萬象을 모두 포함한다.*

마음이 다름이 없다면 만법은 일여一如하다.**

진여眞如의 법계法界는 나와 남이 없다.***

일一은 바로 일체一切이고, 일체一切는 바로 일一이다.****

등의 구절들이 나타나고 있다. 달마-혜가로 이어지는 '심성본정心性本淨'의 사상을 바탕으로 '일여一如'로 수용하고 있음을 엿볼 수 있다. 그에 따라서 『신심명』에서는

"믿음〔信〕과 마음〔心〕은 둘이 아니고, 둘이 아님이 신심信心이다. 언어의 길이 끊어져, 오고 감이 아니다."*****

라고 하여 마치고 있다.

승찬은 『신심명』이라는 조사선의 선취禪趣가 가득 담긴 선사상을 남겼을 뿐만 아니라, 중국 선종의 역사에서 중요한 역할을 하였

---

*   앞의 책(『大正藏』48, 376c) "一空同兩, 齊含萬象."

**   앞의 책, "心若不異, 萬法一如."

***   앞의 책, "眞如法界, 無他無自."

**** 앞의 책(『大正藏』48, 377a) "一卽一切, 一切卽一."

*****앞의 책, "信心不二, 不二信心. 言語道斷, 非去來今."

다. 위로부터는 보리달마의 정법안장正法眼藏과 열반묘심涅槃妙心을 계승하였고, 황권이 비호하는 북방 정학定學세력으로부터 그 선법을 지키기 위하여 어려운 고행길을 택한 것이다. 또한 후에 도신에게 불법을 전수하여 선종의 종맥을 계승하게 하였다.

맺음말

삼조 승찬은 역사 서적의 기록은 빈약하지만, 선종 형성의 역사적 중요성에 있어서는 찬란한 빛을 내뿜는 고승이다. 그는 중국에 선종이 뿌리내리는 과정에서 다른 종파와 분쟁을 이겨내고 계승 발전시켰다. 또한 선사는 『신심명』을 통하여 선종사상의 체계 형성

불칠佛七정진

에 단단한 기초를 세웠다고 평가할 수 있다. 삼조사가 지니고 있는 역사, 문화의 가치는 매우 풍부하며 그 풍광은 아름답다. 지금의 삼조사는 특히 총림叢林 제도 아래 사부대중의 수행을 강조한다. 염불당念佛堂에서는 염불소리가 끊이지 않고, 해마다 '미타불칠안거彌陀佛七安居'와 '공수共修법회', '우란분盂蘭盆법회' 등을 여법하게 봉행한다. 또한 삼조사는 대승보살도의 정신으로 '자선기금慈善基金', '교육기금教育基金' 등을 설립하여 중생포교와 구제에 앞장서고 있다.

삼조고사
三祖故事

㉮양나라 천감天鑒 연간, 보지寶志 스님은 강남의 도교 도사 백학白鶴도인과 동시에 천주산 산자락에 위치한 봉형산鳳形山 삼조사의 절터를 똑같이 마음에 들어 한다. 양무제梁武帝가 이 소문을 듣고 두 사람에게 서로 신통을 부려 이긴 자가 이 땅을 갖도록 하게 하였다. 먼저 백학도인은 흰 부채를 백학으로 변하게 하였고, 봉형산에 날아가 땅을 짚고 서 있었다.

이에 보지 스님이 봉형산을 향해 석장을 들었다. 원래 백학이 먼저 도착하였으나 석장이 날아오는 소리가 너무 커서 백학은 그 소

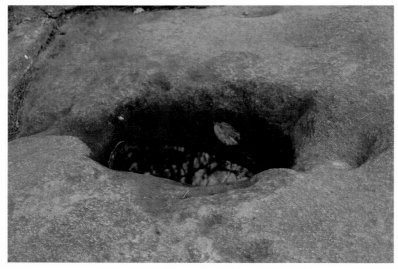

돈과 쌀이 나온 승곡문전升谷文錢

리에 놀라 오른쪽 귀퉁이로 몸을 피했다. 그때 석장이 백학이 앉았던 자리에 깊게 꽂히는 것이 아닌가! 그리하여 결국 보지 스님이 그 땅을 얻게 되어 삼조사의 도량이 된다.

⑭당 무종은 불교를 가혹할 정도로 억압하고 정책적으로 멸하고자 했다. 그해 겨울에 폭설까지 내리니 폐허가 된 삼조사에 쌀 한 톨 먹을 것도 없었다. 어린 사미가 탁발을 나갔다가 너무 배고파서 길바닥에 쓰러졌다. 사미가 겨우 깨어났을 때 몸을 덮은 눈은 이미 다 녹아 있었다. 그리고 옆에 있는 큰 바위에 구멍이 두 개 있는데 한 구멍에는 쌀이 들어 있고 다른 한 구멍에는 동전이 한 푼 들어 있는 것이 아닌가! 한 푼으로 삼조탑전에 촛불을 밝힐 수 있었고, 쌀은 딱 하루치 식량이었다.

이 날부터 사미는 이 바위구멍을 의지하여 나날이 지낼 수 있었다. 그러나 사미는 점점 바위구멍이 작아지는 것 같아서 하루는 그 구멍을 크게 만들었다. 바위구멍이 크면 쌀과 돈이 더 많이 나올 줄 알았다. 하지만 어떻게 된 것인지 이튿날 그 바위구멍은 원래의 크기로 돌아가 버리고 다시는 쌀과 돈이 나오지 않았다고 전한다.

4

호북성 황매현 파액산
湖北省 黃梅縣 破額山

사조사
四祖寺

사조 도신
四祖 道信

중국 선종사 연구 학자들은 도신선사를 중국 선종의 초조初祖라고 평가할 정도로 중국 선종에 절대적인 영향을 미쳤다. 도신선사는 사상적으로 달마-혜가계와 같이 『능가경』을 중심으로 하지 않고, 『문수설반야경』의 '일행삼매一行三昧'를 중시하여 '염불念佛'과 '좌선坐禪'을 중시하고 있다. 특히 이를 종합하여 '오문선요五門禪要'를 제창하는데, 이러한 도신의 선법을 '입도안심요방편법문入道安心要方便法門'이라고 칭한다. 이러한 '염불'과 '좌선'의 두 설정은 이후 중국 선종에 사상적으로 절대적인 커다란 틀을 제시하였다고 할 수 있다. 한편 도신선사는 낮에는 노동을, 밤에는 좌선을 병행하여 중국불교사에 유례가 없는 생산교단을 형성하였다. 특히 중국 선종 최초로 대중 교육을 실시했으며, 수많은 대중들이 함께 생활하면서 '보청법普請法'과 같은 '청규淸規'들의 선범先範을 제시했다는 점에서 중대한 사상사적인 의미를 찾을 수 있다.

머리말

사조사가 있는 파액산破額山은 현재 중국의 강서江西, 호북湖北, 안휘安徽 등 3성省의 접경지역이다. 북쪽으로는 대별산大別山이 있으며, 남쪽으로는 장강長江이 흐른다. 북쪽이 높고 남쪽이 낮은 북고남저이며, 산상山上의 풍경은 수려하며 조용하고 그윽하다. 산 아래는 비옥한 논밭이 끝없이 펼쳐져 농산물이 풍부하여 풍요로운 삶을 영위하고 있다.

　중국 선종의 초조 보리달마가 인도로부터 중국에 건너와 혜가에게 법을 전하고, 혜가는 승찬에게 전한다. 그러나 사조 이전의 선종

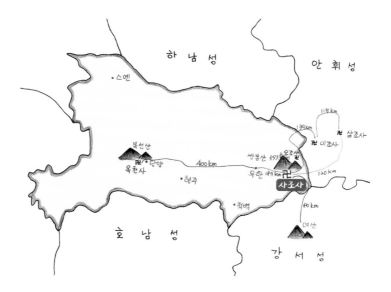

은 사원을 건립하지 않고 전통적 수행법인 두타행을 주로 하였다. 달마와 혜가의 선법은 당시 북방에서 환영받지 못하였을 뿐만 아니라 주요 불교세력으로부터 배척당했다. 그에 따라 두 선사는 박해를 받아 열반하였다. 이후 북주 무제의 '폐불'까지 겹쳐 불교와 선종은 큰 위기를 맞게 되었다. 이러한 상황에서 도신은 어떻게 하면 이를 극복할 수 있을지 다양한 방도를 모색하다가 결국 세 조사들의 두타행의 전법을 종결하고, 사찰에 정주하여 선법을 널리 펼칠 것을 결심하였다. 이로 인해 사조사는 당唐 무덕武德 7년(624)에 도량으로 탄생하게 되었다.

사원의 역사

사조사는 당초唐初에 도신이 창건하여 1,400여 년의 역사를 지니고 있다. 옛 이름은 유거사幽居寺, 정각사正覺寺, 쌍봉사雙峰寺라고 하였다. 중국 선종에서 처음으로 대중이 함께 단체생활을 하며 낮에는 농사를 짓고 밤에는 좌선을 병행하는 사원이 된다. 동시에 당시 중국 대륙의 불교사원 가운데 가장 규모가 크고, 대중도 제일 많았으며, 그에 따라 최고 유명한 사찰로 이름을 떨쳤다.

기록에 의하면 도신은 당 영휘永徽 2년(651)에 사찰 서쪽에 탑을 짓고, 같은 해 윤 9월 초사일에 탑으로 들어가 말을 끊고 입적하였다고 한다. 세수는 72세였다. 이듬해 탑문이 저절로 열렸지만, 법신이 썩지 않는 신이神異를 보여 무수한 대중이 앞 다투어 친견하고 공양을 올렸다. 이에 당 대종代宗이 칙령으로 '대의선사大醫禪師'라

도신대사가 직접 심은 측백나무와 대웅전

는 시호를 내리고 탑을 세우니, 탑명을 '자운慈雲'이라고 하였다.

명대明代 정덕正德 14년(1518), 사조의 진신眞身은 스스로 손을 머리까지 들어 올리고 불을 토하여 다비茶毘를 일으켜 수많은 사리舍利를 얻게 되었다. 당시 전각도 함께 불타 재로 되었는데, 후에 형왕荊王이 중창하였다.

사조사에는 당나라 때의 비로탑毘盧塔, 노반정魯班亭, 원나라 시대의 영윤교靈潤橋와 청나라 때 중창한 사조전, 자운각慈雲閣 등이 현존한다. 역대로 수많은 문인들이 찾아와 시를 읊은 것으로부터 사조사의 내력을 짐작케 한다. 그리고 지금 사조사에 보존하고 있는 청대淸代의 목각木刻「사조명산정각선사승경전도四祖名山正覺禪寺勝境全圖」를 보면, 당시의 휘황찬란한 모습을 엿볼 수 있다.

사조 도신과 오조 홍인 이후에도 사조사는 수많은 고승이 주석하여 불법을 선양하였다. 그러나 긴 역사 속에 흥망성쇠를 피해갈 수는 없었다.

사원의 현황

쌍봉산에 들어서면 곧바로 사조사를 볼 수 있다. 사조사는 높이 솟은 두 산봉우리를 중심으로 온 산에 에워싸여 있고 기암절벽까지 옹호해 기세가 대단하다.

먼저 영윤교靈潤橋를 건너야 하는데, 원나라 시기(1350)에 건축된 이 다리는 '화교花橋'라고도 한다. 다리 입구에 '화교'라 새겨져 있으며, 다리의 다른 끝에는 '영윤교'라고 쓰여 있다. 영윤교에 서

영윤교靈潤橋

서 고개를 들면 바위에 새겨진, 유종원柳宗元이 쓴 '벽옥류碧玉流' 글씨를 볼 수 있다. 다리 밑으로 잔잔히 흐르는 맑은 물이 '벽옥류'이다. 영윤교를 건너면 노반정魯班亭인데, 전설에 의하면 사조사를 건축할 때 대목수가 노반의 38대 자손으로 그 공적을 기념하기 위하여 뒷날 특별히 이 정자를 건축하였다고 한다. 지금은 보기 드문 송나라 때 건축양식이다.

노반정에서 나오면 두 갈래 길을 만난다. 한 갈래는 산문으로 바로 들어가고 다른 갈래는 전법동傳法洞으로 향한다. 사조사의 산문은 청백석으로 조성되어 있다. 산문에 들어서면 바로 회랑回廊이다. 왼쪽부터 오른쪽으로 차례대로 청석으로 된 석가모니 화상畵像과 선종 33조사 화상과 생애, 행적 등이 간단히 소개되어 있다. 그리고 2012년에 입적한 본환本煥법사와 중국 근대 고승 허운(虛雲; 1840~1959)선사의 진영이 모셔져 있다. 또한 본환법사가 자신의 피로 쓴『보원품普願品』의 석각石刻도 있다.

사찰의 주요 건축물로 천왕전, 대웅전, 관음전, 조사전, 선원, 객당, 장경루, 종루, 방장실 등이 있다. 전체적으로 다른 사찰보다 규모가 크고 널찍한 편이다. 사찰 건축물들은 첩첩으로 늘어서 있지만 엄숙하면서도 우아하다. 문, 창문과 대들보와 기둥도 다양한 불화佛畵로 화려하게 장엄하였는데 고색이 창연하다.

사찰 내에는 현존하는 문화재도 적지 않다. 도신선사가 친히 심었다고 하는 세 그루의 측백나무는 지금까지 살아 있다. 마치 사조의 법맥이 천 년의 세월을 거쳐 지금까지 면면히 끊이지 않고 전해옴을 상징하는 듯하다. 또한 조사전에 보관된 문물 가운데 청나

라 때 유물인 청화자青花磁 향로가 특히 눈에 띈다. 대향로의 높이
는 0.8m, 직경은 0.6m나 되고, 작은 향로의 높이는 0.6m, 직경은
0.5m이다. 그리고 송나라 때 어느 황제가 목판에 금색글자로 쓴 편
액이 한 점 있는데, '유초진령惟楚眞靈'이란 네 개의 커다란 글자가
새겨져 있다. 필체가 고풍스러우면서도 힘이 있고 소박하고 예스
럽고 우아하다.

절의 북쪽으로 멀지 않은 곳에 화강암으로 조성된 3층 의발탑
衣鉢塔도 있다. 도신은 만년에 여기서 의발을 홍인에게 전했다고
한다.

산문 부근에서 한쪽은 대리석 계단인데, 도신선사가 홍인에게
법을 전한 옆 산의 전법동傳法洞까지 이어진다. 이 동굴은 천연동굴
로 두세 사람 정도 들어갈 수 있는 넓이이다. 입구의 큰 바위는 모
양이 호랑이와 비슷하며 여기에서 도신선사가 자주 경전을 강의했
다고 전한다.

전법동 바로 앞 언덕 위에 유명한 비로탑毘盧塔이 있다. 오조 홍
인이 직접 스승 도신선사를 위해 세운 것으로 추정한다. 탑의 외형
은 비로자나불이 머리 위에 쓴 보관寶冠과 비슷하다고 해서 비로
탑이라 부르고 있다. 이 탑은 1,300년 동안 원래의 모습을 보존하
고 있는데, 학자들은 중국 선종에서 세운 첫 번째 탑이며, 이로부터
선사들의 입적 시 탑에 모시는 '탑장塔葬'이 시작된 것이라 고증하
였다.

지금의 사조사는 현대의 고승 본환(本煥: 1907~2012) 법사가
주지를 맡은 이래로 사원 복원의 원력으로 전당 200여 칸(間)

전법동傳法洞

을 세워 옛날 모습을 복원하였다. 본환법사 뒤를 이은 정혜(淨慧; 1933~2013) 법사도 사조의 선풍을 다시 한 번 진작하고, 생활 중의 선불교, 즉 '생활선生活禪'을 전개시켰다. 정혜 법사는 『정각正覺』 이라는 정기 간행물을 발간하였으며, 「선문화고봉논단禪文化高峰論 壇」을 개최하여 선불교를 문화적 측면에서 알렸다. 또한 사중공수 법회四衆共修法會 및 선문화 여름캠프 등 시대에 걸맞는 다양한 행 사를 봉행하였다. 한편 비구니 선원으로 유명한 로화암이 사조사 하원에 자리잡고 있다.

비구니 선원 로화암蘆花庵(四祖寺下院)

도신선사와 그의 선사상

사조 도신(道信; 580~651)선사는 속성이 사마司馬이다. 선조는 하내 (河內; 현 河南省 沁陽顯)가 본향이지만, 후에 현재의 호북성湖北省 무 혈시武穴市로 이주했으며, 도신선사는 이곳에서 출생한다.

12살 때 사공산司空山에서 승찬선사를 스승으로 모시고 9년간 정 진하였다. 도신은 근기가 수승하여 스승으로부터 많은 총애를 받 았다. 수隋 인수仁壽 3년(603) 길주(吉州; 현 江西省 吉安市)로 가서 수 행하면서 강의를 했다. 3년 후 승찬선사가 행각을 마치고 사공산으 로 돌아오자 다시 돌아가 선사를 모시고 의발을 전수받아 중국 선 종의 제4조가 되었다. 대업大業 2년(606) 승찬선사가 입적하자, 이

도신선사

후에 여산廬山 대림사大林寺의 초청으로 그곳에서 머물며 10년 동안 강경講經을 하며, 천태학天台學의 지관止觀을 수학하고 반야부 경전 등을 섭렵하였다.

당唐 무덕武德 7년(624), 기주蘄州 신도들의 요청으로 황매黃梅 쌍봉산으로 와서 설법하자 천하에서 승속의 제자들이 몰려들었다. 그리고 이곳에서 30여 년을 주석하며 달마의 선법을 선양하고 가풍을 세운다. 선사의 만년에 당 태종太宗은 황매에 여러 차례 사신을 파견하여 도신을 장안長安으로 모시려고 하였지만, 그때마다 선사는 연로하고 병든 것을 핑계로 거절했다. 마지막으로 태종은 사신을 시켜 선사의 목에 칼을 대고 말하기를, "선사가 만약 장안에 들어오라는 황명을 거절하면 목이라도 가져갈 것이다."라고 명하였지만 선사는 초연하였다고 한다. 이로 인하여 도리어 깊은 감화를 받은 당 태종의 지지를 얻어 종풍을 더욱 빛냈다고 전한다.

도신선사의 저술로 『보살계법菩薩戒法』과 『입도안심요방편법문入道安心要方便法門』이 있다고 하지만 현존하지 않는다. 그러나 홍인의 제자인 정각淨覺이 찬술한 『능가사자기楞伽師資記』에 실린 도신선사 전기 내용은 마치 도신선사 저술을 그대로 인용한 형식으로 되어 있다. 학계에서는 정각이 선사의 저술인 『입도안심요방편법문』을 인용한 것으로 추정하고 있다. 따라서 도신선사의 사상은 이

로부터 구체적으로 살펴볼 수 있다. 『능가사자기』의 도신전에서는

"나의 이 법요法要는 『능가경』의 제불諸佛의 마음을 제일로 함과
또한 『문수설반야경』의 일행삼매一行三昧로 한다. 즉 염불심念佛
心이 부처요, 망념妄念이 범부인 것이다."*

라고 시작하고 있다. 도신선사는 달마선에서 소의경전으로 하는
『능가경』을 계승하고, 다시 『문수설반야경』에서 설하는 '일행삼매'
를 핵심으로 새로운 선법을 제창하고 있음을 알 수 있다.
　도신선사의 선사상은 저술인 『입도안심요방편법문』의 제목에서
볼 수 있듯이 입도하여 '안심'을 얻는 것을 목적으로 하고 있다. 이
를 위한 법요를 '일행삼매'로 설정하였고, 그에 따른 방편을 시설한
것이라고 할 수 있다. 그러한 '입도안심'의 핵심은 바로 '일행삼매'
를 증득하는 것이고, 그 방편을 선사는 '염불念佛'과 '좌선坐禪'의 두
가지로 구성하여 설명하고 있음을 볼 수 있다. 선사가 설하는 '염
불'은

"모든 어지러운 마음을 버리고, 상모相貌를 취하지 말고, 마음에
한 부처님께 집중하여 오로지 그 이름만을 부르며, 그 부처님이
계시는 방향으로 몸을 똑바로 향하여, 능히 그 부처님이 염념念

---

*　〔唐〕淨覺, 『楞伽師資記』, "道信傳"(『大正藏』 85, 1286c) "我此法要, 依楞伽經
　　諸佛心第一. 又依文殊說般若經一行三昧. 卽念佛心是佛, 妄念是凡夫."

念이 상속하게 하면 바로 염중念中에 능히 과거, 미래, 현재의 제
불諸佛을 보게 된다."*

라고 한다. 여기에서 '칭명稱名염불'과 '관상觀想염불'의 두 측면이
모두 담겨 있음을 엿볼 수 있다. 또한 선사가 설하는 '좌선'의 방법
은 철저히 반야개공般若皆空을 기초로 하고 있다. 먼저 대중들에게
신심身心을 구성하고 있는 '사대四大', '오온五蘊', '육근六根'과 이로
부터 일어나는 '탐진치貪瞋癡' 등의 만법이 모두 공적空寂함을 직관
直觀해야 함을 강조하고 있다.

　이렇게 '입도'하여 '안심'을 얻는 핵심으로 '일행삼매'를 시설하
고, 방편으로 '염불'과 '좌선'의 수행법을 제창한 이후에 이들을 모
두 종합하여 이른바 유명한 '오문선요五門禪要'로 정리하고 있다.

　선사는 『무량수경』의 "이 마음이 바로 부처이고〔是心是佛〕, 이 마
음이 바로 부처를 만든다〔是心作佛〕"는 구절을 인용하여 '심'에 대한
절대적 가치를 강조하고,

"부처는 바로 이 마음이요, 마음을 벗어나서 다른 부처는 없다는
것을 마땅히 알아야 한다."**

라고 결론 내린다. 도신선의 핵심인 '오문선요'를 다음과 같이 설

---

*　　앞의 책, "不取相貌, 繫心一佛, 專稱名字, 隨佛方便所, 端身正向, 能於一佛念
　　相續, 卽是念中能見過去未來現在諸佛."

**　　앞의 책(『大正藏』85, 1287c) "當知佛卽是心, 心外更無別佛也."

한다.

〔지심체知心體〕

첫째, 마음의 주체를 아는 것이다.

마음의 주체는 그 성性이 청정하여 부처와 동일하다.

〔지심용知心用〕

둘째, 마음의 작용을 아는 것이다.

마음이 작용하여 법보法寶를 낳고,

마음은 끊임없이 작용하여 언제나 정적靜寂하며,

모든 혼란에서도 그대로이다.

〔상각부정常覺不停〕

셋째, 언제나 깨달아 한 곳에 머물지 않는 것이다.

깨닫는 마음은 항상 눈앞에 있고,

깨닫는 대상은 모습이 없다.

〔상관신공적常觀身空寂〕

넷째, 항상 몸이 공적함을 관하는 것이다.

자신의 안팎이 하나로 관통하면,

몸은 법계 속으로 들어가 일찍이

걸림이 없음을 알 수 있게 된다.

〔수일불이守一不移〕

다섯째, 하나를 지켜 움직이지 않는 것이다.

움직임과 고요함이 항상 한 곳에 머무르므로,

수행자로 하여금 불성을 명확히 볼 수 있게 하고,

빠르게 정문定門에 들어가게 할 수가 있다.*

　　도신선사가 제창한 '오문선요'는 마음의 체體와 용用으로부터 최종적으로 '수일불이守一不移'에 이르는 과정이 바로 '입도안심'의 첩경임을 설하고 있는 것이다. 특히 선사는 '수일불이'에 대하여

　　"수일불이란 공정空淨의 눈으로 주의하여 일물一物을 간看하며, 낮과 밤의 구별이 없이 전정專精으로 항상 부동케 한다는 것이다. 마음이 흩어질 듯할 때는 지체 없이 다시 가다듬어, 마치 새의 발을 묶어서 날아가려 하면 속히 끈을 끌어당기는 것처럼, 종일 잘 지켜서 쉼이 없으면, 번뇌가 다하여 마음은 저절로 정문定門에 들어가리라."**

---

*　앞의 책(『大正藏』85, 1288a) "一者 知心體. 體性清淨, 體與佛同. 二者 知心用. 用生法寶, 起作恒寂, 萬惑皆如. 三者 常覺不停. 覺心在前, 覺法無相. 四者 常觀身空寂. 內外通同, 入身於法界之中, 未曾有碍. 五者 守一不移. 動靜常住, 能令學者明見佛性, 早入定門."

**　앞의 책, "守一不移者, 以此空淨眼注意看一物, 無間晝夜時, 專精常不動. 其心欲馳散, 急手還攝來, 以繩繫鳥足, 欲飛還製取, 終日看不已, 泯然心自定.

라고 설한다. 따라서 이러한 '오문선요'의 목적은 바로 "번뇌가 다하여 마음이 스스로 정에 듦〔泯然心自定〕"이라고 할 수 있으며, 이는 바로 입도안심入道安心의 경지로 볼 수 있는 것이다. 이처럼 도신선사의 선사상적 핵심은 '수일불이'라고 할 수 있다.

도신선사는 선종을 이론적으로 체계화시키는 데 지대한 공헌을 했을 뿐만 아니라 선종 계통에서 최초로 일정한 거처를 가지고 집단적으로 수행하는 대변화를 일으켰다. 그에 따라 선종의 역사를 연구하는 학자들은 도신선사를 선종의 초조初祖로 삼아야 한다고 주장할 정도로 선종의 확립에 있어 절대적인 공헌을 하였다. 특히 도신선사의 도량에는 500~700여 명이 운집하여 낮에는 농사일을 하여 자급자족하고, 밤에는 대중교육 등을 했다. 이후 선종에서 행

선칠(동안거) 결제법문(정혜선사)

하는 '보청법普請法'과 같은 '청규淸規'들이 도신선사로부터 연원하였다고 할 수 있다.

도신선사 도량에 500~700여 명의 대중이 있었다고 하니, 선사의 제자들 역시 상당히 많았다고 할 수 있다. 그 가운데 유명한 제자는 형주荊州의 법현法顯, 형악衡嶽의 선복善伏 등이 있으며, 특히 신라의 법랑法朗은 법의 도리를 깨닫고 귀국하여 해동 선불교의 창시자가 되었다. 그렇지만 후세에 영향을 가장 많이 미친 사람은 오조五祖 홍인弘忍이다. 그는 도신선사의 선맥을 동산법문東山法門으로 계승하고 선양하여 천하에 그 이름을 알렸다.

맺음말

도신선사가 황매에서 사조사를 건립하고 많은 승려들이 함께 생활하며 대중교육을 실시한 것은 중국 선종이 하나의 교단으로 발전하는 결정적인 계기가 되었다. 이로부터 농사와 수행을 함께 하는 농선병중農禪幷重이 중국 선종의 중요한 전통으로 성립하게 되었다. 그 이전의 선종 조사들이 주거를 정하지 않고 인연에 따라 유행遊行하면서 임시로 강단을 만들어 설법하거나 그때그때 공양을 받아 생활하던 것을 완전히 변화시킨 것이다. 사조사는

정혜淨慧선사와 동안거 결제 기념

처음으로 더 이상 신도의 공양에 의지하지 않고 자립할 수 있는 사원이 되었다. 이렇게 사찰 생활과 수행 방면에서 선문禪門의 종풍을 확립하고, 중국 선종의 총림叢林이 탄생하게 된 것이다. 또한 도신선사는 선사상의 토대를 마련하여 이후 활달한 조사선이 출현할 수 있게 하였다는 점에서 의의가 크다고 하겠다.

사 조 고 사
四祖故事

㉮ 사조 도신대사가 오조 홍인弘忍에게 불법을 전한 전법동傳法洞 앞에는 큰 호랑이의 모습을 한 바위가 있다. 어느 날 사조대사가 동굴 안에서 오조에게 『반야경般若經』을 강의하고 있었다. 그때 쌍봉산의 호랑이 한 마리가 지나가다 동굴 안에서 설법하고 있는 것을 듣고는 자신도 모르게 심취하여 큰 감동을 받았다. 사조의 설법으로 깨우친 호랑이는 살생의 숙업을 버리고 불교에 귀의해 선행을 결심한다. 천 년이 지난 지금도 석상으로 변한 이 호랑이가 여전히 동굴 어귀에서 신성한 도량을 지키고 있다.

㉕사조 도신道信은 대웅전을 세우는 재목으로 좋은 남목楠木이 필요했다. 이 사실을 알고 여산廬山의 신도들이 200여 기둥을 시주한다. 그러나 이 남목들은 강서 여산에 있는지라 쌍봉산까지는 거리가 멀어 운반하는 것을 걱정하고 있었다. 마침 대웅전 도목수는 전설 같은 목공 노반魯班의 제18대손이었다. 그는 신통으로 쌍봉산 꼭대기에서 흰 납의納衣를 한 송이 흰 구름으로 변화시켜 여산으로 날려 보냈다. 그런데 얼마 지나지 않아 이 흰 구름이 다시 날아와 땅에 떨어지는 것이 아닌가! 떨어지자마자 200여 개의 우량한 남목이 땅에 정연하게 차곡차곡 쌓였다. 후에 노반자손이 대웅전을 세운 공덕을 기념하기 위해 특별히 지은 '노반정魯班亭'이 지금까지 사조사 입구에 남아 보물이 되었다.

5

호북성 황매현 동산
湖北省 黃梅縣 東山

오조사
五祖寺

오조 홍인
五祖 弘忍

도신선사를 계승하고, 도신-홍인을 병칭하거나 혹은 홍인의 선법을 '동산법문東山法門'이라고 칭한다. 홍인선사의 사상은 『최상승론最上乘論』(혹은 『수심요론修心要論』)에 보이는데, 도신선사의 '오문선요'를 계승하였지만, 최후의 선요인 '수일불이守一不移'를 '수본진심守本眞心'으로 바꾸고 있음을 볼 수 있다. 홍인선사 문하에서 중국 선종의 핵심적인 신수神秀의 북종선北宗禪, 혜능慧能의 남종선南宗禪, 지선智先의 여래선如來禪, 선습宣什의 염불종念佛宗 등이 모두 출현하였기 때문에 도신-홍인선사의 동산법문은 중국 선종에서 가장 중요한 계파라고 평가할 수 있다.

머리말

오조사가 위치한 '동산東山'은 사조사가 있는 황매黃梅의 동쪽에 있어 동산 오조사라고 한다. 또한 풍무산馮茂山이라고도 칭하는데, 그리 높지 않으면서 기후가 좋고 산세가 수려하다. 지역적으로 정치적 간섭에서 떨어져 있어 속진을 멀리 하고 수행하기에 이상적인 장소이다. 오조사는 오조 홍인弘忍선사가 창건하고 설법한 도량일 뿐만 아니라 육조 혜능선사에게 의발을 전한 곳이기도 하다. 때문에 중국 선종의 실제적인 발원지로 널리 알려져 있다.

사원의 역사

오조사는 홍인선사가 당唐 영휘永徽 5년(654)에 창건하였다. 사조사가 있는 쌍봉산 동쪽에 위치하고 있으므로 옛날에는 '동산사東山寺'라고 칭하였다. 홍인선사가 동산사를 창건한 후, "천하의 승려와 신도들이 열에 아홉은 참배하였다."는 기록이 보일 정도로 수많은 승속이 운집하였다. 또한 그 명성에 따라 유명한 시인과 묵객들의 발길이 끊일 날이 없었고, 옛 산사를 노래하는 아름다운 시와 풍경을 묘사한 그림들이 셀 수 없이 전한다.

당·송나라 때 오조사에는 전당과 누각이 1,000여 좌가 있었고 승려가 1,000여 명이 넘었다고 한다. 오조사에서 불법을 선양한 많은 고승대덕이 배출되는데, 역사적 자료에 나타나는 유명한 승려만 해도 100여 명을 상회한다. 중국의 역대 왕조도 오조사의 특별한 지위와 역사적 영향을 고려하여 오조사를 존숭하였다. 그에 따라 '천하조정天下祖庭', '천하선림天下禪林'이라고 칭해졌다.

원나라 문종文宗에게 '동산오조사東山五祖寺'라는 사명寺名을 하사받았고, 그 후 '오조사'라고 약칭하여 지금까지 이어지고 있다.

역사상 오조사는 여러 차례 전란으로 소실되었지만 다시 중창되었으며, 청나라 말기에는 전각이 600여 칸, 거주하는 승려가 200여 명이 넘었다고 한다.

중화민국 시기에 사찰이 심하게 훼손되어 민국 말년(1949)에는 12동과 68여 방이 남게 되었다. 그러나 1979년 개혁개방 이후 전 방장 창명昌明법사와 현 방장 견인見忍법사를 중심으로 신도들의

대웅보전

원력과 지방정부의 협조로 대규모 중창을 이루어 옛 모습을 복원
하였다.

사원의 현황

오조사의 전체 구조는 산세와 지형에 잘 어울린다. 전각은 상대적
으로 빈틈없이 잘 배치되어 있다. 산을 올라 절에 이르기까지 두 갈
래 길이 있는데, 한 갈래는 오조 홍인선사가 절을 세우면서 신도들
의 발길에 의하여 자연스럽게 형성된 것이라고 전해진다. 이 길은
1,500여 년 이래 여러 차례 보수하여 지금은 모두 청석으로 된 계
단을 설치하여 산중턱에 있는 사원 문 앞까지 이어진다. 계단 주위

오조사 진신전

에 복원된 옛 고탑과 부도탑을 보면서 오를 수 있다. 다른 한 갈래
는 1980년대 말에 새롭게 닦은 것으로, 차를 타고 산을 돌아 산문
까지 갈 수 있다.

산문 위에는 '오조사'라고 쓰여 있고, "위로는 달마의 법맥을 잇
고, 아래로는 혜능과 신수에게 전한다〔上接達摩一脈, 下傳能秀家〕"라
고 쓰인 한 쌍의 대련이 있다. 다시 양쪽에는 작은 글자로 북종北
宗 신수神秀대사의 "몸은 보리수요, 마음은 거울과 같으니, 때때로
부지런히 털고 닦아서 진애가 끼지 않게 하라.〔身是菩提樹, 心如明鏡
臺, 时时勤拂拭, 勿使惹塵埃〕"와 육조 혜능慧能선사의 "보리는 본래 나
무가 없으며, 거울도 그 받침이 없는 것, 본래 한 물건도 없는데, 어
디에 진애가 끼겠는가?〔菩提本無樹, 明鏡亦非臺, 本來無一物, 何處惹塵

오조사 성모전

埃?]"라는 선종사에 유명한 두 게송이 새겨져 있다. 이것은 오조사가 정통을 이어받아 널리 선문을 개창한 역사성을 보여준다.

절에 들어서면 좌우 양측에 각각 종루와 고루가 있고, 사원 문을 주축으로 천왕전, 대웅전, 마성전(麻城殿: 본래 이름은 '비로전'이다), 진신전眞身殿이 차례로 조성되어 있다.

성모전聖母殿은 오조사의 커다란 특색 가운데 하나로 다른 사찰에서는 볼 수 없다. 이것은 오조 홍인선사의 모친인 주부인周夫人을 기념하기 위하여 세운 것이다.

진신전은 오조 열반 후 진신眞身을 안치해서 칭해진 이름이다. 지금은 오조의 진신이 없지만, 안에는 홍인의 소상塑像을 모시고 있어 여전히 오조사의 중심이다.

반드시 눈여겨 보아야 할 것은 진신전 서쪽 방장실에 있는 귀중한 두 점의 유물이다. 하나는 '송대오조사옥인宋代五祖寺玉印'이다. 정방체인 이 도장은 백옥白玉으로 조각하여 만들었는데, 예술성이 뛰어나다는 평가를 받는다. 다른 하나는 '육조혜능

육조 추요석

추요석六祖惠能墜腰石'이다. 전하는 바에 의하면, 이 돌은 신체가 작고 여윈 혜능선사가 쌀을 효과적으로 빨리 찧고, 그 아낀 시간에 오조스님의 설법을 듣기 위해 허리에 묶었던 돌이라고 한다.

진신전 뒤로는 통천문通天門이 있고, 문 밖은 동산의 주봉인 백련봉白蓮峰으로 통한다. 산봉우리에는 오조의 탑이 조성되어 있다. 주위에는 지름이 20cm가 넘는 대나무들이 쭉쭉 뻗어 죽림을 이루니,

채전

오조사 오조탑

우아하고 아름답기 그지없다. 백련봉은 오조사의 최고봉으로 형태가 연꽃을 방불케 한다 하여 백련봉이라 이름 지었다. 산 밑부터 위로 치켜 올려보면 또렷하게 연꽃의 모양을 볼 수 있고, 봉우리 위에는 항상 운무雲霧가 피어오른다.

따라서 봉우리 위에 올라서면 마치 선경仙境에 들어온 듯한 느낌이 일어난다.

또한 오조사 산문과 멀지 않은 곳에 아치형 돌다리가 하나 있다. 계곡 위에 걸쳐 있고 모양이 무지개 같아 '비홍飛虹'이라 한다. 다리 위에 전각이 세워져 있고, 벽에는 다양한 불교 고사를 주제로 하는 벽화가 그려져 있다. 비홍교를 넘어서면 오래된 고목들이 맞이한다. 하늘을 뒤덮고 있는 고목의 수령樹齡은 모두 1,500년 이상 된

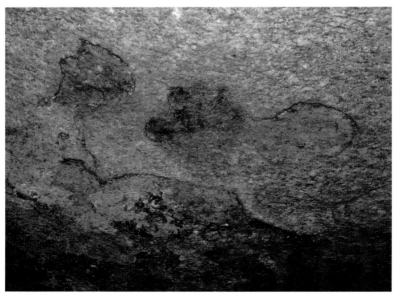

오조수인手印

것이라 한다. 이 나무들은 오조사가 창건될 때 혹은 그 이전부터 있었던 것으로 추정할 수 있다.

홍인선사와 그의 선사상

홍인선사(601~675)의 속성은 주周 씨이고 황매 사람이다. 도신선사를 따라 출가한 후 30여 년간 선사 옆을 떠나지 않았다. 낮에는 농사짓고 밤에는 좌선하는 농선병중農禪幷重의 규정을 그대로 실행하였다. 성품이 성실하고 초탈하고 활달하였으며 불법에 깊

홍인대사

이 계합하니 도신선사의 신임을 많이 받았다고 한다. 영휘永徽 3년(651)에 법과 의발을 도신에게 전수받으니, 이로부터 홍인은 선종 오조가 되었다.

도신선사 열반 후, 홍인은 쌍봉산 사조사의 주지가 되었다. 그러나 선을 배우는 대중이 나날이 증가하여 사조사에서는 모두 수용할 수 없어 쌍봉산 동쪽에 오조사를 건립하여 더욱 많은 사람을 교화하였다.

홍인선사의 선사상은 제자들에 의하여 집록된 것으로 보이는 『최상승론最上乘論』(『수심요론修心要論』이라고도 칭함)을 통하여 살펴볼 수 있다. 『최상승론』 서두에는

"대저 수도修道의 본체는 모름지기 몸과 마음이 본래 청정하여 생하거나 멸하지 않으며, 분별이 없는 자성원만청정自性圓滿淸淨의 마음임을 알아야 한다. 이는 본사本師이고, 바로 시방제불을 수승하게 염하는 것이다."*

라고 밝히고 있다. 이는 선사의 선법 근거가 '자성원만청정심'임을 보여주는 것이다. 다시 『십지경』에서 설하는 '금강불성金剛佛性'을 원용하여 '수심守心'을 강조하기를,

다만 한결같이 수심守心하면 망념이 생기지 않고, 열반법이 자연히 드러나니 자심이 본래청정함을 알아야 한다.**

이러한 홍인선사의 '수심'은 '수진심守眞心', '수아진심守我眞心', 혹은 '수본정심守本淨心', '수본진심守本眞心'으로도 표현되지만, '수본진심'이 가장 많이 사용되고 있어 『최상승론』에 보이는 선법의 특질을 '수본진심'으로 규정할 수 있다.

홍인선사의 '수본진심'은 도신선사의 핵심 선법인 '수일불이守一不移'를 그대로 계승한 것으로 보인다. 다시 말하여, '수본진심'은 도신선사가 제창한 '오문선요'에 나타나는 반야사상의 논리과정을 생략하고, '수일불이'에 드러나는 불성론적 특징만을 강조한 것이

---

* 〔唐〕弘忍述, 『最上乘論』(『大正藏』 48, 377a) "夫修道之本體, 須識當身心本來淸淨, 不生不滅, 無有分別, 自性圓滿淸淨之心. 此是本師, 乃勝念十方諸佛."
** 앞의 책, "但能凝然守心. 妄念不生, 涅槃法自然顯現. 故知自心本來淸淨."

다. 그것은 『최상승론』에서 '수본진심'이 도신의 '수일불이'에 사용된 동일한 경문과 유사한 설법이기에 그러한 추론을 가능케 한다.

　홍인선사는 철저하게 '마음'을 강조하여 그를 지키는 '수본진심'으로 귀결시켰다고 할 수 있다. 『최상승론』에는

　"마음을 아는 자는 그것을 지키므로 곧 피안에 이르고, 마음에
　미혹한 자는 그것을 버리므로 곧 삼악도에 떨어진다."*

고 하였다. 이로부터 선사는 구원과 해탈 등은 모두 각자의 자심을 깨닫는 것임을 강조하였으며, 특히 중생이 마음을 식별하여 스스로 제도〔識心自度〕할 것을 중시하고, 부처조차도 중생을 제도할 수 없다고 여겼다. 만약 부처가 중생을 제도할 수 있다면,

　"과거 제불諸佛이 항하사처럼 헤아릴 수 없이 많았는데, 어째서
　우리들은 부처가 되지 못했는가?"**

라고 하였으며, 중생이 만약

　"스스로 이 마음이 부처임을 안다면, …… 행주좌와 가운데 언제

_____

*　　앞의 책(『大正藏』 48, 377b) "若識心者, 守之則到彼岸, 迷心者, 棄之則墮三
　　途."
**　　過去諸佛恒沙無量, 何故我等不成佛也?

나 분명하게 본래의 진심(眞心)을 지켜라."*

라고 하였다.

도신선사와 홍인선사의 법석을 '동산법문東山法門'이라고도 칭하는데, 홍인선사 제자인 정각淨覺이 찬술한 『능가사자기楞伽師資記』의 신수神秀 전기에 나오는 다음 내용으로 알 수 있다.

신수는 형주 옥천사玉泉寺에 주석하였는데, 대족大足 원년(701) 황실의 부름을 받고 낙양으로 들어갔으며, 가마를 타고 장안과 낙양을 오가며 교화하였고, 황제의 스승이 되었다. 그리고 측천무후와 홍인간에 대화를 통하여 동산법문을 살펴보면,

측천무후가 신수에게 묻기를 "전하시는 법은 어느 가家의 종지宗旨입니까?", "신주薪州의 동산법문東山法門을 전해 받았습니다."라고 답하였다. 다시 "어떤 경전에 의지하여 가르칩니까?"라고 묻자, 『문수설반야경』의 일행삼매一行三昧에 의지합니다."라고 답하였다. 측천무후는 "수도修道를 논한다면, 다시 동산법문을 넘을 수가 없겠구나!"**

---

* 앞의 책(『大正藏』 48, 378a) "自識本心是佛, …… 但於行住坐臥中常了然守本眞心."

** 〔唐〕淨覺, 『楞伽師資記』, "神秀傳"(『大正藏』 85, 1290a) "則天大聖皇后問神秀禪師曰: 所傳之法, 誰家宗旨. 答曰: 稟薪州東山法門. 問: 依何典誥. 答曰: 依文殊說般若經一行三昧. 則天曰: 若論修道, 更不過東山法門."

혜능대사가 찧었던 디딜방아   혜능대사가 게송을 붙였던 남랑

라고 말하였다.

이는 홍인선사의 상수제자인 신수와 측천무후의 대화이지만, 여기에서 홍인선사가 도신선사와 마찬가지로 『문수설반야경』의 '일행삼매'를 법요로 삼아 가르쳤음을 알 수 있다. '동산법문'이 당시 선학에 있어 중국 최고의 평가를 받았음을 짐작할 수 있다.

홍인선사의 제자는 1,000명을 넘었으며, 그 가운데 신수神秀, 혜능慧能, 지선智詵, 혜안慧安, 법여法如, 지덕智德, 의방義方 등 유명한 10대 제자가 있다. 그들은 각 지방의 방주가 되어 '동산법문'을 천하에 널리 펼쳤으며, 더 나아가 국외까지 전파하여 심원한 영향을 미쳤다. 그 가운데 신수대사는 장안長安, 낙양洛陽에서 전법하여 3대의 황제가 귀의하였으므로 '양경법주兩京法主, 삼제국사三帝國師'라고 한다. 이러한 신수대사의 선법을 '북종선北宗禪'이라 칭하며,

신수대사의 제자 보적普寂 등은 역시 양경에서 북종선을 널리 펼쳤다.

한편 또 다른 유명한 제자 혜능은 홍인으로부터 득법 후 17여 년간 은거하여 살다가 후에 남방의 조계산曹溪山으로 가서 역시 동산법문에 바탕을 둔 선법을 펼치니, 이를 '남종선南宗禪'이라고 한다. 남종선은 '직지인심直指人心, 돈오성불頓悟成佛'의 기치를 세워 이후 본격적인 조사선을 전개하여 오늘날까지 면면히 계승되어 온다. 그리고 홍인선사 문하에서 눈여겨 볼 제자는 지선智詵이다. 지선은 다시 처적處寂에게 전하고, 처적은 무상無相에게 전하였는데, 무상은 신라 출신으로, 검남劍南의 정중종淨衆宗을 창립하여 우리와 밀접한 관계가 있다. 지선 계열을 후대에 이른바 '여래선如來禪'이라고 칭한다. 또한 홍인선사 제자 가운데 선습宣什은 '염불종念佛宗', 혹은 '남산염불문南山念佛門'을 창립했는데, 문하에 잘 알려진 제자들은 전하지 않는다.

맺음말

1,500여 년이 넘는 사원 오조사에서 역사 고적을 통하여 개산주인 오조 홍인선사가 홍법하는 모습을 엿볼 수 있다. 그리고 혜능, 신수 두 선사 및 여러 고승들이 오조사에서 생활, 수행하는 모습이 시공을 초월해 눈앞에 현전한다. 홍인선사는 위로는 달마의 법맥을 잇고 도신선사의 '농선병작農禪幷作'인 산림불교 전통을 계승하며 널리 '동산법문'을 열었다. 아래로는 혜능, 신수, 지선, 선습 등에게 전

법하여 선법을 중국 너머 세계로 확대 계승시켰다. 선종의 역사는 신수의 북종선, 혜능의 남종선, 지선의 여래선, 선습의 염불종 등을 통해 전개되었다고 해도 과언이 아니다. 이 모든 선종의 종파가 도신-홍인 문하로부터 출현한 것이다. 따라서 도신-홍인선사의 '동산법문'은 중국선의 본향이라고 할 수 있으며, 이러한 의미에서 사조사와 오조사는 더욱 중요한 의미를 갖는다.

오조고사
五祖故事

㉮비로전毗盧殿은 당 대중大中 연간(847~859)에 건축된다. 이 전당은 후에 마성현麻城縣의 선남선녀들이 돈과 힘을 모아 지은 것이어서 마성전麻城殿이라고도 한다. 마성현은 옛날에는 교통이 불편한 첩첩산중에 위치해 있었다. 그러나 선남선녀들은 자기 고을에서 직접 만든 벽돌과 기와 한 장 한 장을 200여 리 밖 동산東山 오조사까지 가지고 왔다. 이 광경을 본 황매현黃梅縣 사람들은 크게 감동하여 이 전당을 마성전이라고 불렀다. 지금은 중수하여 비로전으로 개명하였다.

비로전/마성전

㉯ 오조의 전생은 파액산破額山 중덕재송도인中德栽松道人이다. 어느 날 재송도인은 사조의 명성을 듣고 선법을 들으려 왔다. 사조는 그에게

"당신은 너무 늙었으니 득법得法을 하더라도 내 제자가 되어 홍법弘法할 시간이 없구려! 그러니 내생에 다시 오시오!"

하고 훗날을 기약한다. 그리하여 재송도인은 주씨 성의 처녀 몸을 빌려 환생한다. 처녀의 몸으로 임신한 것 때문에 집에서 쫓겨나 거지가 되어 걸식하다 혼자 아이를 낳는다. 아이가 일곱 살 되던 해에 하루는 우연히 법석에서 도신선사를 만난다. 아이 모친은 도신의 법문에 감동하여 아이가 도신의 제자가 되길 원한다. 하지만 도신은 아이가 너무 어린 것을 이유로 허락하지 않는다. 그때 꼬마가 도신에게 이렇게 말한다.

"언제는 늙어서 안 된다하고 지금은 어려서 안 된다고 하니 언제 그 법을 나에게 전할 것이요!"

이 말에 도신선사는 아이가 법기임을 알고 제자로 받아들인다. 사조는 그에게 홍인弘忍이라는 법호를 준다.

6

호북성 당양시 옥천산
湖北省 當陽市 玉泉山

옥천사
玉泉寺

대통신수
大通神秀

신수대사는 북종선北宗禪의 창시자로 잘 알려져 있다. 신수대사의 사상은 도신-홍인의 동산법문을 적전嫡傳한 것이라고 평가할 수 있다. 그러나 혜능선사의 사상과는 차별이 있어 후대에 그의 선법은 단절되고 말았다. 신수대사의 사상은 도신선사의 '오문선요五門禪要'를 계승하여 '대승오방편문大乘五方便門'으로 제창하고 있으며, 여기에는 당시 유행하였던 『대승기신론大乘起信論』의 '일심이문一心二門'을 원용하고 있는데, 특히 '심진여문心眞如門'의 입장에서 '간심看心'과 '간정看淨'함을 특징으로 삼는다.

머리말

옥천사玉泉寺는 호북湖北 당양當陽에 위치하며, 풍경이 수려하고 인간 세상의 소란스럽고 번잡함과 멀리 떨어져 역대로 사람들에게 즐겨 칭송받는 곳이다. 옛날에는 절 모양이 거꾸로 뒤집어진 배와 비슷해서 '복선사覆船寺'라고 했다. 옥천산玉泉山 동쪽 기슭에 자리한 옥천사는 중국 최초의 불교 사원 가운데 하나이다. 일찍이 동한東漢 건안建安 연간(196~219)에 고승 보정普淨선사가 이곳에 초가집을 엮고 참선하였다. 이후에 '형초 총림의 으뜸〔荊楚叢林之冠〕'이라는 명성을 누렸는데, '형초'는 중국의 호북과 호남 지방을 통칭한다. 수隋나라 지자(智者; 天台 智顗)대사가 절을 세운 이래 고승들이

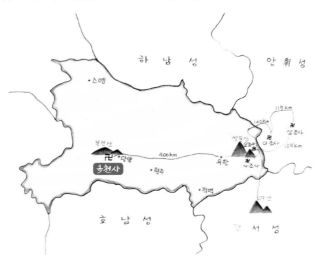

옥천사 산문

배출되었고, 역대 황제에게 '국사', '대사'의 칭호로 봉해진 고승이 10여 분에 달한다. 그 가운데 한 시대를 가장 풍미한 인물은 당연히 당대唐代 '양경(兩京; 長安과 洛陽) 법주法主'이자 세 황제의 국사'였던 신수神秀대사이다.

　신수대사는 오조 홍인弘忍선사에게 가르침과 깊은 신임을 받아 "동산법문東山法門은 모든 것이 신수에게 있다!"고 칭찬받았다. 홍인선사가 입적한 뒤, 신수대사는 일찍이 오랜 기간 은거하여 사람들이 행방을 알지 못했다. 의봉儀鳳 연간(676~679)에 신수대사는 은거 생활을 끝내고, 옥천사에서 법을 널리 펼쳤다. 그 뒤 측천무후가 동도東都 낙양의 궁으로 초청해 후한 예우로 대접하였고, 친히 불법의 대의大義를 문의하였다. 측천무후가 죽은 뒤, 중종中宗은 신수대사를 더욱 받들었다.

사원의 역사

남북조 대통大通 2년(528)에 진陳나라 선제宣帝가 칙령을 내려 '복선산사覆船山寺'를 지었다. 수隋 개황開皇 12년(592)에, 진왕晉王 양광楊廣은 천태지의天台智顗 대사의 주청에 응하여 이곳에 절을 세우고, 칙명으로 '일음一音'이라고 했는데, 나중에 '옥천사玉泉寺'로 바뀌었다. 개황 14년(594)에 양광이 칙명으로 지의대사를 '지자智者대사'에 봉하고, '지자도량智者道場'이라고 쓴 편액을 내려주었다. 지자대사는 이곳에서 '천태의 3대 경전' 가운데 두 경전인 『법화현의法華玄義』와 『마하지관摩訶止觀』을 설법하였다. 중국 불교사에 있어 '구순담묘(九旬談妙; 묘妙 한 글자만 설명하는 데 90일이 걸림)"와 '동토석가東土釋迦'라는 유명한 이름을 남겼다. 당나라 초에 옥천사와 절강浙江 국청사國清寺, 산동山東 영암사靈巖寺, 강소江蘇 서하사棲霞寺를 '천하의 사절四絶'로 불렸다.

신수대사는 황매에서 도를 깨닫고 얼마 동안 은거한 뒤, 옥천사에서 법을 펼치고, 절의 동쪽에 도량을 열어 선禪을 전했다. 남종의 하택신회荷澤神會도 일찍이 이 사찰에서 신수대사에게 법을 배웠다. 신수선사가 옥천사에 주석하던 20여 년 동안, 교화가 상당히 성행하였다. 나중에 낙양 천궁사天宮寺로 초청되었으며, 측천무후, 중종中宗, 예종睿宗이 모두 선사에게 예우를 갖추어, '양경兩京 법주法主이자 세 황제의 국사'로 존숭되었다. 측천무후는 신수국사를 표창하기 위하여 그가 일찍이 초가집을 짓고 수도했던 곳에 도문사度門寺를 건립하였는데, 옥천사에서 멀지 않은 곳이다. 또한 신

옥천사 전경

수대사의 고향에 보은사報恩寺를 세웠다. 신수대사가 낙양에 있는
동안 옥천사에 돌아가겠다고 여러 차례 주청을 올렸으나 모두 허
락을 받지 못했다. 101세에 낙양 천궁사에서 입적하며, 도문사에서
장례를 지내 달라는 유언을 남겼다. 중종황제가 '대통선사大通禪師'
라는 시호를 하사하고 떠나보내기 아쉬워하며 친히 국사의 법구를
성 밖까지 전송하였다.

　당나라 황제의 수계사受戒師인 홍경율사弘景律師도 옥천사에서
출가하고 법을 펼치다 입적하였다. 의봉儀鳳 2년(677)에 당 고종이
홍경을 초청하여 스승으로 삼고, 무주武周 장수長壽 3년(694)에 홍
경율사가 옥천사로 돌아왔을 때, 측천무후가 친히 부처님 사리를
하사하고 칙령으로 7층 전탑磚塔을 세워 봉안하게 했다. 남종의 남

악회양南嶽懷讓, 북종의 보적普寂, 천태종의 혜진惠眞이 모두 그 문하에서 나왔다. 당대唐代 밀종密宗의 일행一行대사는 일찍이 옥천사에서 혜진을 스승으로 모셨으며, 나중에 조정의 부름을 받고 들어가 선무외善無畏를 도와 『비로자나불신변가지경毗盧遮那佛神變加持經』을 번역하였다.

송나라 경덕景德, 천희天禧 연간(1004~1020)에 진종眞宗의 비 명숙황후明肅皇后가 옥천사를 증축하고 편액을 내려 '경덕선사景德禪寺'로 고쳤다가 숭녕崇寧 연간(1102~1106)에 다시 칙령으로 '보국사報國寺'로 개명하였다. 당시 사원 규모는 '부지가 좌우로 5리里, 앞뒤로 10리에 달하며, 누각이 8채, 전당이 18채, 승사僧舍 3,700여 좌가 성운星雲처럼 둘러 있어, 형초荊楚 총림의 으뜸'이었다고 한다. 도원道源의 『경덕전등록景德傳燈錄』은 이때 '경덕선사'에서 편찬하여 완성된 것이다. 송대 운문종의 고승 승호承皓선사도 일찍이 옥천사 주지가 되어 명망이 높았다.

당대 이후 임제종臨濟宗은 옥천사에서 주도적 지위를 차지했다. 송대에 이르러 임제가 주가 되어 천태와 정토 수행을 겸했다. 원元나라 세조世祖, 무종武宗, 인종仁宗 황제가 모두 칙령으로 사찰을 중수하였다.

명초에 다시 '옥천사'의 명칭을 회복하였다. 명 만력萬曆 연간(1567~1620)에 신종神宗 황제가 '형초제일총림荊楚第一叢林'이라는 편액을 하사하였다. 청대에 이르러 연월蓮月선사가 주지를 맡으면서 사방의 총림들이 옥천사 소속이 되었고, 사내寺內에는 임제臨濟와 조동曹洞이 병존하며 사제들이 불법을 전수하였다. 1949년 이후 여러 차례 보수 개축되었다. 현존하는 전당과 누각은 명·청대 궁궐 양식인데, 부분적으로 송·원 형식도 남아 있다.

사원의 현황

옥천사 도량에 들어가면 제일 먼저 보이는 것이 '삼원문三圓門'이다. 옥천사의 산문山門으로, 회색 벽돌로 된 벽에 청색 기와가 얹혀 있고, 삼문三門으로 이루어져 있으며, 명 만력 연간에 이 사찰 승려 성미性美가 복구하여 지금까지 보존되고 있다. 지금의 문패 '삼초명산三楚名山'은 조박초趙樸初 선생이 쓴 것이다.

옥천사에 현존하는 주요 전당은 미륵전, 대웅보전, 비로전, 위타전韋駄殿, 가람전, 천광당天光堂, 대비각大悲閣, 시방당十方堂, 장경각, 문수루, 전등루, 강경대, 반주당般舟堂, 원통각圓通閣, 천상천天上天 등이다. 그 가운데 대웅보전이 가장 웅장하고 수려하며, 중국 남방을 통틀어 가장 큰 고건축물로, 수대隋代 초에 건립되었다고 전해지는데, 1982년과 2007년에 보수되었다. 처마에 달려 있는 '지자도량智者道場'이란 편액은 진왕 양광이 하사한 것이라고 전해진다. 대전은 중첨헐산식(重檐歇山式: 겹처마 팔작지붕)으로, 건축 면적은 2,000여 ㎡, 높이는 21m, 넓이 9칸, 길이 7칸이다. 대전大殿에 쓰인 목재는 대단히 크며, 전당 안에 48개의 기둥이 있고, 기둥 주위가 1m 이상이며, 온통 녹나무(楠木)를 사용해 지었다. 모든 건축물은 쇠못을 쓰지 않았고, 구조가 치밀하며, 기술이 정밀하고 심오한, 호북성 최대의 목조 건축물이다. 중축선中軸線의 가장 끝에 있는 건축물이 '천상천'이다. 사원 전체에서 가장 높은 곳이며, 불문의 하늘 속 하늘이란 의미가 담겨 있다. 원래 고건축물은 1960년에 무너졌고, 지금 것은 2006년에 복원한 것이다.

수대 철솥, 당대 오도자吳道子가 석각한 관음상, 북송 철탑을 '옥천삼절玉泉三絶'이라고 한다. 그 가운데 수대 철솥과 당대 오도자가 석각한 관음상은 현재 비로전의 문물진열실에 있다. 철솥은 수 대업大業 11년(615)에 주조한 것으로, 모양이 중후하면서 고풍스럽고 소박하며, 명문銘文이 뚜렷하고, 무게는 1,500kg이다. 중국 수대의 물건 무게를 다는 기구〔衡器〕를 고증하는 중요 자료이다. 석각 관음상은 장엄하면서 엄숙하고, 선이 부드러우면서 얼굴은 풍만하다. 색다른 것은 이 관음은 남자의 머리에 여장을 하고, 입가에 수염 세

수대 가마쇠솥

가닥이 있으며, 『구옥천사지舊玉泉寺志』에 '천남상天男像'이라고 실려 있다. 이밖에 원대의 철 가마솥, 철종 등 진귀한 대형 철제기물 10여 개가 보존되어 있다.

사찰 내에는 푸르고 굳센 오래된 측백나무와 잎이 무성한 은행나무가 있으며, 병제련幷蒂蓮이 농염하게 피어 있고, 계화향이 가득하며, 쭉쭉 뻗은 푸른 대나무 숲이 있어 장엄하며 조용하고 평온하다. 대웅보전 왼쪽에 있는 반주당 담장 안에 '월월계月月桂'라는 명대 고목 두 그루가 있는데, 높이는 약 14m이고 둘레는 1m가 안 된다. 겉모습은 보통 계화나무와 다르지 않으나, 12달 내내 꽃이 피며, 때로는 대설이 휘몰아치는 한겨울에도 여전히 꽃의 향기를 풍긴다. 사원 안에는 당대에 심은 1,000년이 된 은행나무 두 그루가 있는데, 가지와 잎이 울창하고 무성하며, 크고 웅장해서 여러 사람이 껴안아야 한다. 대웅보전 앞에 있는 두 연못에 피는 천판련千瓣蓮은 일찍이 수대에 절을 건립할 때부터 있던 것으로, 옥천사가 천판련의 원산지임을 증명한다.

옥천철탑은 절 앞에 있는 삼원문 북쪽 청룡산靑龍山 줄기에 자리 잡고 있다. 철탑의 본명은 '불아사리탑佛牙舍利塔'이며, '능금철탑棱金鐵塔', '천불탑千佛塔'이라고도 한다. 북송北宋 가우嘉祐 6년(1061)에 당 고종과 측천무후가 하사한 홍경율사의 불사리를 다시 모시기 위해 목조 누각을 모방한 형식으로 지었다. 8

옥천철탑

각 13층으로 높이는 약 17m이며, 10만 6,600근의 무쇠로 제조하였다. 철탑은 지궁地宮, 탑기塔基, 탑신塔身, 탑찰塔刹 네 부분으로 이루어졌다. 지궁은 석재로 6각형의 곧은 바닥으로 되어 있고, 그 안에 한백옥수미좌漢白玉須彌座가 설치되어 있으며, 자리 위에 사리를 모신 3중 석함石函이 있다. 개방되어 있으므로 누구나 참배할 수 있다. 탑기의 수미좌 8면에는 철위산鐵圍山, 바다, 여의주를 갖고 노는 용 두 마리, 석류꽃으로 장식된 무늬가 있고, 여덟 모퉁이 끝에는 각각 온몸에 갑옷을 입고, 발은 천산仟山을 밟은 매우 용맹스럽고 매서운 모양의 역사力士 한 분씩이 있다. 탑신 평좌平坐에는 단구란單鉤闌이 있고, 탑신에 각기 네 개의 문을 만들어 두 개씩 서로 마주하고 있다. 격층으로 교차하며, 구획을 나누어 주조하여 층을 따라

도문사

서로 번갈아 들어가게 하여 용접을 하지 않았다. 탑신에는 1,397자의 명문銘文이 적혀 있는데, 탑명, 탑 무게, 건립 연대, 장인과 공덕주功德主의 성명 및 관련 사적이 기록되어 있으며, 2,279좌의 불상이 있는 불국세계도가 철로 주조되어 있다. 탑찰은 동으로 되어 있으며, 모양은 보배 호리병〔寶葫蘆〕과 비슷하고, 청대에 다시 주조된 것이다. 철탑 전체는 섬세하고 수려하며 굳게 우뚝 솟아 평온하면서도 영롱하여 마치 옥으로 된 죽순이 서 있는 듯하다. 옥천철탑은 중국에 현존하는 가장 높고, 가장 무거우며, 가장 완벽한 철탑이다. 이것은 중국의 고대 야금주조冶金鑄造, 금속 방부, 영조법식營造法式, 건축역학, 주조鑄雕 예술 및 불교사를 연구하는 데 대단히 중요한 가치를 지니고 있다.

옥천철탑 한쪽에 지자대사 광장과 지자대사 기념당이 새로 건립되었다. 광장에 높이 8m쯤의 석각으로 된 지자대사 조각상은 연꽃보좌 위에 가부좌를 하고 앉아 항마인降魔印 수결을 하고 있다. 표정과 자태가 편안하며 침착하고, 두 눈은 가늘게 드리우고, 오묘한 모습이 장엄하다.

현열산顯烈山 기슭에 자리한 소관묘小關廟는 관우를 제사 지내기 위해 세운 최초의 사당이기 때문에 '천하관공제일묘天下關公第一廟'라고 부른다. 전하는 말에 의하면, 지자대사가 옥천사를 지을 때, 일찍이 관우가 현성顯聖하여 도

신수대사 사리탑 유지(遺址, 일본 비행기 폭격으로 소실)

움을 주었다고 한다. 명대에 이르러 그가 처음으로 현성한 곳에 '한운장현성처漢雲長顯聖處'라는 여섯 개의 큰 글자를 새긴 높이 4m의 네모난 기둥 모양의 석망표石望表를 세웠다.

대통신수 선사와 그의 선사상

대통신수 선사

대통신수大通神秀 대사(606~706)는 속성俗姓이 이李 씨이고, 진유陳留 위씨(尉氏; 지금의 河南省 尉氏縣) 사람이다. 어려서 유가와 도가의 경전을 배웠으며, 박학하고 견문이 넓었다. 수 말엽 왕세충王世充이 병사를 일으켜 하남과 산동 일대가 기아와 전염병이 만연하게 되었는데, 신수가 형양滎陽으로 양식을 구하러 갔다 선지식 한 분을 만나 출가하였다. 당 고조 무덕武德 8년(625)에 낙양 천궁사天宮寺에서 구족계를 받았다. 이로부터 삼승경론三乘經論과 사분율의四分律儀를 깊이 탐구하여 높은 경지에 이르렀다. 50세가 되어, 기주蘄州 황매현黃梅縣 쌍봉산雙峰山의 홍인弘忍선사가 선문의 종사宗師이고 법문을 크게 깨달았다는 말을 듣고, 천 리를 멀다 하지 않고 가서 예배하고 알현하였다. 서로 만나 이야기를 나눈 뒤 마음으로 추존推尊하여 "이분이 정말 내 스승이시다."라고 감탄하고, 홍인문하에 들어가 땔나무를 짊어지고 물을 긷는 등의 노역을 하면서 법을 구했다. 6년 동안 밤낮으로 수고로움을 마다하지 않고 노역을 하여 홍인에게 깊은 신뢰를 얻어 상수제자上首弟子로 뽑혔다. 홍인은 그를 '현해원조제일懸解圓照第一', '신수상좌神秀上座'라고 칭하며 '교수사教授師'를 맡겼다. 홍인이 입적한 이후, 신수대사는 동산법문을 북방 지역에, 혜능선사는 영남嶺南에 전파하여, 한때 '남능북수南能北秀'라 불리었다.

신수대사의 선사상은 흔히 『단경』에 실려 있는

"몸은 보리수요,

마음은 거울과 같으니,

때때로 부지런히 털고 닦아서,

진애가 끼지 않게 하라.

〔身是菩提樹, 心如明鏡臺, 時時勤拂拭, 莫使有塵埃.〕"*

는 게송으로 설명한다. 신수대사가 직접 지은 게송으로 보기에는 문제가 있지만, 신수대사의 북종선 사상을 가장 간결하게 요약하고 있다.

신수대사 선사상은 그의 저술로 확인된 『대승무생방편문大乘無生方便門』과 『관심론觀心論』으로 가늠할 수 있다. 특히 '대승오방편문大乘五方便門'에 신수대사의 선사상이 집약되어 있다. 『대승무생방편문』 시작 부분에 다음과 같이 '오방편문'을 열거하고 있다.

---

* 敦煌本, 『壇經』(『大正藏』48, 337c)

제1 불체를 모두 드러내어 밝힘〔第一總彰佛體〕

제2 지혜문을 엶〔第二開智慧門〕

제3 부사의법을 현시함〔第三顯示不思議法〕

제4 제법의 정성을 밝힘〔第四明諸法正性〕

제5 자연무애해탈도〔第五自然無碍解脫道〕*

'오방편문'은 제1문에는 불체佛體를 드러내고, 제2문의 지혜, 제3
문의 해탈, 제4문의 제법, 제5문의 무애해탈도로 구성되어 있다. 이
러한 사상은 바로 사조師祖 도신道信선사의 '오문선요五門禪要'를 계
승한 것이라고 할 수 있다.

도신선사는 '오문선요'를

"첫째, 마음의 주체를 아는 것이다.〔知心體〕 둘째, 마음의 작용을
아는 것이다.〔知心用〕 셋째, 언제나 깨달아 한 곳에 머물지 않는
것이다.〔常覺不停〕 넷째, 항상 몸이 공적함을 관하는 것이다.〔常觀
身空寂〕 다섯째, 하나를 지켜 움직이지 않는 것이다.〔守一不移〕"**

로 설정하는데, 신수대사의 '오방편문'과 그 체제가 상당히 유사하
다. 이러한 신수대사의 선사상을 종합하여 정리한 것이 장설張說이
찬술한 『형주옥천사대통선사비명荊州玉泉寺大通禪師碑銘』으로, 다음

---

*   『大乘無生方便門』(『大正藏』85, 1273b)

**   〔唐〕淨覺, 『楞伽師資記』, "道信傳"(『大正藏』85, 1286c)

선불장

과 같이 요약하고 있다.

그 개법開法의 대략은 오로지 일념으로 생각을 멈추고, 극력極力
으로 마음을 거두는 것이다. 그 들어감은 범성凡聖을 균등하게
하고, 그 도달함은 행에 앞뒤가 없는 것이다. 정定에 나아가기 전
에는 모든 연을 다하여 끊고, 혜慧가 발한 후에는 일체가 모두 같
음[如]이다. 특히 『능가경』을 받들어 심요心要로 삼는다.*

이로부터 신수대사의 대체적인 선사상을 짐작할 수 있는데, 대

---

* 　張說, 『荊州玉泉寺大通禪師碑銘』(『全唐文』卷231) "爾其開法大略, 則專念以
　　息想, 極力以攝心. 其入也, 品均凡聖; 其到也, 行無前後. 趣定之前, 萬緣盡閉,
　　發慧之後, 一切皆如. 特奉『楞伽』, 以爲心要."

사는 기본적으로 '자성청정심自性淸淨心'을 '심본체心本體'로 설정하고, 도달하기 위해서는 생각을 멈추는 '식상息想'을 통하여 '섭심攝心'을 이루며, 또한 그를 통하여 '취정발혜趣定發慧'를 이루는 선법임을 제시하고 있다. 이는 『대승무생방편문』에서

"이른바 각覺의 뜻이란 심체心體가 생각을 떠남〔離念〕이요, '이념'
은 불佛의 뜻이고, '각'의 뜻이다."[*]

라고 밝히는 점으로 짐작할 수 있다. 그에 따라 『대승무생방편문』
에서는

"제불여래에게 입도入道를 위한 대방편이 있는데, 일념一念에 정
심淨心한다면, 불지佛地를 돈초頓超한다."[**]

고 설하며, 또한 그를 실현시키기 위해

"간심看心하여 만약 청정하다면 정심지淨心地라고 하니, 몸과 마
음을 웅크리거나 펴지 말 것이며, 넓고 멀리 놓아 평등하게 허공
이 다하도록 간看하라."[***]

---

[*]   『大乘無生方便門』(『大正藏』85, 1273c) "所言覺義者, 心體離念, 離念是佛義
      覺義."
[**] 앞의 책(『大正藏』85, 1273c) "諸佛如來有入道大方便, 一念淨心, 頓超佛地."
[***] 앞의 책, "看心若淨名淨心地, 莫卷縮身心舒展身心, 放曠遠看平等盡虛空看."

고 하여 '간심看心'과 '간정看淨'을 권한다.

이러한 신수대사의 선사상은 도신–홍인의 동산법문東山法門을 사상적으로 적전嫡傳한 것이라 할 수 있다. 그러나 육조혜능에 이르러서는 철저하게 '돈오견성頓悟見性'을 강조하였고, 그에 따라 신수대사의 선사상은 오히려 비판을 받게 된다. 특히 하택신회는 신수대사의 선사상에 대해, 활대滑臺의 '무차대회無遮大會'에서 "마음을 모아 정에 들고〔凝心入定〕, 마음에 머물러 깨끗함을 간하며〔住心看淨〕, 마음을 일으켜 밖을 비추며〔起心外照〕, 마음을 포섭하여 안으로 증득한다〔攝心內證〕"는 법이라고 맹렬히 비판하였다.

맺음말

옥천사는 천태종의 조정祖庭 가운데 하나이며, 지자대사가 여기에서 '구순담묘九旬談妙'라는 미담을 남겼다. 당대에 신수대사가 20여 년 동안 법을 널리 펼쳐 선종 도량이 되었고, 도신과 홍인의 동산법문을 북방 지역에 가지고 가서 선양하여 선종의 영향력을 확대시켰다. 그는 황혼의 나이에 황제의 초청을 받아 황도에 가서 국사로 존숭되었으며, 황제가 항상 불경의 대의大義를 문의하였다. 세상을 떠난 뒤, 제자들이 계속해서 숭산崇山과 낙양 일대를 널리 교화하였으며, 경성에서도 지지를 받았다. 이는 선종계통에서 첫 번째로 집정자執政者에게 승인과 추숭을 받은 것이며, 선종이 계속 발전하는 데 유리한 조건을 갖추게 되었다.

당 양 고 사
當 陽 故 事

㉮지자대사가 옥천사 복선산覆船山 나무 밑에서 가부좌하고 있는데 관운장이 나타나 대사에게 말기를 "억울하여 저승으로 못 가겠습니다."라고 했다. 그러자 스님은 다음과 같이 말하였다.

"그러면 관우 장군! 관우 장군한테 죽은 안량과 문추는 안 억울하겠소?"

이에 관우는 고개를 떨구며 청했다. "제자는 스승과 함께 사원을 건축하기를 원합니다."

관우의 현성비關雲長顯聖處

그 후 사원이 건축된 후에 관공關公은 대사에게 수계를 받고 귀의歸依하였다. 관공은 이로 말미암아 사찰을 보호하고 삿된 마구니를 쫓아내는 호법신이 되었으며 지금까지 '무재신武財神'으로 추앙받고 있다. 지금도 옥천사를 끼고 돌면 '관우전'이 있다.

㉯소동파와 당시 옥천사 주지住持이자 운문종雲門宗 고승인 승호承皓선사의 유명한 일문일답 역시 이곳에서 생긴다.

승호선사가 누구냐고 물으니 소동파는 비꼬듯 "칭稱가요."라고 답한다. 칭秤이란 저울질할 '칭' 자로, 풀어보면 자기는 상대방의 식견이나 도력을 저울질하는 사람이라는 거만한 비유이다. 대사가 모른 척 "아니 그런 성씨도 있소이까?"라며 껄껄 웃다, 대뜸 '할喝'을 하고 나서 "이 일 할喝이 몇 근이나 되오?"라고 물었다. 이에 소동파는 망연자실하여 답을 못했다. 알량한 세속의 알음알이로 한 생각 일어나기 이전의 소식을 물으니 유구무언일 뿐이다.

7

광동성 소관시 조계산
廣東省 韶關市 曹溪山

남화선사
南華禪寺

육조 혜능
六祖 慧能

혜능선사의 법어집인 『육조단경六祖壇經』은 중국 선종의 종전宗典으로 추앙받으며, 중국 승려들의 저술 가운데 유일하게 '경經'으로 칭해지고 있다. 『단경』의 선사상은 '돈오頓悟'를 중심으로 하여 '정혜등학定慧等學'의 수행론이면서 궁극적인 경계인 무념無念·무상無相·무주無住가 그 핵심이라고 할 수 있다. 이러한 무념·무상·무주는 바로 혜능선사의 선사상을 모두 집약한 것이고, 나아가 이후 전개되는 조사선의 핵심이라고도 할 수 있다. 더욱이 이러한 입장에서는 종래의 수증修證에 대한 개념이 바뀔 수밖에 없게 된다. 이른바 '무수무증無修無證'의 선사상으로 전개된다. 이러한 『단경』의 선사상은 조사선祖師禪을 제창하게 되었고, 후대의 모든 선사상은 결국 조사선으로 귀결된다고 평가할 수 있다.

머리말

남화선사南華禪寺는 선종 육조六祖 혜능慧能선사의 행화로 유명한 사찰이다. 중국 불교사에 있어 빼놓을 수 없는 사찰로 현재도 선종의 중심도량이다. 예로부터 "영남의 선림 가운데 으뜸〔岭南禪林之冠〕"이라고 칭한다. 사찰은 광동성廣東省 소관시韶關市 곡강현曲江縣 동남쪽 약 6km 떨어진 조계산曹溪山 북쪽 언덕에 위치해 있다. 남조南朝 양무제梁武帝 천감天監 원년(502)에 창건되었다. 1,500년의 긴 역사와 전통을 지닌, 경치가 아름다운 고찰이다. '조계'라는 지

대웅보전

명의 연원은 아주 먼 옛날에 조조曹操의 현손玄孫인 조숙량曹淑良이 이곳과 멀지 않은 곳에 거주했기에 마을 이름을 '조후촌曹侯村'이라 칭하여 '조계曹溪'라고 했다는 기록이 있다. 그러나 한편으로 '조계'는 본래 시냇물을 가리키기도 하는데, 혜능선사의 등장으로 선종의 대명사로서 세상에 널리 알려지게 되었다.

사원의 역사

자료에 따르면, 옛날 인도 고승 지략智藥삼장이 중국 오대산五臺山에 문수보살을 친견하러 가는 길에 광주를 지나 강을 따라 북상하다 개울물을 마셨는데, 물맛이 하도 감미롭고 달콤하여 발원지

남화선사 정문

인 '조계'까지 오게 되었다고 한다. 주위를 돌아보니 산천이 아름답고 수질까지 뛰어났다. "명산은 산이 푸르고 물까지 빼어나다."라는 옛날 말 그대로였다. 이에 제자들에게 말하기를, "이 산은 마치 인도의 보림산寶林山과 같다. 이곳에 절을 세우면 약 170년 뒤에 큰스님 한 분이 이곳에서 크게 불법을 펼칠 것이다."라고 예언하였다. 후에 지방관이 이 일을 알고 조정에 상주上奏하니, 천감天監 3년(504)에 절이 세워지고, 양무제가 '보림사寶林寺' 편액을 하사한다. 그 후 예언대로 당 의봉儀鳳 2년(677)부터 혜능선사가 보림사에서 37년간 남종선南宗禪을 천하에 전한다. 만세통천萬歲通天 원년(696)에 측천무후則天武后가 혜능선사에게 수정으로 된 발우와 마납가사磨衲袈裟 등을 하사하였다. 신룡神龍 원년(705)에 당 중종中宗이 발

우와 마납가사 등을 다시 하사하고, 사찰 이름을 '중흥사中興寺'라
고 개명하였으며, 신룡 3년(707)에는 '법천사法泉寺'라고 사찰 이름
을 바꾸었다.

　송나라 초기 사찰은 전쟁으로 훼손되지만, 개보開寶 초년(968) 태
조太祖는 황명을 내려 사찰을 전체적으로 복원하고 '남화선사'라는
이름을 하사하였다. 원나라 말기 남화선사는 세 차례의 전란으로
심하게 훼손되었고, 승려들이 산산이 흩어지는 아픔을 겪게 되었
다. 명나라 만력萬曆 28년(1600)에 감산憨山선사의 원력으로 중흥시
키면서 또 다시 선풍을 휘날린다. 청나라 강희康熙 7년(1688)에 평
남왕平南王 상가희尙可喜는 명나라 말에 훼손된 사찰을 새롭게 단장
하지만 역사의 질곡 속에서 청말에 다시 전란을 겪었다.

안에서 바라본 조계산문曹溪山門

1934년 허운盧雲 노화상이 남화선사를 다시 중창하였다. 혜능선사 진신은 1981년 음력 10월에 새로 중창한 육조전六祖殿에 모셨으며, 이로부터 수많은 대중들의 참배가 줄을 잇고 있다. 2002년 남화선사는 창건 1,500주년 개산법회를 성대하게 봉행하였다.

사원의 현황

현재 남화선사의 가람배치는 남에서 북으로 조계문曹溪門, 방생지, 보림문寶林門, 천왕전, 대웅보전, 장경각, 영조탑靈照塔, 방장실이 차례로 있다. 천왕전으로부터 동측은 순서에 따라 종루, 객실, 가람전, 재당(齋堂; 공양간) 등이 있다. 서측은 고루鼓樓, 조사전, 공덕당, 선원, 조계불학원曹溪佛學院 등이 줄지어 있다. 정원 밖 북쪽으로는 탁석천卓錫泉이 있는데, 청량하고 감미로운 물이 끊임없이 솟아나고 있다. 이곳은 혜능대사가 가사袈裟를 씻었던 곳으로 유명하다. 그리고 복호정伏虎亭, 비석교飛錫橋가 있다. 서쪽으로는 무진암無盡庵, 해회탑海會塔, 허운화상 사리탑, 동쪽에는 중산정中山亭이 아담하게 자리 잡고 있다.

사원 내의 두 그루 보리수는 인도 고승 지략삼장이 서역에서 직접 가져와 심은 것이라고 한다. 지금까지도 가지와 잎이 무성하고 기세가 하늘을 덮을 것 같은 기운은 부처님의 가피가 아닐까 한다.

대웅보전의 높이는 16.7m이고, 정면은 일곱 칸(間), 측면도 일곱 칸으로 광동성에서 제일 큰 대웅전으로 알려져 있다. 영조탑은 남화선사에서 가장 오래되고 제일 높은 탑이다. 당나라 선천先天 연

염화미소拈花笑處 도량

간(712~713)에 조성되었고, 높이는 29.6m, 바닥 지름이 11m이다. 원화元和 7년(812) 당 헌종憲宗이 '원화영조지탑元和靈照之塔'이라는 편액을 하사하였다. 처음에는 목탑으로 조성하였지만 몇 차례 재조성하면서 명나라 성화成化 연간(1465~1487)에 전탑塼塔으로 바뀌었다.

조사전에는 세 분의 진신보살을 모시고 있다. 좌우측에 명나라 단전丹田화상과 감산憨山화상 진신이 모셔져 있고, 중앙에는 혜능선사 진신이 봉안되어 있다. 전하는 바에 의하면 남화선사에는 원래 지략삼장 진신과 『단경』에 나오는 무진장無盡藏 비구니 진신도 보존하고 있었는데, 문화혁명 시기에 아쉽게도 훼손당하였다.

도량에는 다수의 귀중한 문물이 보존되어 있다. 연대가 가장 빠

피난석避難石

른 것은 남북조시기 북제北齊 효소제孝昭帝 황건皇建 원년(560)에 조
성된 정교하고 아름다운 동불상銅佛像이다. 또한 수대隋代에 무쇠로
조성한 불상도 있으며, 가장 유명한 것은 당대唐代의 혜능대사 '진
신소상眞身塑像'과 천불가사千佛袈裟이다. 그 밖에 역대 성지(聖旨:
임금의 교시)도 많다. 북송北宋 시기에 조성한 360존의 목조 나한상
은 조각이 정교하고 섬세하여 예술적 가치가 높고, 소동파蘇東坡가
찬술한 비명碑銘도 있다. 그리고 동으로 만든 송대의 대동종大銅鍾
이 있으며, 원대의 무쇠로 만든 큰 철가마솥, 명대의 목조 사대천왕
상, 청대의 천불철탑千佛鐵塔, 『금강경』 동판銅版 등 수많은 국보가
있다. 이러한 국보급 보물은 중국 고대 건축, 조소, 회화, 음악, 문학
등을 연구하는 데 중요하고 구체적인 자료이다.

조계강단曹溪講壇

    또한 도량 내외에는 육조대사가 직접 심었다는 수송(水松; 청각
채)과 여지나무가 울창하고, 그 외에 보리수, 용수나무, 장목 등 수
십 그루가 세월을 이기며 도량을 묵묵히 장엄하고 있다.

    남화선사에는 불교 인재 양성 기관으로 '조계불학원'이 있는데,
결제 때에는 학승들이 조석으로 선원禪院에 가서 선승들과 함께 정
진한다. 불학원은 허운화상이 1948년 창설한 '남화계율학원南華戒
律學院'을 계승한 것으로 후에 여러 사정으로 휴원하였다가 1983년
유인惟因법사가 다시 '승가양성반僧伽養成班'으로 개명하여 복원하
고, 2000년에 전정傳正 방장이 '조계불학원'으로 개원하여 현재에
이르고 있다.

육조 혜능선사와 그의 선사상

혜능대사

육조 혜능(638~713)대사의 속성은 노로盧 씨이고 원적은 범양(范陽; 현재 하북성)이다. 부친은 당나라 무덕武德 연간(618~626)에 벼슬이 강등되어 영남嶺南의 신주(新州; 현재 廣東 新興縣)로 이주하였다. 혜능은 어린 시절 부친이 세상을 뜨고 홀어머니를 모시며 장작을 팔아 어렵게 생계를 이어갔다. 그러던 어느 날 한 객잔(客棧: 여관)에 장작을 팔게 되었는데, 한 손님이 『금강경金剛經』을 읽는 것을 듣자마자 깨닫고서, 황매黃梅로 달려가 홍인선사를 참알하였다. 홍인선사의 "너는 갈료(獦獠; 남방의 천한 신분)인데 어찌 불법을 공부하겠다는 것인가?"라는 질문에 "갈료와 화상의 신분은 서로 다르지만, 불성佛性에는 어떠한 차별도 없습니다."라고 대답하자 선사는 이를 높이 평가하게 되었고, 이후 방앗간에서 8개월 넘게 방아를 찧게 하였다. 후에 "보리는 본래 나무가 없으며, 거울도 그 받침이 없는 것, 본래 한 물건도 없는데, 어디에 진애가 끼겠는가?〔菩提本無樹, 明鏡亦非臺, 本來無一物, 何處惹塵埃?〕"라고 하는 유명한 게송으로 홍인선사의 인가認可를 받고, 선종의 육조六祖가 된다.

홍인선사 인가를 받은 후, 남쪽으로 내려와 사냥꾼들과 16년간 생활하면서 시절 인연을 기다리다가 광주廣州 법성사法性寺에서 "바람이 움직이는 것이 아니고, 깃발이 움직이는 것도 아니며, 바로 사람의 마음이 움직인다."고 하는 유명한 풍번風幡의 고사로 세상에 다시 모습을 나타냈다. 이를 인연으로 법성사 주지 인종印宗법사에게 수계受戒를 받고, 다시 인종은 혜능선사의 제자가 되는 기연奇緣을 낳는다.

일반적으로 혜능선사를 중국 선종의 완성자로서 평가하고 있다. 선사의 어록인 『육조단경六祖壇經』은 중국 선종의 종전宗典으로 추앙받으며, 중국 승려들의 저술 가운데 유일하게 '경經'으로 칭해지고 있다. 『단경』은 전래 과정에서 20여 종이 넘는 다양한 판본이 나타나는데, 그 가운데 가장 대표성을 갖는 것은 돈황본敦煌本, 혜흔본惠昕本, 설숭본契嵩本, 덕이본德異本, 종보본宗寶本이다. 이 중 종보본은 원나라 세조世祖 28년(1291)에 광주 광효사 승려인 종보宗寶가 개편한 것으로, 명대 이후에 가장 유행하는 판본이다. 다양한 판본들이 문장에 있어 어느 정도 차이는 있지만 기본 사상은 일치한다. 즉심즉불卽心卽佛의 불성론佛性論과 돈오견성頓悟見性의 수행관修行觀 및 자성자도自性自度의 해탈관解脫觀은 모든 판본에서 동일하다고 하겠다.

'불성'은 성불의 근거이고, 근본불교에서는 성불의 가능성을 말한다. 그러나 『단경』에서 설해지는 '불성'은 중생들이 지니고 있는 인성人性과 심성心性으로 끌어 내린다. 이로부터 '불성'을 중생이 스스로 지니고 있는 '자성自性'으로 설정하여

"자성을 모르면 중생이요, 자성을 깨달으면 부처이다."*

라는 결론을 도출하고 있다. 자신의 '자성'에 대한 미혹과 깨달음이 바로 중생과 부처의 유일한 구별임을 강조하는 것이다.

"부처가 바로 자성이니, 자신의 밖에서 구하지 말라.〔佛是自性, 莫向身外求〕"

"본심만 알아차리면 바로 해탈이다.〔若識本心, 卽是解脫〕"

라고 설하며, 수행修行 역시 다만

"모든 때에 염념에 스스로 그 마음을 깨끗이 하라.〔於一切时中, 念念自淨其心〕"

라고 제창한다. 따라서 『단경』의 사상을 '즉심즉불卽心卽佛'이라고 할 수 있는데, 마음에 '즉卽'하면 부처에 '즉'할 수 있다는 설명이다.
『단경』에서는 또한 불성이 항상 청정하다는 '불성상청정佛性常淸淨'을 기본으로 '돈오견성頓悟見性'을 강조한다. 『단경』에서

"본래 정교政敎에는 돈頓·점漸의 구분이 없으며, 다만 인성에 이

———————

* 　宗寶本, 『壇經』(『大正藏』 48, 352b) "自性迷卽是衆生, 自性覺卽是佛."

利·둔鈍이 있을 뿐이다. 어리석은 사람은 점수漸修하며, 깨달은 사람은 돈수頓修한다. 만약 스스로 본심을 깨달아 스스로의 본성을 본다면, 바로 차별이 없을 것이다. 그러므로 돈·점은 모두 이름을 빌려 세운 것이다."*

라고 설하고 있다. 돈·점을 모두 인정하는 것 같지만, "어리석은 사람은 점수"하며 "깨달은 사람은 돈수"한다는 말로 본다면, '점수'보다는 '돈오'를 중시하고 있음을 알 수 있다.

"내가 홍인화상 처소에서, 한 번 듣고 언하言下에 대오大悟하여 진여본성眞如本性을 돈견頓見하였다. 이러한 까닭에 이 교법教法을 후대에 유행하게 하여, 도를 배우는 자로 하여금 보리菩提를 돈오하게 하고, 자신의 본성으로 하여금 돈오하게 하려는 것이다."**

라는 구절은 철저하게 '돈오'를 중시함을 암시한다. 나아가 직접적으로

"자성自性을 스스로 깨달아〔自悟〕 돈오돈수頓悟頓修하는 것이지,

---

* 앞의 책(『大正藏』 48, 353a) "本來正教, 無有頓漸, 人性自有利鈍. 迷人漸修, 悟人頓修. 自識本心, 自見本性, 即無差別. 所以立頓漸之假名."
** 앞의 책(『大正藏』 48, 351a) "我於忍和尙處, 一聞言下大悟, 頓見眞如本性. 是故將此教法流行後代, 令學道者頓悟菩提, 令自本性頓悟."

점차漸次는 없는 것이다."*

『단경』에서는 수행방법으로 '정혜등학定慧等學'과 '일행삼매一行
三昧'를 제창하고 있다.

"정定과 혜慧는 하나의 체體로서 둘이 아닌 것이다. '정'은 '혜'의
체이고, '혜'는 '정'의 용用이다."**

라고 하여 '정혜일체'를 밝히고, 나아가 "'정'이 먼저 있어 그 후에
'혜'가 발휘된다거나 혹은 먼저 '혜'가 발휘된 후에 '정'이 나타나니
각각 다르다."라는 견해를 비판하며 결코 그러한 견해를 내지 말
것을 경책하고, "'정'과 '혜'를 평등하게 배우는 것"이라는 '정혜등
학'을 제창한다. 이는 북종선에서 '선정발혜先定發慧'를 주장하는 것
과는 상반된다. 그러나 '돈오'의 입장에서는 '정'과 '혜'가 서로 다르
다는 것은 용인될 수 없는 사상이므로 이러한 '정혜등학'은 돈오의
입장에서 나타난 것이라고 하겠다. 또한

"일행삼매라고 하는 것은 일체처에서 항상 직심直心을 행하는
것이다."***

---

* 　앞의 책(『大正藏』48, 358c) "自性自悟, 頓悟頓修, 亦無漸次."
** 　앞의 책(『大正藏』48, 352c) "定慧一體, 不是二. 定是慧體, 慧是定用."
*** 　앞의 책, "一行三昧者, 於一切處行住坐臥, 常行一直心是也."

조계산 정면의 좌선수행자상

라고 하여 역시 전통적인 해석과는 다르게 설하고 있다.

『단경』에서 설하는 혜능선사의 핵심적인 선법은

"선지식아, 나의 이 법문은 위로부터 전하여 온 것으로 돈점 모두 무념無念으로 종宗을 삼고, 무상無相으로 체體를 삼으며, 무주無住로 본本을 삼는다."*

라고 설하는 무념·무상·무주라고 할 수 있다. 이에 대하여

---

*   敦煌本, 『壇經』(『大正藏』48, 338c) "善知識, 我此法門, 從上已來, 頓漸皆立無念爲宗, 無相爲體, 無住爲本."

"무념이란 생각함〔念〕에 있어서 생각하지 않는 것〔不念〕이다."*

라고 한다. 따라서 '무념'은 아무 생각이 없다는 의미가 아님을 알수 있다. "생각함에 있어서"라는 것은 바로 생각이라는 작용을 긍정하고 있음을 말하고, "생각하지 않는 것"은 어떠한 대상을 생각하지 않는다는 의미이다.

따라서 이를 보다 구체적으로

"없다〔無〕는 것은 무엇이 없다는 것인가? 생각한다〔念〕는 것은 무엇을 생각한다는 것인가? 없다는 것은 이상二相의 모든 번뇌의 괴롭힘을 떠난 것이고, 생각은 진여본성을 생각하는 것이다."**

라고 설명한다. 즉, 진여본성을 생각하지만, 이상〔眞·俗의 二相〕과 모든 번뇌를 떠난 것을 '없다'고 하며, 그를 모두 떠나 진여본성을 생각한다는 것이다. 또한

"무상이란 상相에 있어서 상을 떠난 것이다."***

라고 하는데, '무상'은 무념과 마찬가지로 두 가지로 볼 수 있다. 하

---

* 앞의 책, "無念者, 於念而不念."
** 앞의 책, "無者無何事? 念者念何物? 無者離二相諸塵勞, 念者念眞如本性."
*** 앞의 책(『大正藏』 48, 338c) "無相者, 於相而離相."

나는 번뇌와 집착의 대상으로서의 '상相'과 또 다른 하나는 '실상무
상實相無相'으로서의 '상(相: 眞如本性)'을 가리킨다. 또한

> "무주는 사람의 본성이다. 생각마다 머물지 않고, 전념前念·금
> 념今念·후념後念이 생각마다 상속相續하여 끊어짐이 없는 것이
> 다. 만약 일념一念에 단절이 있다면, 법신은 바로 색신을 떠나게
> 된다. 생각 생각에 일체 법에 머묾이 없으며, 만약 일념이 머문
> 다면, 염념念念이 바로 머물므로, 계박繫縛이라고 부른다. 일체의
> 상에서 염념이 머묾이 없다면, 바로 무박無縛인 것이다. 이것이
> 무주를 본本으로 삼는다고 하는 것이다."*

라고 '무주'를 설한다. '무주'는 '무념'과 밀접한 관계가 있는데, 바
로 끊임없는 염념에 결코 머무름이 없어야 한다는 것이다. 이는 철
저하게 반야공관에 기초한 것으로 '무상'과도 연관된다고 말할 수
있다. '상相'은 생각(念)이 그 대상에 집착하여 머묾(住)의 결과로서
나타나는 것이고, 따라서 일념一念에 머묾이 있다면, 그대로 염념
에 머물게 되어 '상'을 이루게 되니, 『단경』의 표현대로 하자면 "두
상의 모든 번뇌의 괴롭힘"이 되는 것이다. 따라서 일념의 머묾이
바로 "계박"이라고 말하고, 반대로 일념에 머묾이 없다(無住)면 또
한 '무상'을 이루게 되고, 그렇다면 '무박無縛'을 이룬다고 말할 수

---

* 　앞의 책, "無住者, 爲人本性. 念念不住, 前念, 今念, 後念, 念念相續, 無有斷絕.
　 　若一念斷絕, 法身卽離色身. 念念時中, 於一切法上無住. 一念若住, 念念卽住,
　 　名繫縛. 於一切法上, 念念不住, 卽無縛也. 是以無住爲本."

있다.

　이러한 무념·무상·무주는 바로 혜능선사의 선사상을 집약한 것이고, 이후 전개되는 조사선의 핵심이다. 더욱이 이러한 입장에서는 종래의 수증修證 개념이 바뀔 수밖에 없다. 이른바 '무수무증無修無證'의 선사상으로 전개된다고 하겠다. 사실상 혜능선사 이후에 나타나는 조사선은 이러한 선사상을 당시의 시대상황과 각 선사들의 성향에 맞게 재구성하여 나타났다고 해도 지나친 말이 아니다.

　또한 『단경』에는 정식으로 등단설법登壇說法할 때 새로운 의궤儀軌를 제창하고 있다. 이른바 '자성자도自性自度'와 '무수지수無修之修'를 바탕으로 자신의 자성에 귀의하는 '무상삼귀계無相三歸戒', '사홍서원四弘誓願', '무상참회無相懺悔'를 설하는 것이다. 나아가 혜능선사는 열반 직전에 제자들을 모아 '삼과법문三科法門', '삼십육대법三十六對法' 등을 설하는데, 이 역시 조사선에 있어 중요한 의미를 지닌다.

맺음말

혜능선사는 노자, 공자와 함께 '동방삼대성인'이라고 칭해진다. 당대唐代의 삼대문호三大文豪로 불리는 왕유王維, 유종원柳宗元, 유우석劉禹錫은 육조 혜능선사를 위하여 각각 비명碑銘을 찬술했다. 이후의 수많은 황제들도 혜능선사를 추앙하여 여러 차례 시호諡號를 하사했다. 이러한 사실에서 혜능선사의 위상을 가늠할 수 있다. 혜능선사의 불성론, 수행관 및 선사상은 불교의 기본적 의리義理를 벗어나지 않으면서 동시에 중국적인 특색을 지니고 있다. 인도와 서역을 통하여 전래된 불교가 최종적으로 중국화 과정을 완성하였다는 평가를 받고 있다. 그러한 까닭에 혜능선사가 중국 선종의 참다운 창립자라고 할 수 있다. 남화선사는 혜능선사가 37년 동안 홍법한 도량으로 선종 역사뿐 아니라 중국불교 역사에서 절대적 지위를 갖는다.

남화고사
南華故事

㉮사원의 조사전 앞에 진아선陳亞仙의 속가 조상 묘지가 있었다. 불문성지에 속가인의 묘지라, 이것이 어찌된 일인가. 알고 보니 육조혜능이 처음으로 남화선사에 왔을 때 절은 폐허에 가까웠고 부지도 매우 좁았다고 한다. 그리하여 육조는 소관당지의 재벌인 진아선을 찾아가 가사 크기만한 땅을 청하였다.

진아선이 말하기를 "그대가 법력이 높다 하니 한번 당신의 가사만큼 가져가시오!" 했다. 이 말을 듣고 혜능이 가사를 한 번 날리니 가사 한 벌이 진아선의 산을 다 덮는 것이 아닌가! 진아선은 놀랐지만 약속은 약속인지라 혜능에게 산을 시주하고 조상의 못자리만큼만 남았다. 육조는 여기에 남화선사의 전신인 보림사를 세운다. 후에 진아선 역시 불교 신자가 되어 거사로 남는다.

⒁근대의 허운 노화상盧雲老和尙이 복주福州의 고산鼓山 용천사湧泉寺의 주지로 있을 때의 일이다. 꿈에서 세 번이나 혜능을 만나 남화선사로 오라는 현몽을 받는다. 허운은 1934년 8월 남화선사로 향한다. 10년 가까이 남화선사 주지로 있으면서 중창 불사를 하여 지금과 비슷한 모습으로 절이 바뀌었다. 또 항일전쟁 시기에 많은 돈을 공양하여 전쟁에서 다친 사람들을 돕는 등 자비를 실천하였다. 전 사원의 승려들이 저녁공양을 아껴 전쟁 재해 난민들을 도왔다. 그리고 매일 두 시간씩 불전에 특별 기도를 올려 군사들의 무사 귀환과 전쟁의 빠른 종식을 기원했다.

조계문 서쪽에 자리한 수백 년 묵은 녹나무는 이러한 허운 스님에게 감동을 받는다. 어느 겨울 흰 수염을 기르고 검은 장삼을 입은 노거사로 변신한 녹나무는 스님에게 수계를 받았다고 한다. 허운 노화상은 계를 설한 후에 노인이 사라진 것을 보고 놀랐다. 그런데 후에 녹나무에 계첩이 붙어 있는 것을 보고 녹나무가 노거사임을 알았다고 한다.

· 8 ·

하남성 남양시
河南省 南陽市
용흥사

하남성 안양시
河南省 安陽市
대운사

하남성 여양현
河南省 汝陽縣
보응사

하택신회　　荷澤神會

하택신회 선사는 근대시기 돈황에서 필사본들이 발견되면서 혜능의 남
종선이 전개되는 데 결정적인 역할을 한 공로가 비로소 알려지게 되었
다. 특히 돈황의 필사본들을 직접 조사한 호적胡適은 하택신회에 대하여
"중국불교사에 있어서 가장 성공한 혁명가, 인도선의 훼멸자毁滅者, 중
국선의 건립자, 가사전법袈裟傳法이라는 위사僞史의 건립자, 서천28조 위
사僞史의 최초 수립자, 『육조단경』 재료의 최초 제공자, 역사를 조작하여
혁명의 무기로 사용한 최대의 성공자, ― 이것이 신회선사이다."(胡適,
『神會和尙遺集』의 부록)라고 평가하고 있다. 실제적으로 조사선의 정립
은 바로 하택선사에 의한 '육조현창운동'이 결정적인 작용을 한 것이 분
명한 역사적 사실이다. 이러한 '육조현창운동'은 근대에 발굴된『신회화
상선화록神會和尙禪話錄』에 실린『보리달마남종정시비론菩提達摩南宗定是
非論』과 다양한 선종사서禪宗史書에서 확인할 수 있다.

머리말

용흥사, 대운사, 보응사는 모두 하택신회荷澤神會 선사와 관련이 있다. 신회선사는 육조 혜능의 제자로, 혜능이 입적한 다음에 남종 돈교의 정통성을 위하여, 당시 조정의 공양을 받으며 세력이 커진 신수神秀선사의 북종 계통과 여러 차례 논쟁을 진행하였다. 몇 십 년의 노력 끝에 마침내 남종선의 정통 지위가 확정되고, 그 후 북종선은 점차 역사의 무대에서 사라지고 남종선은 급격히 발전하였다. 이후 남종선의 '오가칠종五家七宗'이 천하를 석권하게 되어 중국불

교의 대명사가 되었다. 그러나 신회선사의 법맥을 전승한 뛰어난
제자가 없어 점차 사람들에게 잊혀 갔다. 1930년대 이르러 돈황燉
煌의 문헌들이 발견되고, 신회선사와 관련된 많은 전적이 출토되고
서야 선법과 법맥이 다시 주목을 받으면서 '하택종荷澤宗'으로 불리
게 되었다.

그렇지만 하택종의 조정祖庭은 여전히 잘 알려져 있지 않다. 용
흥사는 하남河南의 남양南陽에 위치한다. 신회선사는 혜능이 열반
한 후에 조계를 떠나 이곳에서 20여 년 동안 머물렀고, 그 사이 수
차례 북상하여 북종과 논쟁을 하였다.
대운사는 하남성 안양시安陽市 활현滑縣
에 위치한다. 신회선사가 개원開元 12년
(724) '무차대회無遮大會'를 열어 북종의
유명한 숭원崇遠법사와 논쟁을 하여 남
종의 종지를 정하고 『보리달마남종정
시비론菩提達摩南宗定是非論』을 편찬하였
다. 보응사는 하남 낙양洛陽 여양현汝陽
顯에 위치하며, 신회화상 사리탑이 있는
곳이다.

대운사 옆의 구양수 석상歐陽修塑像
大雲寺旁

사원의 역사

용흥사는 남양시南陽市 완성구宛城區 황대黃臺 강진崗鎮 우왕촌禹王
村에 있다. 시에서 17km쯤 떨어져 있고, 당 현종玄宗 개원 연간에

용흥사 불당龍興寺佛堂

처음 건립되었는데, 기록에 따르면 개원 8년(720) 당 현종이 혜충
慧忠선사를 초청하여 남양 용흥사 주지로 임명하는 칙령을 내렸다
고 한다. 혜충慧忠국사는 육조 혜능의 제자로 알려져 있다. 그는 어
렸을 적에 말을 못하여 16세가 될 때까지 문밖에 한 발자국도 나가
지 않았는데, 나중에 선사禪師 한 분이 집에 오자 혜충이 멀리서 예
를 올리고, 문득 출가하기를 원했다고 전해진다. 육조 혜능 문하에
서 11년 동안 참학參學하여, 하택신회, 남악회양南嶽懷讓, 청원행사
靑原行思, 영가현각永嘉玄覺과 함께 육조 문하의 '5대 거장'으로 일컬
어지며, 신회선사와 함께 북방에 육조의 선법을 전파하였다. '안사
安史의 난'에 이르러 혜충국사는 용흥사를 떠났다. 그동안 용흥사
에서 30여 년을 홍법弘法하여 남양혜충南陽慧忠이라고 불렀다.

신회선사는 혜능이 세상을 떠난 뒤 이곳에서 20여 년을 머물렀는데 시인 왕유王維, 남양태수 왕필王弼, 내향현령 장만경張萬頃 등이 항상 찾아와 가르침을 청하였다. 그들 사이의 문답기록이 『남양화상문답잡정의南陽和尙問答雜征義』에 실려 있다.

전하는 바에 의하면, 당시 용흥사는 대단히 웅장하고, 절 안에 푸른 소나무와 푸른 측백나무가 있고, 정자와 누각이 있고, 비문이 즐비하였다고 한다. 전당殿堂은 5층 궁전식으로 건축되었고, 산문, 천왕전, 대웅보전, 비로전毗盧殿, 후전後殿이 있었다. 좌우대칭으로 관음전, 지장전 및 회랑, 재당齋堂, 월문月門 등이 있었다. 각 건축물은 질서 있게 자리 잡고 있으며, 푸른 기와가 즐비하고, 아름다운 계단이 끊어질 듯 나 있었다. 높은 건물이 구름을 뚫고 서 있었으며, 거대한 기둥이 숲을 이루듯 섞여 있고, 붉은색과 흰색으로 칠해진 벽은 휘황찬란하였다. 불상은 거대하고 장엄하여 기개와 도량이 비범하며, 건축물 전체 규모가 웅장하고 전아하다. 전성기에는 비구와 비구니 200여 명이 항상 머물러 밭 500여 무(畝; 1무는 약 200평)를 공양하였으나, 역사가 변천함에 전란의 풍화를 겪었다. 특히 일본 왜구가 중국을 침범했을 때 사원이 심각하게 훼손되었으며, 승려들이 의지할 곳을 잃고 떠나 사원은 쇠락하게 되었다.

대운사는 하남성 안양시 활현滑縣에 자리 잡고 있으며, 옛날에는 이곳을 활대滑臺, 활주滑州라고 불렀다. 현종 연간에는 '명복사明福寺'로 개명하였다. 개원開元 12년(724) 정월 15일을 시작으로, 남양화상 신회는 이곳에서 '무차대회'를 수차례 열고, 북종의 유명한 학자 숭원법사와 논쟁을 통해 남종의 종지를 세웠다.

보응사는 여양현 성 북쪽 40리 두강촌杜康村과 상거촌常渠村 사이에 자리 잡고 있다. 당 숙종肅宗 보응寶應 원년(762)에 처음 세워졌기에 보응사라고 했고, 신회선사는 이 사찰에서 입적하였다. 청淸 가경嘉慶 7년과 도광道光 7년에 중수되었다. 그 후 방치되어 점차 허물어졌으며, 1943년 절터 위에 학교가 세워지면서 지금은 여양이고(汝陽二高: 학교 이름) 소재지가 되었다.

사원의 현황

용흥사원은 주변에 몇 채의 민가가 있었고, 우뚝 솟아 있던 범찰梵刹은 소실되었다. 다만 원래 터에 앞뒤로 대전大殿 두 채가 서 있으나, 평소 사원 문은 굳게 닫혀 있고, 내부도 먼지가 수북이 쌓여 있을 뿐이다. 마을 사람들의 설명에 따르면, 지금은 상주하는 법사가 없으며, 저녁에 문을 지키는 사람 한 명만 머문다고 한다.

대운사에는 당 보력寶曆 2년(826)에 세워진 명복사탑明福寺塔만 보존되어 있다. 9층 높이에, 꼭대기는 8각 정자 모양이었다고 한다. 이후 번개를 맞아 5층 이상이 무너졌다. 민국 18년(1929)에 현지 사람들이 자금을 모아 7층까지 보수하고, 꼭대기는 복숭아 모양으로 고쳤다. 대운사 주 건물은 지금 복원 중이다. 2010년 12월에 정식 착공하여, 명복사탑을 중심으로 명복사 불교박물관, 활대 대운사 사묘, 구양서원歐陽書院 및 광장 등의 건축물을 포괄한 '활대 대운사문화원'을 건설하려고 한다. 당대 선종 불사佛寺 건축 규칙에 따라, 활대 대운사는 남에서 북으로 총 4곳에 정원을 중축선으로

여양고등학교(汝陽二高), 본래 보응사(原寶應寺)

중창 중인 대운사(2011년)

신회선사 사리탑이 있던 곳

하여 산문, 천왕전, 관음전, 대웅보전, 장경각이 순서대로 건설될 예정이다.

보응사는 현재 여양고등학교 소재지가 되어 있으며, 학교 안에 4칸의 불당이 보존되어 있으나 무너질 위험이 있어 문을 굳게 잠가 놓았다. "무너질 위험이 있으니 가까이 가지 마시오."라는 표지판이 접근을 막는다. 인근에 사는 노인들의 회고에 따르면, 신회선사 사리탑도 30여 년 전에 붕괴되었다고 한다. 1983년 유적지에서 신회선사의 탑명이 출토되었다.

하택신회 선사와 그의 선사상

하택신회(荷澤神會, 670~758)는 호북湖
北 양양襄陽 사람이고, 속성俗姓은 고高
씨이다. 어릴 적에 스승을 따라 경사
經史를 배웠고, 특히 노자와 장자의 학
문을 좋아했다. 이후 『후한서後漢書』를
읽고 불교를 알게 되어 마음이 불교에
끌려 벼슬길에 나가는 대신 국창사國
昌寺에서 호원顥元에게 출가하였다. 그
후 형주(荊州, 지금의 湖北 當陽) 옥천사
玉泉寺의 대통신수大通神秀선사에게 도

荷泽神会禅师

하택신회 선사

를 배운다. 한편 신수는 측천무후로부터 경성으로 들어오라는 조
서를 받고, 이에 신수는 하는 수 없이 문하제자 신회에게 소주(韶州,
지금의 廣東 韶關)에 가서 혜능선사를 참방하라고 하였다. 그리하여
신회는 13세 때, 육조 혜능을 알현하였다. 『단경壇經』에는 다음과
같은 내용이 실려 있다.

육조: "선지식은 멀리서 여기까지 오느라 수고가 많았다. 사물의
　　　진면목을 인식할 수 있는가? 만약 사물의 진면목을 인식한
　　　다면, 마땅히 사물의 주체를 인식하여야 하니 너는 그것에
　　　대하여 말해 보아라."
신회: "사물의 진면목은 머무는 곳이 없어서 영원히 멈출 수가 없

습니다. 이것을 아는 것이 곧, 주체입니다."

육조: "너 사미는 어찌 그렇게 경솔한 말을 할 수가 있는가?"

신회: "스승은 좌선하면서 불성을 보셨습니까?"

육조: (주장자로 신회를 세 번 때리고는 물었다.) "내가 너를 때리니 너
　　　는 아픈 것이 느껴지느냐?"

신회: "아프기도 하고 아프지 않기도 합니다."

육조: "나도 불성이 보이기도 하고 보이지 않기도 한다."

신회: "어떻게 보이기도 하고 안 보이기도 합니까?"

육조: "내가 보인다고 하는 것은, 내가 정상적으로 자기의 잘못됨
　　　을 볼 수 있기 때문이나, 다른 사람의 옳음, 거짓, 좋음, 나쁨
　　　을 볼 수 없으니 또한 보이지 않는다고 말한 것이다. 이러하
　　　니 보이기도, 보이지 않기도 하는 것이다. 너는 아프기도, 아
　　　프지 않다고 말했는데, 이것은 어찌 한 말이냐? 만약 네가
　　　아프지 않다면 그것은 나무나 돌멩이와 같은 것이고, 만약
　　　아프다면 그것은 범부와 마찬가지여서 원한의 마음이 생긴
　　　것이다. 네가 앞서 말한, 보이고 보이지 않는 것은 두 가지
　　　편견이고, 아픈 것과 아프지 않은 것은 생함과 멸함의 법〔生
　　　滅法〕이다. 너는 아직 자신이 본래 갖고 있던 불성을 인식하
　　　지 못했으면서 어찌 감히 다른 사람을 놀리느냐?"*

---

*　　宗寶本, 『法寶壇經』(『大正藏』48, 359b) "師曰: 知識遠來艱辛, 還將得本來
　　　否? 若有本 則合識主. 試說看. 會曰: 以無住爲本, 見卽是主. 師曰: 這沙彌爭
　　　合取次語. 會乃問曰: 和尚坐禪, 還見不見. 師以柱杖打三下, 云: 吾打汝痛不
　　　痛? 對曰: 亦痛亦不痛. 師曰: 吾亦見亦不見. 神會問: 如何是亦見亦不見? 師

불성과 자성이 필요한 것은 자신에게 절실하여 스스로 알고 스스로 깨닫는 것이지, 문자의 분별에 떨어져서는 안 된다. 신회는 자신의 총명함을 자만하고, 혜능에게 좌선하여 불성을 보았는지 보지 못하였는지를 물었다. 그래서 혜능이 주장자로 때려, 그에게 선은 자신이 체험해야 하는 것이지, 언어의 시비是非 양변兩邊에 떨어져서는 안 된다는 것을 방편으로 일깨웠다. 신회는 부끄럽고 깨달은 바가 있어, 거듭 절을 올리며 잘못을 빌고, 평생 혜능선사를 모시며 곁을 떠나지 않아 선사의 신임을 받았다.

신회는 혜능대사를 모시면서 물을 긷고, 나무를 하고, 방아를 찧는 등 각고의 노력을 하였다. 혜능대사가 황매黃梅에서 장작을 패고 방아를 찧는 것과 똑같이 재현하며, 일상에서 선을 체험하였다. 이것도 남종선이 지니는 중요한 특색이다.

혜능대사가 원적에 든 이후, 신회선사는 북쪽으로 가서 행각하다 개원 8년(720)에 칙령을 받아 남양 용흥사 주지가 되었는데, 명성이 널리 알려져 남양태수 왕필王弼과 시인 왕유王維 등이 와서 법을 물었다. 용흥사에 머무는 동안 수차례 북방으로 가서 선禪을 전했다. 또한 활대 대운사에서 '무차대회'를 열어, 당시 주류에 속했던 신수神秀 - 보적普寂 계열의 북종선北宗禪을 "사승은 방계이고, 선법은 점수〔師承是傍, 禪法是漸〕"라고 공개적으로 비판하였다. 그리고 달마達摩가 전한 가사袈裟를 증거로 제시하고, '육조현창운동六

云: 吾之所見. 常見自心過愆. 不見他人是非好惡. 是以亦見亦不見. 汝言亦痛亦不痛如何? 汝若不痛, 同其木石. 若痛, 則同凡夫, 卽起恚恨. 汝向前見不見是二邊, 痛不痛是生滅. 汝自性且不見, 敢爾弄人."

曹顯彰運動'을 적극적으로 전개하며, 자기의 스승인 혜능과 남종이 법통을 확립하는 데 목숨 바쳐 헌신하였다. 개원 18년(730)부터 개원 20년까지 신회가 북종을 대표하는 인물인 숭원崇遠법사와 수차례 논쟁을 벌인 과정이 독고패獨孤沛가 찬술한『보리달마남종정시비론菩提達摩南宗定是非論』에 기록되어 있다. 이 책에서 "무차대회"를 개설한 목적은 "공덕을 위한 것이 아니라, 천하의 도를 배우는 자가 옳고 그름을 정하게 하고, 천하에 마음을 쓰는 자가 삿됨과 바름을 분별하게 하기 위한 것"이라고 강조하였다.

천보 4년(745) 78세 고령인 신회선사는 병부시랑 송정宋鼎의 요청에 응하여 동도東都 낙양洛陽 하택사荷澤寺에 머물렀다. 선사는 하택사에서 매달 법회를 열고, '청정선淸淨禪'을 타파하고 '여래선如來禪'을 세워, 북종의 "마음을 모아 정定에 들어, 마음을 머물러 정淨을 살피며, 마음을 일으켜 밖을 비추고, 마음을 거두어 안으로 증득한다.〔凝心入定, 住心看淨, 起心外照, 攝心內證.〕"라는 선법은『유마경維摩經』에서 말하는 '연좌宴座'라고 비판하였다. 당시 신수의 제자 보적과 의복義福은 세상을 떠났고, 신회선사의 노력으로 조계의 돈오법문이 점차 낙양에 전파되고 세상에 유행하게 되었다. 이때 북종 문하의 보적에게 귀의한 어사 노혁盧奕이 천보 12년(753)에 신회가 무리를 모아 조정을 비판한다고 모함하는 상소를 올렸다. 80여 세의 신회선사는 이로 인하여 강서江西 과양군戈陽郡으로 좌천되었다가 오래지 않아 호북湖北 무당군武當郡으로 옮겼다. 천보 13년(754) 봄 다시 양주襄州로 옮겼다, 7월에 칙령으로 형주荊州 개원사開元寺로 옮겼다. 신회선사는 모함 받아 추방된 삶을 살며 2년 동안 사방으로 옮겨 다녔지만 명성은 결코 떨어지지 않았다.

　신회선사가 모함 받은 지 3년이 되던 천보 14년(755)에 '안사安史의 난'이 일어나자 현종玄宗은 서촉西蜀으로 황급히 도망갔다. 곽자의郭子儀가 병사를 이끌고 정벌하였으나 군수품이 모자라자 우복야右僕射 배면裵冕을 채용했다. 전국 군부郡府에 각각 계단戒壇을 설치하고 '도승(度僧: 출가의 수계의식)'을 실시하여, 세금을 거둬 군비를 확충하라는 명령을 내릴 것을 건의하였다. 이때 신회를 모함했던 노혁이 적에게 죽임을 당하자, 선사에게 '설단도승設壇度僧'의 임무를 맡겨 89세 노구를 이끌고 낙양으로 돌아오게 되었다. 당시 낙양의 사찰은 이미 전쟁으로 대부분 파괴되었다. 선사는 임시로 사원을 마련하고, 중간에 방단方壇을 건축하였으며, 모든 '도승'의 수입 전부를 군비에 지원하여, 전세를 역전시키는 데 중요한 역할을 하였다. 안사의 난이 평정된 뒤, 숙종은 그를 궁궐로 불러 공양하였으며, 유명한 장인에게 하택사를 중건하도록 하고, 혜능대사의 진당眞堂을 세우게 했다. 또한 송정宋鼎에게 비를 만들고, 태위 방관房琯에게 『육엽도서六葉圖序』를 쓰도록 명하였다.

　건원乾元 원년(760) 5월 13일, 신회는 형주 개원사에서 입적하니, 나이 93세였다. 낙양 보응사에 탑을 세우고 탑호塔號는 '반야般若'라고 하였다. '진종대사眞宗大師'라는 시호도 내렸다. 선사가 입적한 지 30여 년 뒤, 덕종德宗 황제는 "선문禪門의 종지宗旨를 정하고", 신회선사를 '칠조七祖'로 세웠다.

　신회선사의 사상은 육조 혜능을 계승하였다. 신회의 절대 추종자이며 사전四傳 제자인 규봉종밀圭峰宗密이 신회선사에 대하여 '전부 조계의 법이며, 다른 종지가 없음〔全是曹溪之法, 無別宗旨〕'이라고 규정하고, '앎이라는 한 글자가 모든 오묘함의 문〔知之一字, 衆妙之門〕'임을 강조하였는데, '앎〔知〕'은 한편으로 진여불성 곧 마음의 본체이며, 일종의 텅 비어 고요한 상태를 가리킨다. '텅 비어 고요한 앎〔空寂的知〕'이 우주만물의 본원이며, 여러 가지 차별적인 현상이 나타날 수 있다. 한편으로 '앎'은 지해知解, 지견知見이란 뜻이다. 신회선사 본인도 지견知見을 매우 추숭하여, 나중에 선종의 다른 법계에서 "지해종도知解宗徒"라는 비판을 받게 된다.

또한 신회선사는 "반야"를 기초로 하여, 일상생활에서 반야지혜의 무분별한 응용을 중시하였다. 중생이 본래 가지고 있는 자심自心의 불성을 깨달아야만 성불할 수 있으며, 이런 깨달음이 '돈오頓悟'라고 보아, 혜능대사와 마찬가지로 '돈오견성頓悟見性'을 주장하였다. 이러한 '돈오견성'은 "곧바로 깨달아 본성을 보고, 단계적으로 점점 나아가는 것을 말하는 것이 아님〔直了見性, 不言階漸〕"이라고 보았다.

신회선사는 혜능의 사상 가운데 '정혜등학定慧等學'을 특히 강조하였으며, 이로부터 반야사상을 설명하였다. 체용體用의 관계로 '정혜'를 해석하여 '정혜쌍수定慧雙修'로 귀결시켰으며, 이로써 곧바로 '불이법문'에 들어갈 수 있게 하였다. 혜능선사가 제창한 '무념無念'을 강조하기 위하여, 신회선사는 '심불기心不起'와 '염불기念不起'를 제시하여 자신의 자성을 관찰하고, 이로써 '좌선'을 설정하였다. "무념"은 불성을 체득해 깨닫는 것으로 돈오성불의 관건이다. '생각〔念〕'은 '망령된 생각〔妄念〕'과 '바른 생각〔正念〕'의 구별이 있으며,

'무념無念'은 망령된 생각이 없는 것을 가리키며 바른 생각이 없는 것이 아니다. '무념'을 통해서 진심이 나타나 공적空寂한 자성을 깨닫게 된다. 일상생활 속에서 그때그때 생각에 집착하지 않고, 법에 머무르지 않고, 의지하는 바가 없고 닦지 않으면서도 닦으며 자유롭게 소요하는 점을 강조하는 것이다.

신회선사 법계를 하택종荷澤宗이라고 칭하는데, 150년 동안 지속해서 전승되다 당말唐末에 이르러 쇠약해졌다. 오대五代 이후 혜능 문하의 청원행사淸原行思와 남악회양南嶽懷讓 두 계통만 선종 세력을 나누어 날로 번성하였던 까닭에 신회선사의 하택종은 점차 쇠락해졌고, 심지어 비방하는 소리도 나오게 되었다.

맺음말

돈황燉煌의 유서遺書가 발견되기 전까지 불교사서佛敎史書에 실린 신회 자료는 매우 적었다. 이러한 자료로는 선종사에 있어 신회선사의 위상과 작용에 대하여 전반적인 평가를 도출해 낼 수 없었다. 1920년대와 30년대 돈황 유서에서 상당한 양의 『신회화상선화록神會和尙禪話錄』이 발견되고, 그 후 보응사에서 신회탑명이 출토되어 신회선사의 사상에 대하여 전반적인 인식을 할 수 있게 되었다. 지금은 남종선에 대한 신회선사의 공헌이 폭넓게 공인되고 있다.

이상 소개한 사원 세 곳은 신회선사와 밀접한 관계가 있다. 용흥사는 20여 년 동안 머물렀던 곳이고, 대운사는 선사가 '자기의 몸을 돌보지 않으며' 남돈북점南頓北漸을 논증한 사찰이며, 보응사는 선사의 사리가 소장되어 있는 도량이다. (한편 선사가 만년에 거주했던 낙양 하택사는 현존하지 않는다.) 세 곳의 고찰古刹 가운데 대운사만 중창불사를 시작하고 있다.

남양고사
南陽故事

측천무후則天武后가 제위에 등극하기 이전에는 역사에 여 황제가 천하를 다스린 전례가 없었다. 게다가 전통문화의 영향이 더해졌기에 여러모로 질의를 받아 정권을 잡은 여러 해 동안 정식으로 등극할 수 없었다. 이후 어떤 승려가 『대운경大雲經』이라는 경전에 "여자의 몸으로 국토의 왕이 되었다.〔卽以女身, 當王國土〕"는 구절을 찾았다. 그리하여 『대운경소大雲經疏』를 짓게 한 측천무후는 "미륵이 태어나 염부제주가 되었다.〔彌勒下生, 作閻浮提主〕"고 공언하였다.

경전에서 논리의 근거를 찾았기 때문에 측천무후는 마침내 제위에 오르게 되었다. 국호를 주周로 고치고, 연호를 천수天授로 바꿨다. 천수 원년(690) 10월 29일, "양경兩京과 모든 고을에 각각 한 구역에 대운사를 짓고, 『대운경』을 소장하며, 승려가 높은 자리에 올라 경전을 강설하도록 하라."는 조서를 내렸다. 활대 대운사가 그 가운데 하나이다.

· ୧ ·

강서성 길안시 청원산
江西省 吉安市 靑原山

정거사
淨居寺

청원행사
靑原行思

청원행사 선사는 육조 혜능의 법을 계승하였으며, 선사는 『단경』의 사상을 그대로 계승하고 있음을 볼 수 있다. 청원행사 선사는 남악회양의 '남악계'와 함께 '청원계'를 열어 남종선의 두 갈래를 형성하였다. 특히 '청원계'로부터 '조동종曹洞宗', '운문종雲門宗', '법안종法眼宗'이 출현하였고, '남악계'로부터 '위앙종潙仰宗', '임제종臨濟宗'이 출현하여 '오가'를 이루고, 임제종이 '황룡', '양기'의 두 파로 분기하여 '오가칠종五家七宗'을 형성하였다. 청원행사의 가장 유명한 제자는 석두희천石頭希遷이고, 이 문하로부터 '청원계'가 출현하였다.

머리말

714년 행사行思선사는 육조 혜능慧能선사의 배려로 광동廣東 소관韶關 조계산曹溪山 남화사南華寺로부터 청원산靑原山으로 옮겨와 불도량을 세웠다. 선사는 이곳에서 혜능선사가 제창한 돈오頓悟의 선법을 선양하며 세상에 알려져 청원행사靑原行思로 칭해졌다. 한때 청원산은 대중들로 인산인해를 이루어 그 명성을 사해에 떨쳤으며, 강남불교의 성지이자 남방선의 중심도량이 되었다. 그 문하에

대웅전 사방의 물길

조동종曹洞宗, 운문종雲門宗, 법안종法眼宗 등 세 종파가 개창되어 후
세 사람들로부터 선종의 '청원계青原系'로 칭해졌다.

사원의 역사

청원산에는 오래전부터 사찰이 많이 있었
지만, 정거사淨居寺가 가장 널리 알려져 있
다. 정거사는 당 개원開元 신룡神龍 원년
(705) 아란야阿蘭若로 시작되었고, 이후 천
보天寶 10년 신묘년辛卯年에 정식으로 건
립되었으며, 행사가 창건 당시 출목정에

출목정出木井

정거사 선당禪堂

서, 즉 우물 안에서 목재가 솟아 올라와 절을 지었다고 한다. 회창
법난會昌法亂 시기에 폐쇄되었다가 대중大中 5년(851) 재건되었다.

　전성기에는 사찰 내에 건축물이 47개소에 이르렀다. 당唐 희종
僖宗은 '안은사安隱寺'라는 편액을 하사하였고, 송宋 숭녕崇寧 3년
(1104), 사원이 건립된 지 399년에 휘종徽宗이 '정거사淨居寺' 편액
을 하사하여 지금에 이르고 있다.

　행사선사는 청원산 정거사에서 28년간 홍법하였다. 선사는 혜능
선사가 제창한 남종선南宗禪의 홍법을 위하여 필생의 정력을 바쳤
다. 달마조사의 '일화개오엽一花開五葉' 가운데 '조동曹洞, 운문雲門,
법안法眼'의 삼엽三葉, 즉 남종선의 세 종파가 개창되는 토대를 마
련하였다. 뿐만 아니라 당시 유행하던 유불도儒佛道 삼교를 모두 섭

황정견 시문비각(黃庭堅詩文碑刻)

수하여 청원산이 '형행쌍수荊杏雙修, 삼교통종三敎統宗'으로 칭해지
는 문화 명산을 이루게 하였다.

　정거사는 1,000년의 역사를 거치며 일본, 동남아 등 각 나라에까
지 선풍禪風이 알려져 행사선사 이후에도 명승들이 주석하였다. 당
대唐代 감진화상鑒眞和尙이 일본에 돌아가는 길에 길주吉州를 지나
청원산에 머물며 참선한 적이 있다. 청원유신靑原惟信, 본적진원本
寂眞元, 전우관형顓愚觀衡, 미엄행수眉庵行秀, 소봉대연笑峰大然 등의
고승들도 청원에서 주석하였다. 역대 문인 학사들도 명성을 듣고
찾아와서 예불禮佛하고, 시를 지어 진귀한 묵적墨迹들을 남겼는데,
『청원산지략靑原山志略』에 수록된 것만 해도 500편이 넘는다. 당조
唐朝 대서예가 안진경顔眞卿이 쓴 '조관祖關'은 석비에 새겨져 산문

왕양명의 글씨(王陽明手書)

에서 볼 수 있다. 산문 벽 위에 쓰인 '청원산靑原山' 3자는 문천상文天祥의 친필이다. 명대明代 양명학을 창시한 왕양명王陽明은 청원산을 그리워하며 정거사를 위해 "조계종파曹溪宗派"라는 비문을 썼다. 송대 황정견黃庭堅, 양만리楊萬里, 명대의 사진謝縉과 청대 건륭제乾隆帝의 친필도 있다. 1930년 10만 명의 농공農工들이 길안吉安을 점령한 후 모택동毛澤東, 주덕朱德, 팽덕회彭德懷 등도 이곳에 머물렀다.

역사자료에 따르면, 정거사는 여러 차례 훼손되었다. 원대 말기에 전란으로 파괴되었고, 명대 홍무洪武 9년(1376)에 사원을 복원하여 총림叢林을 회복하였다. 가정嘉靖 연간(1522~1566)에 신도들이 강학사講學寺 옆에 회관會館을 지었다. 만력萬曆 연간(1573~1620) 말기에 회관을 산의 남쪽으로 옮겼다. 청조 순치順治 강희康熙 연간에 미암眉庵, 소봉笑峰, 약지藥地 등이 주지로 주석하였는데, 사원에는 그들과 관련된 많은 유적이 남아 있다. 한편, 문화혁명 시기에 폭약으로 칠조탑七祖塔이 폭파되었고, 비로각毘盧閣에 소장되었던 많은 불전佛典이 사라졌으며, 대웅보전은 농민들의 외양간으로 사용되었다.

사원의 현황

정거사는 길안시吉安市 청원구青原區 하동가도河東街道 청원산풍경명승구에 있다. 길안시 중심에서 13km 떨어진 청원산 중턱 해발약 320m에 자리하고 있다. 산봉우리들이 첩첩이 10여 km 어우러져 있고, 산 위의 고목들이 자태를 뽐내며, 진귀한 화초, 맑은 샘물, 푸른 봉우리가 절묘한 조화를 이루고 있다.

정거사로 들어가려면 산문 세 곳을 거쳐야 한다. '청원산풍경명승구' 길가 붉은 정자가 첫째 산문이다. 길을 따라 가다 대월교待月橋 앞에서 오른쪽으로 들어서면 눈앞에 보이는 '조관祖關'이 두 번째 산문이다. '조관'을 지나 병풍 같은 작은 산을 지나고 영풍교迎風橋를 지나면 세 번째 진정한 산문에 도착한다. 그 가운데 첫 번째 산문 위의 '青原山'이라는 세 글자는 남송 말기 원나라와의 전쟁영웅 문천상文天祥이 직접 쓴 것이다. 글체가 힘이 있고 기상이 비범하다. 두 번째 산문 위의 '祖關' 두 자는 당나라 대서예가 안진경顔眞卿이 767년에 쓴 것이다. '祖關(조관)'이 새겨진 비가 정거사를 향하는 길 입구에 세워져 있는데, 전하는 바에 따르면, 사원에 와서참배를 하는 사람들이 '조관'을 보면 '문관은 가마에서 내리고, 무관은 말에서 내려〔文官要下轎, 武官要下馬〕' 걸어 들어감으로서 경건함을 표하였다고 한다.

세 번째 산문에 들어서면 2m가 넘는 조벽照壁이 시야에 들어온다. 벽 사이에 굴을 파서 안치한 비석에는 명대 왕양명이 쓴 '조계종파曹溪宗派' 네 자가 커다랗게 새겨져 있다. 조벽의 오른쪽 위에

울력(自給自足)

동물 방생원放生園

는 정거사 노재당老齋堂의 유적이 있다. 기록에 따르면, 송조의 유명한 재상 이강李綱이 청원산을 유람하면서『유청원산기游靑原山記』를 지었는데, 그 후에 사십이통비석四十二通石碑에 새겨 노재당 벽에 붙였다고 한다. 그러나 지금은 손상되어 원래 모습을 찾아보기 어렵다. 이어 조벽을 돌아가면 천왕전天王殿이 있고 그 앞에 행사가 심은 오래된 측백나무 두 그루를 볼 수 있다.

　정거사 도량을 앞에서 바라보면 왼쪽은 코끼리상, 오른쪽은 사자상이 있고, 앞으로는 시랑侍郞을 바라보고 있다. 사원은 동남쪽에 자리 잡아 서북을 향하고 있고, 전체 면적이 20여 묘畝를 차지하여 거의 10,000㎡가 된다. 전체 사원은 대웅보전을 중심으로 천왕전, 비로각이 중간쯤에 있고 공덕당, 조사전, 선당禪堂, 재당齋堂, 가람전伽藍殿, 객당客堂, 지장전地藏殿이 양측에 정연하게 자리하고 있다. 그 가운데 대웅보전은 3면이 물로 둘러싸여 있고, 세 개의 다리가 그 위에 놓여 있다. 이러한 풍경은 사원건축사에서 아주 드문 것이다. 그 외에 북송 문학가 황정견黃庭堅이 청원산을 유람할 때 쓴 "유청원산기차운주원옹游靑原山記次韵周元翁"이라는 시가 전한다. 이 시를 팔통석비八通石碑에 새겼는데, 지금은 대웅보전 양측의 외벽 사이에 보존되어 있다.

청원행사탑(行思塔)

　천왕전을 지나 오른쪽으로 돌면 칠조탑七祖塔으로 향하는 작은 자갈길로 들어서게 된다. 이 길은 완연하게 산세를 따라간다. 전하는 말에 의하면, 정거사 내의 수많은 고목이 말라죽었는데, 1990년대 초에 정거사 제42대 방장 체광법사體光法師가 주석하면서 도량이 부흥하기 시작하니, 시들었던 고목들이 다시 싹이 트며 생기를 회복하였다고 한다.

길을 따라 오르면 칠조七祖의 '귀진탑歸眞塔'에 도착한다. 이 탑은 당대 개원開元 연간에 지은 것이다. 그 옆에 가시나무가 있는데, 행사선사가 가시나무를 거꾸로 심은 것이다. 황휘黃輝는 '법음인천法蔭人天'이라는 커다란 네 자를 남겼다.

사내에는 적지 않은 문물이 보존되어 있다. 이미 언급한 저명한 비석과 석각 외에 명대 정덕正德 연간(1516)에 제조한 청원정거선종靑原淨居禪鐘을 비롯해, 영신북향십삼도배사永新北鄉十三都倍士가 새겨진 철족정로鐵足鼎爐와 천승대동과千僧大銅鍋 등이 있다. 현재 정거사는 많은 신도들이 예참하고 관광객들이 끊이지 않고 찾아온다. 특히 대만 거사들과 해외 신도들의 모습도 쉽게 만날 수 있다.

청원행사 선사와 그의 선사상

청원행사(673~740)는 속성이 류劉 씨이고 강서성江西省 길안吉安 안복安福 사람이다. 어릴 때 출가하였는데, 여러 사람이 모여 도를 논하는 곳에서도 항상 홀로 잠자코 있었다고 한다. 조계曹溪의 법석法席이 뛰어나다는 소문을 듣고 그곳으로 참례하러 갔다.

행사는 혜능慧能대사의 중시重視를 받아 '상좌上座'라고 칭찬받았다고 한다.

『경덕전등록景德傳燈錄』에는 청
원행사가 처음 혜능대사를 만났
을 때의 문답이 실려 있다.

청원행사

> 행사: "어떻게 공부해야 계급階
> 級에 떨어지지 않겠습니까?"
> 혜능: "그대는 일찍이 어떻게 공
> 부했었는가?"
> 행사: "성제聖諦 성인聖人의 법法마저도 짓지 않습니다."
> 혜능: "어떤 계급에 떨어졌는가?"
> 행사: "성인의 법마저도 짓지 않거늘 무슨 계급이 있겠습니까?"*

어떻게 해야 성聖과 범凡, 유有와 무無, 존尊과 비卑 등의 상대적인
관념에 빠지지 않을 것인가는 선리禪理를 추구하는 이들이 자주 탐
구하는 주제이다. 혜능대사는 그를 깨닫게 하기 위하여 어떻게 공
부했는지 물었다. 행사는 언하에 돈오하여 불교도가 추구해야 할
제일의제第一義諦도 중히 여기지 않음을 보여 이미 '성'과 '범'을 초
월하는 경지에 도달하였음을 밝혔다. 혜능이 또 물으면서 '성인의
법마저도 짓지 않는다'는 생각을 가지고 있다면, 여전히 자신이 깨

---

*   〔宋〕道原纂, 『景德傳燈錄』 卷5, "青原行思禪師傳"(『大正藏』 51, 240a) "問曰:
    當何所務, 卽不落階級? 祖曰: 汝曾作什麼 師曰: 聖諦亦不爲. 祖曰: 落何階級?
    曰: 聖諦尙不爲, 何階級之有?"

달은 줄 아는 생각에 빠져 있는 것이라고 보아 "어떤 계급에 떨어졌는가?"라고 질책하니, 다시 "성인의 법마저도 짓지 않거늘 무슨 계급이 있겠습니까?"라고 명백하게 밝히자 혜능대사가 인가하였다고 한다.

후에 혜능대사에게 "한 지방을 나누어 교화하여 법이 끊어지지 않게 하라.〔分化一方, 無令斷絶〕"는 당부를 받고 행사는 고향의 청원산으로 돌아와 정거사에서 수행하고 홍법하였다. 전하는 바에 따르면 그 당시에 "사방의 선객들이 몰려와 법당에 가득하였다.〔四方禪客, 繁擁其堂〕"라고 한다. 이렇게 하여 '청원행사'의 명성이 널리 알려지게 되었다. 개원開元 28년(740) 입적하였다. 당 희종僖宗 황제는 '홍제선사弘濟禪師'라는 시호를 하사하고, 탑호를 '귀진歸眞'이라 하였다.

행사선사는 정거사 주지를 맡으면서 사원을 확장하고 승도들을 많이 받아들여 선객들이 사방에서 운집하였다. 선사는 육조혜능대사의 '명심견성明心見性'과 '돈오성불頓悟成佛'의 선리를 견지하여 혜능의 남종南宗을 널리 펼쳤다.

한번은 한 승려가 행사선사에게 물었다. "불법의 대의는 무엇입니까?" 그러자 선사는 반문하였다. "요즈음 여릉驪陵의 쌀값이 얼마인가?" 선리는 언사로 표현할 수 있는 것이 아니라 구체적인 일상 매사에 적용되는 것이다. 선사의 대답은 겉으로 보기에는 동문서답 같지만, 사실은 문제의 정곡을 찌르는 논리가 있다. 여릉의 쌀값과 불법의 대의는 갈라놓을 수 없다. 쌀값은 생활 속의 일이고 선은 수행하는 자 본심의 각성이다. 본성과 본심을 보려면 지견知見

만으로 해결할 수 없다. 불법은 쌀값과 같은 일상생활 속에 있는 것이지 현묘한 신비로운 경계에 있는 것이 아님을 강조하고 있다.

행사선사가 학인을 인도하는 방식은 남종南宗 문하의 기타 선사와 비교하면 더 섬세하고 평온하지만, 마음의 근원을 고심하게 하고 당하當下에 돈오頓悟를 이끄는 법문은 일치한다. 선사의 선풍은 간결하고 소박하며 영활靈活하다. 한 승려가 "어찌하면 해탈할 수 있습니까?"라고 물으면 선사는 "누가 그대를 묶어두었는가?"라고 반문하고, "어찌하여야 정토를 얻을 수 있습니까?"라고 물으면 선사는 "누가 그대를 더럽혔는가?"라고 되묻는다. 또 "어찌하여야 열반합니까?"라고 물으면 선사는 "누가 그대에게 생사를 주었는가?"라고 다시 질문한다.

행사선사의 회상에서 정진하려는 이들이 많았다.

"당시 행사의 문하는 학도자學道者가 무리를 이루었다."[*]

라고 하여 수많은 제자들이 있지만, 잘 알려진 제자는 석두희천石頭希遷이다. 희천(700~790)은 속성이 진陳 씨이고, 단주고요(端州高要; 지금의 廣東省 高要縣) 사람이다. 어려서 출가하여 조계에 이르러 혜능 문하에서 사미沙彌가 되었으며, 혜능이 입적하자 행사선사에게 의지하였다. 그와 행사가 만났을 때, 다음과 같은 기연 문답이

---

[*]   〔宋〕贊寧等撰, 『宋高僧傳』 卷9, "希遷傳"(『大正藏』 50, 764a) "當時思公之門,
       學者麕至."

있었다고 전해진다.

> 스승이 "그대는 어디서 왔는가?"라고 묻자, 희천은 "조계에서 왔
> 습니다."라고 말하였다. 스승이 "무엇을 얻으러 왔는가?"라고 하
> 자, 희천은 "조계에 이르기 전에도, 또한 잃은 것이 없습니다."라
> 고 답하였다. 스승이 "그렇다면 조계에 무엇 하러 갔었는가?"라
> 고 묻자, 희천은 "만약 조계에 이르지 못했다면, 어찌 잃지 않음
> 을 알았겠습니까?"라고 답하였다.*

여기에서 희천이 말하는 "잃지 않음"이라는 것은 바로 '자성自性'
을 의미한다. 사람들은 모두 선천적으로 불성을 가지고 있으나 중
생이 미혹하기 때문에 이러한 자성을 알지 못한다. 이러한 희천의
대응에 행사선사는 매우 만족스러워, "여러 제자들이 비록 많다고
하지만, 기린 하나면 족하다."**라고 하였다.

맺음말

정거사는 역대로 조계曹溪의 '돈오頓悟' 법문을 계승하였으며, 근래
에 와서는 선종의 거목 허운 노화상虛雲老和尙의 근대선풍과 오래

---

* 〔宋〕道原纂,『景德傳燈錄』卷5, "青原行思禪師傳"(『大正藏』51, 240b) "師問
曰: 子何方而來? 遷曰: 曹溪. 師曰: 將得什麼來? 曰: 未到曹溪亦不失. 師曰:
恁麼, 用去曹溪作什麼? 曰: 若不到曹溪, 爭知不失?"
** 앞의 책, "衆角雖多, 一麟足矣."

된 선종문화의 소박한 선풍을 그대로 보존하고 있다. 대중들은 오늘도 옛날과 다름없이 상과(上課: 경전 공부), 과당(過堂; 예불), 보청(普請; 대중운력), 좌향(坐香: 좌선) 등의 일상을 이어가고 있다. 정거사는 세속적인 욕망이 미칠 수 없고, 오직 참선하고 경을 읽고 실천하는 즐거움으로만 넘쳐난다. 그야말로 시상詩想 그대로이다.

"산 밖의 세속은 물결이 출렁이나, 산중의 꽃은 그저 피고 질 뿐,
〔任山外潮起潮落, 憑山中花謝花開〕"

정거고사
淨居故事

㉮청원행사靑原行思 선사는 출가하기 전에 청원산을 등산한 적이 있었는데, 이곳의 아름다운 경치에 매혹되었다고 한다. 또한 그는 나뭇가지 하나를 꺾어 땅에 꽂고는 말하기를

"만약 이곳이 신령한 땅이라면 나뭇가지가 반드시 살아날 것이다."

그 후에 과연 나뭇가지가 살아났다. 행사는 그 후에 육조 혜능대사에게 득법하고 청원산에서 홍법하였는데 사람들의 참배가 줄을 이었다.

육조의 제자인 석두희천石頭希遷이 육조가 원적하기 전에 어디에 가서 불법을 배워야 하는지 물어본 적이 있다. 그러자 육조는 "혼자 생각해보라!尋思去"고 하였다. 그리하여 희천이 심사숙고하는 중에 하루는 한 고승이 일러주기를

"육조가 너에게 사형 행사선사를 찾아가라 한 것이지 종일 생각하라는 것은 아니란다.(汝有師兄行思和尙 今住吉州 汝因緣在彼 師言甚直汝自迷耳)"

라고 했다. 그때서야 희천은 문득 깨닫고 청원산에 와서 득법하였으며, 후에는 형악衡嶽에서 후학을 돌보고 전법하였다.

⑭ 전설에 의하면 천왕전天王殿 앞의 두 그루 측백나무는 행사선사가 친히 심은 것이라고 한다. 1,300여 년의 나이를 지닌 이 나무의 줄기와 꼭대기는 말랐지만 지금도 여전히 푸른 잎이 나온다. 두 그루의 측백나무는 사실은 일곱 그루라고 한다. 두 그루 나무의 뿌리는 하나지만 한 그루는 세 갈래로 나누어져 있고 다른 한 그루는 네 갈래로 나뉘어 있다. 그러므로 모두 일곱 그루인 셈이다. 어떤 사람은 이를 두고 청원행사가 육조혜능에게 법을 이은 선종 제7대의 상징이라고도 한다.

청원행사가 심은 측백나무(靑原行思親植柏樹)

10

호남성 형양현 남악형산
湖南省 衡陽縣 南嶽衡山

복엄사
福嚴寺

남악회양
南嶽懷讓

남악회양 선사는 육조 혜능의 법을 계승하였고, 남종선 '남악계'의 태두
이다. 특히 회양선사의 제자인 마조선사로부터 남악계는 번창하게 되었
다. 회양선사의 선사상은 『단경』을 온전히 계승하고 있으며, 특히 마조
를 일깨운 '마경磨鏡'의 고사는 유명하다.

머리말

기세가 웅장한 형산의 수봉首峰 회안봉回雁峰은 형양시衡陽市 중심에 위치한다. 동쪽으로 상강湘江을 임하고 있으며, '천하의 남악南嶽 제일봉'에서 북쪽으로 차를 타고 1시간 정도 가면, 연꽃 같이 우아하고 매혹적인 자태를 지닌 몇 십 개의 산봉우리를 스쳐 지나 남악 형산의 핵심적인 풍경을 자랑하는 명승구역에 들어간다. 복엄사福嚴寺는 바로 그 안 척발봉擲鉢峰 동쪽 기슭에 자리 잡고 있다. 척발봉 아래 반산정半山亭에서 5리쯤 떨어진 마경대磨鏡臺를 돌아가면, 쭉쭉 뻗은 대나무가 울창하게 어우러진 곳에 고아하게 서 있다.

복엄사의 가을

사원의 역사

『남악지南嶽誌』에 의하면, 복엄사는 원래 명칭이 반야사般若寺, 반
야대般若臺로, 천태종 3조 혜사慧思대사가 진陳 광대光大 원년(567)
에 창건했다. 혜사대사가 대소산大蘇山에서 출발하여, 40여 명의 제
자들을 거느리고 형산에 이르러, 온갖 어려움을 극복하고 갖은 고
생을 다하며 반야선림般若禪林과 소반야선림(小般若禪林; 지금의 藏經
殿)을 창건했다. '악신嶽神'*과 바둑을 두고, 도사와 도술을 부리며

---

*   宗寶本, 『法寶壇經』(『大正藏』 48, 357b) "讓至禮拜, 師曰: 甚處來? 曰: 嵩山.
     師曰: 什麽物? 恁麽來? 曰: 說似一物卽不中. 師曰: 還可修證否? 曰: 修證卽不
     無, 汚染卽不得."

마경대磨鏡台

싸움을 하고, 금릉金陵에 이르러 경전을 강설하여 널리 문도를 거
두었다. 마침내 불교를 남악에 뿌리내리게 하여 명성이 도교를 넘
어섰다고 한다. 혜사대사는 평소 계율을 받들어, 의복은 면포만 쓰
고, 추운 겨울에는 쑥잎을 채워 바람과 서리를 막아『속고승전續高
僧傳』에서는 특별히 그의 자비로운 행실을 모범으로 삼을 만하다고
칭송하였다. 혜사는 나중에 남악 형산의 개산開山 조사로 추앙받았
다. 혜사가 남악에서 10년 동안 법을 널리 펼치자 명성이 장강長江
남북에 가득했으며, 577년 남악에서 원적하니, 절의 동쪽 언덕에
삼생탑三生塔이 건립되었다.

이후 당 선천先天 2년(713)에 육조혜능의 의발을 계승한 회양懷
讓선사가 남악에 주석하면서 반야사를 선종 도량으로 개설하고, 남

종의 돈오 선법이 뿌리내려 천하에 크게 떨치게 되었다. 그에 따라 천하의 불자들이 이 절을 전법의 불원佛院으로 삼았다.

북송의 태평흥국太平興國 연간 (976~984)에 복엄福嚴이라는 유명한 스님이 사원을 증수하고 사방에 측백나무를 심었는데, 이를 기념하기 위하여 절 이름을 '복엄사'로 고쳤다. 청淸 동치同治 9년(1870)에 중수되고, 청나

정문(山門)

라 때 중수한 구조와 양식이 계속 보존되었다. 문화혁명 시기에 절 안에 있던 문물이 모두 사라져 하나도 남아 있지 않고, 사원이 다른 용도로 바뀌었으며, 재난 시기에 절 안의 고목도 말라 죽었다가, 종교 회복 정책이 실시된 후 다시 생기를 얻었다.

절도, 부처님도, 나무도 오래되었을 뿐만 아니라 사람도, 사상도 오래되었다. 1,400여 년 동안 복엄사는 고승들을 배출하여, 밤하늘을 찬란히 밝히는 별들처럼 고금에 빛나고 있다. 그들은 불학에 정밀하고 뛰어나며, 시서詩書에 출중하고, 인격이 높고 절개가 굳어 중국 불교에 큰 족적을 남기고 있다. 복엄사 역사 가운데 가장 유명한 혜사와 회양 두 분의 조사 외에도 심승審承, 양아良雅, 초원楚圓, 보종保宗, 자감慈感, 문연文演, 홍저弘儲, 담운淡雲, 현묘玄妙, 해안海岸 등 일대종사一代宗師들이 있다. 이들은 모두 일찍이 반야사(복엄사)와 뗄 수 없는 인연을 가지고 있다.

사원의 현황

복엄사는 곧게 뻗은 대나무가 무성하게 어우러진 곳에 늙은 나무 덩굴과 오래된 고목 사이에 서 있다. 하늘을 찌를 듯 솟은 짙푸른 나무숲과 엄숙하고 경건한 사우寺宇가 어우러져 아름다운 운치를 더하여 불당佛堂들을 유난히 고아하게 만든다. 사찰 앞과 뒤에는 높고 커다란 암석이 있다. 왼쪽 산의 돌에는 당나라 재상 이필李泌이 '극고명極高明'이라고 쓴 커다란 글자가 새겨져 있어 극고명대極高明臺라는 이름이 붙었다. 그밖에 '혜사일생암惠思一生岩'이라는 바위가 있는데, 커다란 암석의 한쪽 측면에는 삼생탑三生塔이 있다. 이 탑은 복엄사를 개산開山한 혜사대사의 유골을 안치한 곳으로, 혜사화상 삼생의 몸을 모두 그 속에 모셔 그런 이름이 지어졌다고 전한다. 절 동쪽에는 네모난 모양의 돌우물에서 솟아나는 맑고 깨끗한 샘물 하나가 있다. 우물 벽에 '호포천虎跑泉'이라고 새긴 석각이 있고, 샘 옆에는 기품이 있고 단정하며 장중한 서체를 간직한 비석이 있다. 비문에는 남조南朝 진陳나라 광대光大 시기에 혜사조사가 도량을 창건한 일화가 기록되어 있다.

산문에는 '육조고찰六朝古刹, 칠조도량七祖道場'이라고 쓴 한 폭의 대련과 '천하법원天下法院'이라고 쓴 편액이 있다. 이 대련과 편액은 복엄사의 역사적 연원과 지대한 영향을 미친 고도의 예술을 상징적으로 보여준다. 산문 밖에는 혜사가 심은 세 그루의 오래된 은행나무 전설이 전한다.

산문에 들어서면, 커다란 마당을 둘러싼 담장 위에는 돌에 조각

혜사삼생탑慧思三生塔

된 팽옥린彭玉麟의 매화도梅花圖가 조각되어 있다. 두 번째 건물에
서 마지막 건물까지 하나의 선을 이루고 있다. 두 번째 건물 대문
위에 편액이 하나 있는데, '오엽류방五葉流芳'이라는 네 글자가 쓰
여 있다. 건물 오른쪽 정원에는 천여 년이 넘는 은행나무가 있는데,
'수壽'라는 이름이 붙어 있다. 더 안으로 가면 대문 정동쪽에 지객
청知客廳이 있다. 회랑 기둥에 "복엄은 남산 제일 고찰이며, 반야는
늙은 조사의 불이법문[福嚴爲南山第一古刹, 般若是老祖不二法門]"이라
는 대련이 새겨져 있다.

　세 번째 건물은 악신전嶽神殿으로, 건물 안에 악신 조각상이 있
다. 『남악지』에 의하면, "진陳나라 후주後主가 악신 상을 숭상하며
제사를 지냈기 때문에, 13,000근의 동으로 주조하여 불상 3좌를 함

복엄사 대웅보전

께 세웠는데, 1,000년이라는 세월이 지났다."고 한다. 네 번째 건물은 이 사찰의 주된 건축물인 대웅보전大雄寶殿으로, '삼세불三世佛'이 모셔져 있다. 모두 청동으로 주조된 것이며, 양쪽에 마치 살아 있는 듯 생동감이 넘치는 18나한이 있다. 다섯 번째 건물인 조당祖堂과 관음전觀音殿, 방장루方丈樓가 나란히 놓여 있다.

사원 아래에는 울창하고 짙푸른 금계림金鷄林이 있다. 그 북쪽에는 1,000년 동안 예찬을 받는 마경대, 칠조탑七祖塔, 마조암(馬祖庵; 傳法院), 조원祖源 등이 있다. 역사가 깊은 이 사찰은 중국 불교의 가장 깊은 내용을 응축하고 있어, 고금古今 승려들의 마음을 끌었으며, 수천수만의 여행객들이 찾고 있다. 학자들을 종일 머물게 하고, 수많은 문인들의 붓을 춤추게 하며, 순례자들은 선열禪悅의 아름다움을 얻게 한다.

남악회양 선사와 그의 선사상

남악회양(南嶽懷讓, 677~744) 선사는
당唐나라 금주(金州; 지금의 陝西 安康市)
사람이다. 15세에 옥천사玉泉寺 항경
법사恒景法師에게 출가하고, 육조 혜능
대사를 참알하여 깨달음을 얻고, 혜능
대사를 15년 동안 모셨다. 선천先天 2
년(713)에 처음 형산에 와서 반야사
(般若寺; 지금의 福嚴寺)에 거처하며 불

남악회양

법을 널리 펼치자, 사방의 승도들이 공경하며 귀의했다. 선사가 이
곳에서 선종의 심법을 크게 떨치고, 근기에 따라 교화하여 제자들
이 심성을 깨닫도록 하였다. '벽돌을 갈아 거울을 만드는 것〔磨磚成
鏡〕'으로 마조도일馬祖道一을 일깨워준 것이 가장 유명한 사례이다.

『단경』에 다음과 같이 기록되어 있다. 회양선사가 처음 혜능을
뵈었을 때, 혜능이 묻기를 "그대는 어디서 왔는가?"라고 하니, 회양
이 "숭산에서 왔습니다."라고 대답하였다. 육조는 회양을 검증하기
위하여 계속 물었다. "무슨 물건이 이렇게 왔는가?" 회양이 "설사
한 물건이라 하여도 맞지 않습니다."라고 대답하였다. 자심에서 깨
달은 불성은 말로는 능히 표현할 수 없다는 뜻이다. 육조가 묻기를,
"그러면 더 닦고 증득할 것이 있는가?"라고 하니, 회양이 대답하기
를, "닦고 증득하는 것이 없지는 않습니다만, 오염된다면 얻을 수
없습니다." 육조대사가 곧바로 회양을 인가印可하였다. 회양선사는

'선'은 비록 닦고 증득하는 것을 빌려 깨달을 수는 있지만, 중생이 본래 가지고 있는 자성은 절대 오염되지 않는 것이라고 보았다. 그의 대답 속에 조사선의 무수무증無修無證 수행관이 드러나며, 마음이 오염되지 않으면 본래 스스로 천연이니, 중생이 곧 부처임을 제시해 주었다.

회양선사는 선대先代를 계승 발전시키고, 선법을 중국에 널리 전하는 효시가 되어, 선종 발전에 기여하였을 뿐 아니라 불교의 융성을 촉발시켰다. 그의 제자 마조도일 선사는 일찍이 남악회양 선사의 선법사상을 총결總結하였을 때,

"내 스승의 도는 미묘하다. 양변이 없지만 항상하고, 머묾이 없지만 이르고, 능소能所와 이사理事가 모인다."*

고 하였다. '무대無待'와 '무주無住'라는 두 개의 미묘한 법문에 남악회양 선법의 특색이 들어 있음을 볼 수 있다. '무대無待'는 기댐〔待〕에 대한 측면으로 세간의 기댐, 즉 세간의 어떠한 조건에 대한 것을 없애는 법이다. 세상 사람은 우주와 인생의 현상을 공空하거나 유有하고, 크거나〔大〕 작거나〔小〕 등과 같이 두 가지 조건을 설정하기 좋아하여, 사람으로 하여금 미혹된 마음으로 알음알이에 집착하게 하여 해탈하지 못한다. 때문에 유무有無 등의 양변을 타파하여 중

---

* 〔宋〕贊寧等撰, 『宋高僧傳』(『大正藏』 50, 761b) "吾師之道存乎妙者也, 無待而常, 不住而至, 能事集矣."

도반야中道般若로 모든 실상實相을 관조하면 저절로 우주 인생의 진상眞相을 보게 된다. '무주無住'는 진리를 정확하게 파악하여 인연에 맡겨 자연스럽고, 인연에 따라 변하지 않으며 평범하고 진실한 생활 속에서 불법을 깨닫는다. 불성은 생멸을 조작하는 법이 아니라 본래 갖추고 있는 하나의 존재이며, 이것은 닦아 증득했기에 있고, 닦아 증득 못했기에 없는 것이 절대 아님을 말한다.

또한 회양선사는 불성은 중생마다 본래 갖추고 있는 것이며, 언제든지 항상하는 존재이며, 결코 수행했기 때문에 얻는 것이 아니고, 수행하지 않았기 때문에 상실하는 것도 아니라고 분명하게 밝히고 있다. 특히 수행자는 심원心源의 본성을 초월해, 형식상 좌선坐禪과 선을 중시하지 않지만, 또한 자성을 청정하게 하는 선수행을 배척해서는 안 된다고 강조하였다.

"벽돌을 갈아 거울을 만드는 것[磨磚成鏡]"은 회양선사가 제자 마조도일을 일깨운 공안이자, 회양선사의 주요한 선법사상을 나타내는 말이다. 『경덕전등록景德傳燈錄』은 다음과 같이 기재하고 있다.

마조가 남악南岳 전법원傳法院에서 날마다 좌선만 하였다. 회양은 마조가 법기인줄 알고 다가가 묻기를

회양: "대덕은 좌선해서 무엇을 하려고 하는가?"

마조: "부처가 되려고 합니다."

회양은 벽돌을 가져와 바위에 올려놓고 갈고 있었다.

마조: "사부는 무엇을 하십니까?"

회양: "벽돌을 갈아서 거울을 만들고자 하네."

마조: "벽돌을 갈아 어찌 거울이 되겠습니까!"

회양: "좌선만 한다고 어찌 부처가 되겠는가!"

마조: "어떡하면 옳습니까?"

회양: "소가 마차를 끄는 것에 비유하자면, 만약 마차가 가지 못하면, 소를 때리는 것이 옳은가? 마차를 때리는 것이 옳은가?"

다시 이르기를,

회양: "네가 좌선을 하는 것이, 좌불坐佛을 배우는 것이 된다. 만약 좌선을 배운다면, 선은 앉거나 눕는 것에 있는 것이 아니다〔禪非坐臥〕. 만약 좌불을 배운다면, 부처는 정해진 상相이 아니다. 머무는 법이 없는 곳에서, 마땅히 취하고 버릴 것이 없다. 네가 만약 좌불한다면 곧 부처를 죽이는 것이요, 만약 좌상坐相에 집착한다면 그 이치를 통달하는 것이 아니다."

이에 마조는 듣고서 참회하고, 활연히 개오開悟하였다.*

---

*　〔宋〕道原纂,『景德傳燈錄』卷5(『大正藏』51, 240c) "道一(卽馬祖大師也)住傳法院常日坐禪. 師知是法器, 往問曰, 大德坐禪圖什麽. 一曰, 圖作佛. 師乃取一塼, 於彼庵前石上磨. 一曰, 師作什麽. 師曰, 磨作鏡. 一曰, 磨塼豈得成鏡耶, 坐禪豈得成佛耶. 一曰, 如何卽是. 師曰, 如人駕車不行, 打車卽是, 打牛卽是一無對. 師又曰, 汝學坐禪, 爲學坐佛. 若學坐禪禪非坐臥. 若學坐佛佛非定相. 於無住法不應取捨. 汝若坐佛卽是殺佛, 若執坐相非達其理. 一聞示誨如飮醍醐."

이는 상당히 유명한 이야기이다. 여기에서 회양선사가 강조하는 것은, 선은 결코 좌선坐禪과 같은 형식이 아니라 마음이 청정한가 아닌가에 달려 있는 것이며, 부처님도 고정 불변하는 형상이 아니라 인생의 진제眞諦라는 것이다. 만일 어떤 사람이 성불에 집착하여 좌선이나 와선 등의 여러 형식으로 얻으려 한다면, 그것은 곧 불법을 가장 크게 비방하는 것이며, 영원히 해탈을 증득할 수도 없다. 마조가 처음에 좌선 형식으로 선정禪定을 얻으려 했던 것처럼, 선법에 대한 잘못된 이해와 인식이다. 이렇게 하면 여래의 선정을 깨달은 사람이 될 수 없을 뿐 아니라 형식적인 집착 때문에 사견邪見이 생길 수 있다. 회양선사의 선법은 혜능대사의

> "보리는 본래 나무가 없으며, 거울도 그 받침이 없는 것, 본래 한 물건도 없는데, 어디에 진애가 끼겠는가?〔菩提本無樹, 明鏡亦非臺. 本來無一物, 何處惹塵埃?〕"*

라고 한 것과 완전히 일치하는 것이다.

양증문楊曾文 선생은 일찍이 회양선사의 선사상을 여섯 가지로 정리하였다. 첫째, 회양은 혜능의 돈교선법頓敎禪法을 계승하여, 좌선을 통해 지혜를 일으켜 해탈에 이른다고 생각하지 않았다. 그는 '벽돌을 갈아 거울을 만들 수 없음〔磨磚不能成鏡〕'이라는 비유로 좌선은 사람으로 하여금 해탈하여 성불하게 할 수 없다고 하였다. 둘

---

*   宗寶本,『壇經』(『大正藏』48, 349a)

째, 회양은 선정禪定을 완전히 부인한 것이 아니라, 혜능과 마찬가지로 좌선을 새롭게 해석하였고, 실제 좌선을 생활 속으로 확대 발전시켜, "선은 좌선이나 와선이 아니다"라고 하였다. 셋째, 부처님도 반드시 선정에 든 특정한 형상으로 집착과 취사取捨가 없는 것을 나타내는 것이 아닌 이상, 수행자 또한 반드시 좌선을 통해 성불하는 것을 추구해야 하겠는가? 넷째, 만일 해탈에 이르려면, '심지법문心地法門', 즉 명심견성明心見性하는 선법을 배워, 자기가 본래 가지고 있는 청정한 불성을 깨달아야 한다. 이것은 마치 해탈하기 위해 '씨를 뿌리고', 밖에서 스승의 가르침이 보조적 조건 즉 '천택(天澤; 자연의 조건)'이 있는 것처럼, 두 가지가 적극적으로 배합되어야 불성을 깨달아 해탈에 이를 수 있는 것이다. 다섯째, '불성' 혹은 '도'는 비록 '색色'은 아니지만, 자기의 '심지법안心地法眼'을 통해 그것을 깨달을 수 있으며, '무상삼매無相三昧'라는 것은 불성과 상응하는 특정한 순서가 없는 무념의 선법이다. 여섯째, 불성이나 '도'는 형체도 모습도 없으며, 시간과 공간의 제약도 받지 않는다. 그것은 세계의 본성이고 본원이며, 없는 곳이 없고, 사람마다 태어나면서 가지고 있는 청정한 본성, 즉 '모든 씨앗을 함유하고 있는 심지'이며, 깨달음에 이르는 내재된 근거이다.

결론적으로 회양선사의 선법은 평범하고 소박하며, 심성을 깨닫고 나서 실천을 중시하였다. 특히 후대 중국 선종에서 '마조馬祖의 선사상'이 변화 발전하는 데 깊은 영향을 주었다.

맺음말

복엄사는 예스런 운치가 깊어 지금까지 남악의 가장 으뜸인 고찰로 전해지며, 물욕이 팽배한 현대 세계에 독특한 매력을 빛내고 있다. 2003년 '중국천년불교논단中國千年佛敎論壇'이 '마경대'에서 거행되었다. 각계의 유명한 학자와 각국의 저명한 법사들이 학술회의에 참가하여 논문을 발표하였다. 중국에서 첫 번째로 거행된 대형 불교논단으로 한중일 3국에서 참여한 인원이 1,000여 명에 이를 만큼 전례 없는 성황을 이루었다. 각국의 불교 교류 및 불교 대중화와 보편화에 있어서 대단히 깊은 의미가 있었다. 대회에서 제기된 불교 대중화 기초 사업의 주요 특색은 교의敎義의 인문화, 신

남악회양묘탑南嶽懷讓墓塔

앙의 입세화入世化, 수행의 생활화, 경제의 자급화이다.

이 논단으로 21세기 중국 불교의 찬란한 빛이 마경대에서 발했다. 남악의 불산佛山에 불타의 빛을 꺼지지 않게 하였으며, 새로운 시기의 불교에 희망의 빛이 되었다. 그리고 새로운 시대의 복엄사는 옛날의 원류로부터 내려오는 불교를 계승하여 현대에 전파하고 있다.

복엄고사
福嚴故事

㉮전설에 의하면 개산 조사 혜사慧思는 악신(嶽神: 산신)과 내기하여 사원을 건축할 땅을 차지하였다고 한다. 악신은 혜사가 석장(錫杖, 지팡이)이 떨어지는 곳의 땅을 사용하도록 허락하였다. 혜사가 석장을 공중에 뿌렸더니 석장은 천천히 날아가다 복엄사에 떨어졌다. 악신은 놀라움을 금치 못하여 "당신이 선택한 이 땅은 바로 내가 살고 있는 산이라네."라고 말하였다. 혜사는 "여러 신이 이 땅을 하사하였으니 나는 이 산에 산사를 짓고 그 은혜에 꼭 보답하겠습니다."라고 답했다. 이렇게 사원은 건축되고 악신전嶽神殿도 세워 지금까지 내려오고 있다.

㉯복엄사 오른쪽에는 혜사가 심은 오래된 은행나무 세 그루가 있다. 남악南嶽 사지에 따르면, 세 그루의 오래된 은행나무는 두 비구와 한 비구니를 상징하는데, 이들은 일찍이 혜사 문하에서 수계를 하였지만 계율을 범하여 환속還俗하라는 벌을 받았다. 그러자 은행나무로 환생하여 산문 밖에서 불법을 듣고 참회하며 지금도 자리를 지키고 있다. 나무 앞 청석비에는 나무의 수계受戒 연대가 무려 1,400여 년 전이라고 기록되어 있다.

문화대혁명 시기 복엄사는 돼지우리로 사용되었는데 은행나무

혜사가 심은 은행나무 세 그루(慧思親植銀杏樹 院外3棵)

는 그때 말라죽었다. 정책이 바뀌면서 복엄사를 다시 중창하자 은
행나무는 놀랍게도 다시 살아났다. 필자가 그곳에 도착하였을 때
는 가을이었는데 천년은행의 황금잎이 형산 가을빛에 반사되어 복
엄사의 하얀 벽과 검은 기와지붕을 장엄하고 있었다.

11

강서성 남창시
江西省 南昌市

우민사
佑民寺

마조도일
馬祖道一

마조선사는 남악회양南嶽懷讓 선사의 법을 계승하였고, 홍주종洪州宗을 개창하였으며, 남악계가 발전하는 데 절대적인 영향을 미쳤다. 특히 우리나라의 구산선문九山禪門이 거의 마조계를 받아들이고 있어 한국 선종과 상당히 밀접한 관련이 있다. 마조선사의 사상은 '선비좌와禪非坐臥', '도불용수道不用修', '평상심시도平常心是道', '즉심즉불卽心卽佛' 등이 유명한데, 이는 모두『단경』의 사상을 계승하여 보다 발전시켰다고 할 수 있다.

머리말

우민사는 강서성 남창시南昌市 중심에 있는 깨끗하고 맑은 호수인 남호南湖의 동쪽 작은 골목에 자리한 천년고찰이다. 마조도일馬祖道一 선사는 혜능 문하 남악회양南嶽懷讓의 제자이다.『법보단경法寶壇經』에 따르면, 일찍이 혜능선사가 회양에게

"너의 제자 가운데 한 망아지가 나올 텐데, 천하의 사람을 밟아 죽일 것이다."*

일주문(山門)

라고 예언을 하였다. '망아지'는 바로 마조도일 선사를 가리킨다. 마조가 일으킨 禪을 후학들은 '홍주종洪州宗'이라 칭하는데, 남종 문하에서 가장 광범위하게 전파된 선맥禪脈이다.

사원의 역사

우민사는 남조南朝 양梁 천감天監 연간(502~519)에 창건되었는데, 본래 상란사上蘭寺라고 하였다. 『남창부지南昌府志』 기록에 의하면, 남조 양대梁代 예장왕豫章王의 스승 갈심葛鱏의 저택 동남쪽에 교정 蛟井이라는 우물이 있었는데,

---

*　"汝足下出一馬駒, 踏殺天下人."

대웅보전大雄寶殿

"교룡蛟龍이 살고 있어 물을 자주 흐리게 하니, 예장왕 소종蕭綜
이 큰 불상을 조성하여 교룡을 진압하였다."*

고 한다. 그에 따라 양 태청太淸 원년(547)에 '대불사大佛寺'라고 개
명하였다. 당조唐朝 개원開元 연간(713~741)에 '개원사開元寺'라 개
명하고 당명황상唐明皇像을 모셨다.

마조도일 선사는 대력大曆 4년(769)부터 15년 동안 선법을 설하
였다. 이후 사방에 명성이 알려지니, 신도들이 운집하고 입실한 제
자들을 셀 수 없었다. 점차 개원사가 강남불학의 중심이 되었고, 이

* "蛟斗甚激, 豫章王蕭綜造大佛一尊以鎮蛟龍."

를 '홍주선洪州禪'이라고 칭하였다. 마조선사는 또한 강서에서 48좌
의 사원을 창건하였다. 또한 그의 제자들은 모두 종조宗祖가 되어
선종을 천하에 널리 전파하였다.『송고승전宋高僧傳』권11 '태육전
太毓傳'에는

"그때 천하에 불법이 극도로 융성하였지만, 홍부洪府를 능가하
는 곳이 없었다. 좌하座下에 현성賢聖들이 어깨를 나란히 하고,
득도한 이들이 대중을 이루었다."*

라고 당시 상황을 묘사하고 있다.

784년 신라 승려 무적無寂은 개원사에 이르러 당시 주지인, 마조
의 제자 서당지장西唐智藏 선사를 참배하고, 그의 법을 전수받아 법
호를 도의道義로 개명하였다. 또한 도의 이외에 신라의 홍척洪陟, 혜
철慧哲 등도 서당선사의 법을 이었다. 이들은 각각 신라로 돌아가
실상산문實相山門과 동리산문桐裏山門을 개창하였다. 9세기 초 신라
에 '구산선문九山禪門'이 형성되었는데, 그 가운데 일곱 산문이 마조
도일의 홍주종과 관계가 있다.

그 후 사원은 쇠락과 복원을 여러 차례 반복하였다. 송대에 승천
사承天寺, 능인사能仁寺 등으로 개명하였고, 명대에 이르러서는 영

---

* 〔宋〕贊寧等撰,『宋高僧傳』(『大正藏』50, 773c) "于時天下佛法極盛, 無過洪
府: 座下賢聖比肩, 得道者其數頗衆."

법당法堂

도의선사 입당구법비(道義入唐求法碑)

도의국사입법구법비道義入唐求法碑

녕사永寧寺로 개명하였다.

　청대 순치順治 연간(1644~1661)에 사원이 전란으로 훼손되고, 복원을 거쳐 우청사佑淸寺로 개명하였다. 민국民國 초기에는 북양군벌北洋軍閥이 우청사를 강점하여 병영으로 사용하였다. 그 후 국민당 군대가 사찰 전각들을 무기고로 사용하고, 승려들을 모두 쫓아내니 예불마저 중단되었다. 1929년 '우민사'로 개명하여 오늘에 이르고 있다.

사원의 현황

우민사는 남창시南昌市에서 유일하게 완전한 사원이다. 전체적인 가람 배치는, 남북을 가르는 중축선을 중심으로 전각들이 가지런히 배열되어 있다. 산문에 들어서면 천왕전天王殿이 먼저 마주한다. 금색 유리기와에 살구색 벽은 고아하고 비범하다. 또 용마루 위에 해서楷書로 된 '풍조우순風調雨順' 네 글자는 부처님 광명을 드러내 국태민안國泰民安을 뜻하는 의미로, 나라가 편안해야 절 집안도 순조롭다는 뜻이 함께 있다. 전각에는 미륵불彌勒佛을 주존으로 양측에 사대천왕四大天王이 모시고 있다.

전각을 지나면 정원 안에 몇 사람이 둘러앉아도 모자라는 천년 녹나무가 있는데, 가지는 구불구불하지만 생기가 넘친다. 천왕전 뒤에 외형이 독특한 아미타동불전阿彌陀銅佛殿이 있는데, 동불은 높이가 9.6m이고 무게가 20t이나 된다. 우민사는 특히 다른 사원보다 동불전이 많아 남창에 이런 속담이 있다. "강서는 비록 궁핍하지만, 36,000kg의 동불銅佛이 있다." 우민사의 동불銅佛, 종루鍾樓의 동종銅鐘과 보현사철상普賢寺鐵像은 남창의 삼보三寶로 칭해진다. 동불은 문화혁명 시기에 훼손되어 다시 모셨고, 아직 현존하는 1만여 근이 넘는 동종은 남당南唐시기에 제조된 것으로 지금도 종루에 달려 있다.

동불전 뒤에 위치한 대웅보전은 무려 1,000여 m²에 달한다. 현재 강남에서 규모가 큰 불전 가운데 하나로 사바세계娑婆世界 석가모니불釋迦牟尼佛, 동방정유리세계東方淨琉璃世界 약사불藥師佛, 서방

212

일구흡진서강수화一口吸盡西江水話

극락세계西方極樂世界 아미타불阿彌陀佛 등 삼세불을 봉안하고 있다.
본존 석가모니불 좌우보처로 가섭迦葉과 아난阿難이 모셔져 있다.
대웅전 뒤에는 법당과 장경각藏經閣이 중국 전통사원과 동일하게
배치되어 있다.

마조도일 선사와 그의 선사상

마조도일(709~788) 선사는 속성이 마馬 씨이고 한주漢州 집방(什邡;
지금의 四川省 什邡市) 사람이다. 어릴 때 자주資州 당唐 스님을 따라
삭발하고, 유주渝州 도율사圖律師에게 수계를 받았다. 도일은 한때
신라 무상(無相; 金和尙이라고도 함) 문하에서 참학參學하였다. 개원

마조도일

연간에 형산衡山의 남악회양南嶽懷讓 선사 문하에서 깨달음을 얻는다.

이로부터 마조선사는 10년 동안 제방에 행각을 하다 남장 개원사(즉 지금의 우민사)에 주석하며 홍주종을 개창하였다.

당唐 정원貞元 4년(788) 2월 초하루에 세수 80세로 원적하였다. 제자들은 선사의 사리를 강서 정안靖安 석문산石門山 보봉사寶峰寺에 모셨다. 마조선사 사리탑은 정원 7년(791) 좌부사左仆射 덕이德爾가 덕종德宗의 성지를 받고 건립하였다. 당 현종玄宗은 마조에게 '대적선사大寂禪師'라는 시호諡號를 하사하고, 청대 옹정雍正 13년(1735) 세종世宗은 마조에게 '보조대적선사普照大寂禪師'라는 시호를 하사하였다.

마조도일의 선사상은 육조 혜능의 『육조단경』에서 조사선 사상을 온전히 계승하고 있다.

『마조어록馬祖語錄』에

"너희들은 각자 자심自心이 부처임을 믿어라."*

---

* 『江西馬祖道一禪師語錄』(卍續藏 69, 2b) "汝等諸人, 各信自心是佛."

"자성自性이 본래 구족하여 다만 선악의 일 가운데 걸림이 없다
면 수도인修道人이라 칭하겠다. 선함을 취하고 악함을 버리며,
공空을 관하여 입정入定한다면 조작造作에 속한다."*

는 구절이 보이는데,『단경』의 문구와 상당히 유사하다.

　마조선사의 선사상은 앞에서 언급한 '선비좌와禪非坐臥'와 '도불
용수道不用修', '평상심시도平常心是道', '즉심즉불卽心卽佛' 등이 대표
적이다.

　『경덕전등록景德傳燈錄』에는 마조선사의 다음과 같은 유명한 구
절이 보인다.

　도는 닦지 않음〔道不用修〕이니, 다만 오염되지 말라. 어떻게 오염
되는가? 다만 생사의 마음이 있어 조작하고 쫓아가면 모두 오염
이다. 만약 바로 그 도를 알고자 하면 평상심平常心이 도이다. 무
엇을 평상심이라 이르는가? 조작造作, 시비是非, 취사取捨, 단상斷
常, 범성凡聖이 없음〔無〕이다. 경전에 이르기를, "범부의 행함도
아니며 성현의 행함도 아님이 보살행이다."라고 하였다. 다만 지
금 행주좌와하고 근기에 따르고 사물을 접함이 모두 도이다.**

---

*　앞의 책, "自性本來具足, 但於善惡事中不滯, 喚作侉道人. 取善捨惡, 觀空入
　定, 卽屬造作."

**　〔宋〕道原纂,『景德傳燈錄』卷28(『大正藏』51, 440a) "道不用修, 但莫汚染. 何
　爲汚染? 但有生死心, 造作趨向, 皆是汚染. 若欲直會其道, 平常心是道. 何謂
　平常心? 無造作, 無是非, 無取舍, 無斷常, 無凡無聖. 經云: 非凡夫行, 非聖賢

여기에서 아주 명확하게 '도불용수'와 '평상심시도' 내용을 확인할 수 있다. 이 역시 『단경』의 선사상으로부터 나타났다고 볼 수 있는데, 여기에서 말하는 '평상심'은 일반적인 평상심과는 다르다. 선사는 "조작·시비·취사·단상·범성"이 없는 상태가 '평상심'이라고 했다. 이는 『단경』에서 설하는 '무념無念·무상無相·무주無住'의 삼무三無로부터 얻어진 '마음'이며, '돈오頓悟'와 깊은 관련이 있다고 볼 수 있다. 앞에서 『단경』은 '삼무'를 통하여 '무수무증無修無證'으로 귀결시킨다고 했는데, 마조선사는 '삼무'를 통해 '평상심시도'를 제창했다고 볼 수 있다.

『마조어록』에는 또한 '즉심즉불'을 다음과 같이 설하고 있다.

승려가 물었다. "화상은 어째서 '즉심즉불'을 설했습니까?" 마조는 "아이 울음을 그치기 위함이다."라고 답하였다. "울음이 그치고 나면, 어떻게 하시렵니까?"라고 묻자, 마조는 "비심비불非心非佛이다."라고 답하였다. "이 두 종류를 제외한 사람이 오면, 어떻게 가르쳐 보이겠습니까?"라고 말하자, "그에게 물物이 아니라고 말하겠다."라고 답하였다.*

이로부터 보자면 마조선사는 '즉심즉불'을 상당히 강조하였으며,

行, 是菩薩行. 只如今行 住坐臥, 應機接物, 盡是道."

* 『江西馬祖道一禪師語錄』(卍續藏 69, 4c) "僧問: 和尙爲甚麼說卽心卽佛? 祖曰: 爲止小兒啼. 曰: 啼止時如何? 師曰: 非心非佛. 曰: 除此二種人來, 如何指示? 祖曰: 向伊道, 不是物."

즉심즉불卽心卽佛

경우에 따라서는 '비심비불'이라고도 설했음을 알 수 있다. '즉심즉
불'과 '비심비불'은 표현이 서로 다르지만, 이는 긍정적인 '표전表
詮'과 부정적인 '차전遮詮'의 차이이다. 물론 해석함에 있어 서로 다
를 수도 있지만, 실제 의미는 동일한 것이다. 그렇지만 여기에서 말
하는 '마음'은 앞에서 언급한 '평상심'의 의미다.

　『경덕전등록』 권6에 실린 '마조전'에 따르면, "입실 제자가 139
인으로 각각 한 지방의 종주宗主가 되었다."*라고 하며, '마조사법
馬祖嗣法'으로 37인을 들고 있고,** 권7에 '마조사법'으로 다시 45

---

* 　〔宋〕道原纂, 『景德傳燈錄』 卷6(『大正藏』 51, 246b) "入室弟子一百三十九人,
各爲一方宗主."

** 　앞의 책(『大正藏』 51, 245b)

보봉선사의 마조사리탑(寶峰禪寺馬祖舍利塔)

인*을 거명하고 있다. 또한 황벽黃檗선사는 "마조대사는 84명의 선지식을 배출하였다."**고 하였다.

이렇게 수많은 마조의 사법 제자들로 인해 강서江西지방을 중심으로 '홍주종'은 점차 확대되었다. 특히 마조의 사법인 백장회해百丈懷海 문하에서 임제종臨濟宗과 위앙종潙仰宗이 출현하게 된다. 임제종은 '오가' 가운데 가장 오래 존속된 종파로 지금도 법맥이 계승되고 있으며, 역대로 한국 선맥禪脈과 깊은 관계를 맺고 있다.

---

*   앞의 책 卷7(『大正藏』51, 251b)

**   〔宋〕頤藏主集,『古尊宿語錄』卷1,『黃檗斷際禪師宛陵錄』(卍續藏 68, 19b)
     "馬大師出八十四人善知識."

맺음말

마조도일 선사는 인도불교의 중국화와 선종 발전에 탁월한 공헌을 하였다. 선사는 총림을 세우고 수많은 인재를 배양하였다. 선사가 개창한 선풍은 이후 선사상에 지대한 영향을 미쳤으며, 중국 천하에 조사선이 널리 전파되는 계기를 마련하였다. 선사는 평생 민중과 함께하였으며, 그들 속에서 선종의 발전을 도모하였다. 이러한 점은 이후 중국불교의 서민화, 세속화의 핵심적인 작용을 이루었다. 선사가 창건한 '홍주종'은 조계曹溪, 남악南岳의 법맥을 이어 임제, 위앙 두 종의 근원이 되었으며, 선종의 새로운 시대를 개척하였다. 이로서 마조선사의 홍주종은 중국 선종의 발전뿐만 아니라 전체 중국 철학의 발전에 이르는 중요한 교량적 의의를 갖는다. 마조 선사가 수십 년 홍법한 우민사는 지금도 북적거리는 시내의 한 모퉁이에서 묵묵히 마조의 선풍을 전하고 있다.

우 민 고 사
佑民故事

㉮전하는 바에 의하면, 주원장朱元璋이 우민사에 왔었다고 한다. 사원의 스님이 몇 번이나 이름을 묻자 그는 화가 나서 전당의 벽에 한마디 시를 썼다.

"강서江西에 병사가 몇 만 명이고 허리에 찬 검으로 죽인 사람이 얼마인데 한낱 시골 스님이 천하의 주인을 몰라보고 그 이름만 물어보는구나.(余盡江西數萬兵 腰間寶 劍摠留腥 野僧不識山河主 只管叨叨問姓名)"

그는 돌아가면서 이 스님을 엄히 다스리고자 결심하였다. 그러자 스님은 눈치를 채고 벽에 있는 시를 지우고 다른 시를 써놓았다.

"귀신마저도 두려워하니 폐하의 시를 남길 수 없구나, 강물이 이 시를 번번이 씻어버려 작은 빛이 싸움하는 소에 부딪치는 격이구나.(御筆題詩不敢留 留時惟恐鬼神愁好將江水頻頻洗 猶有毫光射鬥牛)"

후에 주원장이 그 죄를 묻고자 할 때, 벽에 있는 새 시를 보고는 징계는커녕 칭찬하여 이르기를 "사원에 큰 인물이 있구나."라고 하였다.

㉯우민사에 있는 동銅으로 제작
된 아미타불은 남창南昌의 유명한
"세 보배" 중의 하나이다. 역사에
의하면, 불상 높이는 한 장丈 여섯
자, 무게는 무려 36,000근이나 되
었다. 우민사는 원래 예장왕豫章
王-소종蕭綜의 스승인 갈심葛鱏의
자택이었다. 전설에 의하면 주택
동남쪽 우물 안에 무서운 교룡蛟
龍이 살고 있었다고 한다. 그래서

청대 동으로 조성된 아미타불

예장왕은 아미타대불을 조성하여 주택을 보호하다 사원으로 고쳤
으며 이름을 "대불사大佛寺"라 하였다. 문화혁명 초기에 우민사 대
웅전은 훼손되고 사원은 다른 용도로 사용되었다. 이 시기에 불상
의 한쪽 팔도 잘려지고 대부분의 동상들은 녹여 다른 용도로 썼다.
1994년에 와서 동제아미타불은 원래 모양을 되찾을 수 있었다.

12

호남성 형양현 남악형산
湖南省 衡陽縣 南嶽衡山

남대사
南臺寺

석두희천
石頭希遷

『송고승전宋高僧傳』에 "강서江西의 법주는 대적(大寂: 馬祖)이요, 호남湖南의 법주는 석두石頭로 서로 왕래가 끊이지 않아 두 대사大士를 친견하지 못한다면 (도를) 알 수 없을 정도이다."라고 평하듯이 동시대에 강서에는 마조선사가, 호남에는 석두선사가 모두 혜능의 남종선을 선양하였다. 석두선사에게는 『참동계參同契』와 『초암가草庵歌』가 있는데, 이를 통해 본다면 남악계와 청원계의 선사상이 조금 다르게 전개된 원인을 짐작할 수 있다. 남악계는 마조선사로부터 '도불용수道不用修', '즉심즉불卽心卽佛'을 견지하지만 석두선사의 『참동계』에서는 상호간의 관계가 '회호回互'함을 강조하여 '계합〔契〕'할 것을 제창한다. 그에 따라 '조동', '운문', '법안'의 청원계에서는 선과 교의 융합을 중시하는 가풍이 형성되었다고 하겠다. 후대에 남악계의 임제종에서 '간화선'이 출현하고, 청원계의 조동종에서 '묵조선'이 출현한 것은 바로 이로부터 시작되었다고 평가할 수 있다.

머리말

남악南岳 72봉 가운데 하나인 서응봉瑞應峰은 해발 600여 m로, 푸른 소나무와 대나무가 우거져 해를 가릴 정도이다. 오솔길 그윽한 곳에 계곡이 흐르며, 산새들이 지저귄다. 산기슭 눈길 닿지 않는 곳에 고풍스러우며 소박하지만 장엄한 사찰 하나가 있다. '천하법원天下法源'이라 일컬어지는 남대사이다. 절 주변은 푸른 산이 둘러 있고, 소나무와 잣나무가 짙게 드리워 있으며, 1년 내내 참배객의 향불 연기가 자욱이 피어오른다. 종소리가 은은하게 울려, 맑고 고적한 난야蘭若의 경지를 보여준다. 남종 청원靑原 계열의 거장 석두

희천石頭希遷이 이곳에서 주석해, 남대사도 세상에 이름이 났다.

사원의 역사

양梁 천감天監 연간(502) 거의 90세에 가까운 노령의 해인海印이 형산에 와서 남대사를 창건하였다. 사원 뒤에는 왼쪽에 남산이 있고, 남산 암벽 위에 대처럼 생긴 돌이 있는데, 그는 항상 그 돌 위에 앉아 좌선을 하였다. 때문에 남대사라고 일컫게 되었다. 해인화상은 멀지 않은 곳에 있는 복엄사福嚴寺에 주석하는 천태 3조 혜사慧思대사와 진리를 논하였고, 두 사람은 "견해가 아주 잘 맞았다."고 한다. 그들이 본래 도가道家 일색이었던 남악에 불교의 신천지를 열자 법

산자락의 옛 남대사南台寺

맥이 번창해 연종(蓮宗: 정토종)·율종律宗·선종禪宗이 계속해서 남악에 들어왔다.

당唐 천보天寶 2년(742) 희천선사가 강서江西 청원산青原山에서 남악으로 와서 절 동쪽 큰 바위 위에 암자를 지었으므로, 사람들이 "석두화상石頭和尚"이라 불렀다. 선사는 서응봉瑞應峰 아래에서 선종의 종풍을 크게 선양하였다. 세상의 불자들이 명성을 듣고 찾아와 화상 앞에서 경전과 불법 강설을 들으니, 법도들이 날이 갈수록 많아졌다. 그에 따라 남대사는 지속적으로 규모가 커졌다. 송宋에 이르러, 주희朱熹와 장식張栻이 건도乾道 3년(1167) 남악에 왔다 남대사에 들렀을 때, 이미 사찰의 규모는 장대했으며, "하늘 아래 아름다운 사원"으로 호황을 누리고 있었다.

역대 고승이 맑고 고요한 경계에 주석하여, 남대南臺의 옛 사찰은 천상에 있는 인간의 '삼보정지三寶淨地'가 되었다. 그러나 긴 역사의 강물 속에서 남대사도 여러 번 보수하지 못하여 황폐해지는 신세를 면치 못하였다. 당대唐代 이후로 점차 쇠락해져, 송대宋代 건도乾道 원년(1165)에 이르러 새로 중수되었다. 명초明初에 사원이 다시 황폐해졌다가 명 홍치弘治 연간에 원애元碍화상이 중건하였다.

청대清代 건륭乾隆 시기에는 '남대사' 명칭을 사용하는 여러 사찰이 출현하여 진위 논란이 일어났다. 이에 광서光緒 연간 (1875~1908)에 축성사祝聖寺 주지 담운淡雲화상과 그 제자인 묘견妙見이 "서로 이권을 다투고 불문을 욕되게 하는 것"이라고 하여 남대사 선풍을 다시 일으키고자 하였다. 그에 따라 사천四川의 순무

(巡撫; 각 지방의 군정과 민정을 순시하던 대신)와 승려 복성福成, 담운淡雲, 묵안黙安 등이 가시덤불로 뒤덮이고 돌들이 어지럽게 널려 있는 곳에서 석두희천의 '견상보탑見相寶塔' 비문과 '남대사南臺寺' 편액이 있는 고찰古刹의 옛 터를 찾아냈다. 세 사람은 사우寺宇를 중수하여 복원하고, 남대사를 중흥하는 데 평생의 힘을 다 바칠 것을 서원하였다. 그들은 사방으로 동분서주하며 14년의 세월이 지나 마침내 1만8천여 관貫을 모금하였다. 재건 사업은 광서 25년(1899)에 시작하여 5년이 걸려 완공되었다. 웅장하고 아름다운 옛 사찰이 다시 우뚝 세워졌으며, 역대 규모를 뛰어넘어 천하에 잘 알려진 사찰이 되었다. 이 기간에 일본 승려 매효육휴梅曉六休가 조사를 참배하러 왔다가 사우가 준공되는 것을 기쁘게 맞아하며 찬탄을 그치지

멀리서 바라본 남대사南台寺

않고, 대장경 1부와 패엽 불경 32장을 증송하겠다고 서원하였다. 당시 호남의 명사 왕임추(王秋 王闓運, 1832~1916, 문학가)가 일찍이 『일본승증남대사경기日本僧贈南臺寺經記』라는 글에 이 일을 기록하고, 돌에 새겨 뜻을 영원히 남겼다. 애석하게도 문화혁명 중에 법보의 문물이 모두 훼손되어 하나도 남아 있지 않아 사람들로 하여금 긴 탄식을 자아내게 했다.

민국民國 시기에 경안敬安, 도계道階, 태허太虛 등 대덕 고승이 모두 남대사에서 법을 강학하였으며, 현대 고승 영도靈濤, 거찬巨贊, 영근靈根, 명진明眞 등은 항일전쟁 기간에 '불학연구사佛學研究社'를 개설하여 덕과 학문을 겸비한 많은 승려 인재들을 양성하고, 친히 승도들을 이끌고 항일 애국운동에 뛰어들어 근대불교에 발자취를 남겼다. 새로운 중국이 성립된 이후 남대사는 여전히 남악 승려들이 농사와 선을 병행하는 중요 사원이 되었다.

사원의 현황

오늘날 남대사는 사방이 푸른 소나무, 삼나무, 단풍나무, 가래나무가 울창하고 녹음이 우거져 싱그러운 바람이 얼굴에 스친다. 높이 20여 미터에 달하는 메타세쿼이아는 하늘을 찌를 듯 뻗어 있고, 깃털 모양의 침엽들은 하늘하늘 춤을 춘다. 산봉우리 아래를 굽어보면, 빽빽한 푸른 봉우리들이 나선형을 이루며 구불구불 이어져 푸른 용이 하늘로 오르는 듯하다. 명 만력萬曆 연간에 재상 장거정張居正이 쓴 다음의 시와 똑같다.

외로운 봉우리 밤 안개 깃드는 곳에 베개 베자, 몸이 푸른 산봉우리에 있음을 모르겠구나.

종과 경쇠 소리 차갑게 일어 하늘에 처음 울리고, 결가부좌 시작하니 달이 막 둥글어지는구나. 속세의 꿈같은 환영 모든 상을 따라 사라지건만, 깨달은 마음 등불 하나도 비추지 못하네. 새벽이 밝아 다시 주릉朱陵의 길을 찾아서, 자운紫雲을 두루 다녔으나 아직 돌지 못했네.*

9층 돌계단 정면에 있는 돌기둥 위에 다음과 같은 한 폭의 대련이 있다.

"일렁이는 72개 봉우리, 상강湘江에 잠긴 산 그림자 물속을 내려다보고, 맑은 하늘은 구만 리나 열리고, 월인月印의 선심禪心은 우러러 원만하구나.〔澹蕩七二峰, 湘涵嶽影凭低瞰; 雲開九千丈, 月印禪心在上圓.〕"

회색 담벽에 검은 기와가 얹어진 산문山門은 소박하면서 친근하며, 문 앞에 서 있는 한 쌍의 돌사자는 장엄한 기운을 전한다. 문 위에는 '고남대사古南臺寺'라는 편액이 걸려 있다. 두 번째 미타전彌陀殿으로 가면, 정면에 가슴과 배를 드러내고 웃고 있는 미륵불 좌상

---

* "一枕孤峰宿暝烟, 不知身在翠微巓. 寒生鍾磬霄初徹, 起結跏趺月正圓. 塵夢幻隨諸相減, 覺心不照一燈燃, 明晨更覓朱陵路, 踏遍紫雲猶未旋."

승려요사(僧房)

산문山門

이 있고, 양쪽에는 높이 3m 정도 되는 사대천왕상이 받들고 있다.

미륵전과 인접한 것이 대웅보전大雄寶殿이다. 대웅보전 앞에 붉을 칠을 한 섬돌이 하나 있고, 나한송과 백옥란이 있다. 대웅전 안에는 금빛이 빛나는 눈과 장엄하고 오묘한 모습의 삼존불상이 팔보금련대八寶金蓮臺 위에 앉아 계신다. 정중앙에 석가모니 세존이, 왼쪽에는 약사불, 오른쪽에는 아미타불

법당法堂

이 있다. 불상 높이는 3m 정도 되며, 상호는 넉넉하고 자상하며 단정하다. 각각 왼쪽 어깨에 법의를 걸치고 오른쪽 어깨를 드러내고, 선한 눈을 아래로 내려다보고 있어 대전 안이 엄숙하고 경건하다. 세 번째 불전에는 조소로 장식된 감실龕室이 있고, 또한 법당, 조당, 운수당雲水堂으로 도량을 구성하고 있다. 양쪽 행랑에 각각 재당齋堂, 선당禪堂, 객방客房 등이 있다. 절 안에는 크고 방사가 100여 칸이다.

사원 왼쪽에 있는 구불구불한 돌계단을 따라 수백 미터 가면, 커다란 돌 위에 선승禪僧의 부조浮彫가 서 있다. 그분은 석두희천 선사이고, 조각을 보호하기 위한 정자 하나가 세워져 있다.

사원 뒤로 왼쪽에 있는 남산南山 암벽 위에 '일여대一如臺'라는 커다란 바위가 하나 있다. 해인화상海印和尙이 이 바위 위에서 좌선하고 독경했다고 전해진다. 지금도 직경이 2척이나 되는 '남대사南臺

寺'라는 커다란 세 글자가 뚜렷하다. 왼쪽에는 '梁天監年建(양나라 천감 연간에 세움)' 오른쪽에는 '沙門海印(사문해인)'이라는 글귀가 있는데, 두 줄에 작은 글자로 곧게 새겨져 있다. 조각칼로 멋지게 새긴 글자는 강건하고 힘이 있는데, 해인화상의 친필이라 전해진다.

남대사 뒤 서응봉瑞應峰 정상에 구름을 뚫고 높이 솟은 보탑寶塔이 하나 있는데, 멀리서 바라보면 보검寶劍 한 자루가 산봉우리에 우뚝 솟아 있는 듯하다. 부처님 사리가 모셔져 있는 금강사리탑金剛舍利塔이다. 1995년 건축하기 시작하여 4년 만에 완성했다. 돌이 섞인 구조로 송나라 누각 방식을 모방해 총 9층에 높이 48m인 고전적인 건축물이다. 높이 치켜 들린 처마와 서까래로 된 고풍스런 건축물에 금색 벽이 휘황찬란하다. 탑 안에 있는 나선형 계단으로 오르내리고, 굽은 난간에 회랑이 있다. 층마다 불단이 있고, 9층에 부처님 사리가 모셔져 있다.

금강사리탑 사리는 수隋나라 인수仁壽 원년(603) 고조高祖 양견楊

금강사리탑金剛舍利塔

堅이 조서를 반포하여, 정업대사淨業大師에게 요청하여 남악의 형악사衡嶽寺로 모셔온 것이다. 탑의 높이가 49m인 7층 부도는 푸른 산 정상에 우뚝 높이 솟아 있고, 정문 기둥에 다음과 같은 한 폭의 대련이 쓰여 있다. "항하사 같은 겁에 정성이 쌓여 만나게 되는 사리 부도가 영원히 간직된 길상한 성지이며, 바가범의 자비로운 서원이 깃든 진공금강정체가

232

널리 미친 복된 곳이로다.〔恒沙劫精誠積 累得遇舍利浮圖永鎭吉祥聖地. 婆伽梵悲願難量眞空金剛正體 廣爲及祜福田.〕” 지금 우뚝 서 있는 보탑은 부처님 서광을 널리 비추며, 명산을 빛내고 있다. 사리탑 한쪽 측면에는 역대 고승의 묘탑들이 보존되어 있다.

불탑묘佛塔墓들을 가로질러 비탈에 커다란 돌이 하나 있는데, 원형으로 서로 산마루를 이루고 있어 사람이 오를 수 없다. 후인들이 돌을 뚫어 수백 층의 돌계단을 만들었는데, 암벽 위에 하늘로 올라가는 사다리 같아 이름을 '천생등天生磴'이라고 한다. 명나라 장원 변張元忭이 일찍이 '진도파進道坡'라는 세 개의 큰 글자를 돌계단 아래 가파른 바위 절벽 쇠사슬이 걸려 있는 곳에 새겼다. 돌 비탈 옆쪽에 금우의 족적이 찍혀 있는 '금우석金牛石'도 있다.

석두희천 선사와 그의 선사상

석두희천(石頭希遷, 700~790) 선사는 속성이 진陳 씨이고, 단주端州 고요(高要: 지금의 광동성 고요현) 사람이다. 어려서 조계에서 혜능 문하로 출가하여 사미가 되었으며, 혜능이 입적하자 길주吉州 청원산 靑原山 정거사靜居寺로 가서, 행사行思선사를 의지해 수행했다. 기변 機辯이 민첩해 행사선사에게

"여러 제자들이 비록 많다고 하지만, 기린 하나면 족하다."*

---

* 〔宋〕道原纂, 『景德傳燈錄』 卷5, "靑原行思禪師傳"(『大正藏』 51, 240b) "衆角

석두희천

라는 칭찬을 들을 만큼 신임을 받았다. 얼마 있다 행사선사는 희천에게 명하여 책을 가지고 조계 문하의 또 다른 종장인 남악회양南嶽懷讓 선사에게 가서 참알하고, 수련을 한 뒤에 정거사로 돌아오도록 하였다. 그 후 행사선사가 교법을 부촉하였다. 당 현종玄宗 천보天寶 초년(742) 희천선사는 청원산을 떠나 남악에 이르러 형산 남대사에 머물게 되었다.

석두희천 선사의 저서는『참동계參同契』와『초암가草庵歌』2편이 있다. 이 2편의 저술은 매우 간결하지만, 풍격風格은 현저히 다르다.『참동계』는 이理와 사事가 원융하여, 물아物我가 일체一體됨을 논하여, 현묘함이 깊다. 반면에『초암가』는 암자에 거주하며 유유자적하는 심경을 묘사했는데, 쉽고 명쾌한 말로 선사가 깨달음을 얻고 나서 자연에 맡기고 즐겁게 만족하는 상태를 표현하였다.

선사의 선법은『참동계』에서 약간 엿볼 수 있다. 희천이『조론肇論』을 읽다 "성인은 만물을 자기로 삼는다〔聖人會萬物爲己〕"는 구절에 이르러 영감을 받았다. 그리고『조론』에서 말하는 "법신은 자타를 떼어놓지 않고, 둥근 거울은 만상을 비쳐 낸다〔法身不隔自他, 圓鏡體現萬象〕"는 도리에 깊은 깨달음을 얻어『참동계』를 지었다고 전해

雖多, 一麟足矣."

진다. '참동參同'이라는 두 글자는 원래 도가道家에서 나온 말로, 희천은 그 뜻을 취하여 '회호回互'를 주안점으로 그의 선법에 발휘하였다. 이른바 '참參'은 만물과 제법諸法이 각각 위치에서 자기의 자리를 지키면서 서로 침범하지 않는 것을 가리킨다. 이른바 '동同'은 모든 법諸法이 비록 다르나 일원一元으로 통일되어 있어 개별로 고립적인 존재가 아니라고 보는 것을 의미한다. 그래서 그가 창도한 '회호回互'는 만물제법 사이에 서로 침범하지 않으면서도 서로 간섭해 들어가는 관계로 보는 것을 가리킨다. 참선하는 사람이 이 도리를 깨달아 일상생활에서 실천해 그 이치를 경험적으로 증명하면 신령스런 빛이 환히 빛나고 어리석음을 면할 수 있다. 이것을 '계契'라고 한다. 희천선사는 이러한 사상을 선관禪觀에 도입하여, 선법의 내용을 한층 풍부하게 만들었으며, 그에 따라 선사는 하나의 종풍宗風을 개창하였다.

달마법계의 선법은 불성론을 기초로 심성心性의 깨달음을 중시한다. 북종과 남종 각 파의 계열도 모두 해탈하는 데 마음의 작용을 강조하고, 마음을 수행과 해탈의 착안점으로 삼는다. 그러나 해탈하는 데 있어 마음에 대한 중점은 완전히 일치하는 것은 아니다. '공空'을 강조하기도 하고, 혹은 '유有'를 '상즉불이相卽不二'로 강조하기도 한다. 희천선사의 선법도 사람마다 태어나면서 불성을 갖추고 있다는 전제로부터 선의 수행론을 전개하였다. 종합해 보면, 희천선사는 선리禪理에 있어 심성心性의 무위無爲라는 측면을 더욱 중시했다. 어떻게 해탈에 이를 것인가에 대하여 말할 때는, 사람들이 자신을 믿고 자기는 본래 이미 해탈하여 다시 밖에서 어떠한 추구도 할 필요가 없음을 인식하게 이끌었다. 선사는 사람마다 모두 갖추고 있는 불성을 '심心', '자심自心', '자기심령체自己心靈體'라고 하면서, 즉심즉불卽心卽佛을 제창하였다.

희천선사는 세계의 본체本體로서 진여불성眞如佛性은 청정하고 무결하고 형상이 없으며, 고통도 없고 즐거움도 없는 것이나, 여기서 나타나는 만사만물은 오염汚染된 것이어서 형태와 특색이 각기 다르고, 고통과 즐거움이 있는 것이라고 보았다. 그럼에도 불구하고, 이치〔理〕와 일〔事〕 사이, 일과 일 사이에는 서로 융섭融攝되고, 서로 회호回互하는 것이며, 또한 서로 둘이 아닌 것〔不二〕임을 강조하였다. 그리고 이러한 이치와 일, 본말本末 사이는 서로 섞여 원융해진 경계가 세계의 본래 면모이고, 부처와 중생, 성인과 범부가 회통한 최고 경계이다. 세계 만물의 최종적인 귀결점은 이러한 경계이며, 사람의 몸과 정신 최후의 이상적인 귀결점도 이 경계인데, 이것이 '회종會宗'이라고 강조한다. 수행하는 사람은 이치와 일이 원융하고, 본말이 회통한 '회종', '회도會道'한 입장에서 모든 사물을 대해야 한다. 단편적으로 단지 이치나 일만의 측면에서 문제를 인식해서는 안 되고, 이 관점에 근거하여 전진할 목표를 확정하여 허송세월을 보내지 말아야 한다고 하였다. 희천선사 선풍은 철학적인 사색의 경향을 분명하게 띠고 있어, 동시대 마조도일이 개창한 '선불장選佛場'에서 대기대용大機大用을 크게 선양한 것과 비교된다.

석두희천 선사를 계승한 제자는 21인이 있다. 그 가운데 유명한 이로는 초제혜랑招提慧朗, 천황도오天皇道悟, 약산유엄藥山惟儼, 단하천연丹霞天然, 대전보통大顚寶通, 홍국진랑興國振朗, 담주대천潭州大

川, 수공화상水空和尚, 서원담장西圓曇藏 등이 있다. 이 중 석두희천의 법맥을 번창시켜 지금까지 전승하는 것은 약산유엄과 천황도오 두 갈래뿐이다. 이 두 법맥이 널리 법을 알려, 청원계파에서 조동曹洞, 운문雲門, 법안法眼의 세 종宗이 나왔는데, 선종의 '일화오엽一花五葉' 가운데 '세 개의 잎[三葉]'이 되어 후세에 길이 빛나게 되었다.

맺음말

남대사는 조동曹洞, 운문雲門, 법안法眼의 근원이다. 남대사로부터 전개된 삼종의 가르침은 천하에 널리 퍼졌고, 불법을 지키는 용상龍象들을 배출하여 지금 사람들에게도 여전히 보배롭고 고귀한 여러 재산을 남겨주었다. 석두희천 선사의 선사상은 중국 내외 선학계에 큰 영향을 주었으며, 심지어 후대 정토종도 크고 작은 영향을 받았다고 보는 사람도 있다. 지금의 남대사는 역사적으로 유구한 선사상을 적극 계승하여 선양하고 있으며, 호남의 유명한 사찰로 강남의 빼어난 풍모를 드러내고 있다.

南臺故事

㉮어느 날 석두희천은 잠깐 책을 덮고 꿈을 꾸었는데, 육조혜능과 함께 큰 거북이 등에 앉아 바다를 오가고 있었다. 꿈에서 깨어난 그는

"거북이는 신령한 지혜요, 연못은 성품의 바다이다. 나와 조사는 함께 성품의 바다에서 거닐었다.〔靈龜者 智也. 池者 性海也. 吾與祖師同乘 靈智游性海矣〕"

라고 감탄하고 한 수를 읊었다.

238

㉗ 당나라 때 마조도일은 석두희천과 더불어 선계禪界의 쌍벽으로 불린다. 『송고승전宋高僧傳』에

"강서에는 대적大寂이 있고 호남에는 석두石頭가 있어 이 사이를 왕래하는 발걸음이 많았다. 강호에서는 두 선사를 모르는 사람이 없었다."

는 기록이 전한다. 마조는 강서에 살고 석두는 호남에 살았는데 전국 각지의 선승들이 두 선사를 참배하기 위해 강서와 호남 사이를 왕래하였다. 당시에 이것을 "강호를 누빈다〔跑江湖〕"라고 하였는데 지금도 사람들이 외지로 분주히 다니는 것을 "강호를 누빈다"라고 말한다.

13

강서성 의춘시 백장산
江西省 宜春市 百丈山

백장선사
百丈禪寺

백장회해
百丈懷海

백장회해 선사는 마조도일馬祖道一 선사의 법을 계승하였고, 사상도 역시 마조선을 펼치는데, 특히 '자유인'을 강조하였으며, 이를 '무착인無着人', '무구인無求人', '무의인無依人'으로 표현하였다. 특히 선사는 백장청규百丈淸規를 제정하여 선종의 완전한 독립을 이루었다. 또한 청규 가운데 보청법普請法을 실행하여 "하루 일하지 않으면, 하루 먹지도 말라[一日不作, 一日不食]."라는 농선병중農禪幷重의 전통을 수립하였다. 이는 도신道信-홍인弘忍의 동산법문東山法門으로부터 계승된 전통이 백장선사에 이르러 제도화했다고 하겠다. 백장선사의 문하에 위산영우潙山靈祐는 위앙종潙仰宗을 개창하였고, 또 다른 제자 황벽선사의 문하로부터 임제의현臨濟義玄의 임제종臨濟宗이 출현하였다.

머리말

백장회해百丈懷海라는 이름은 백장산百丈山에 주석하면서 칭해진 것이다. 백장선사百丈禪寺가 있는 백장산은 높이가 해발 1,300여 미터이다. 다른 산들에 비해 기운이 웅장하여 대웅산大雄山이라고도 한다. 산정에 자리한 사찰은 당나라 건축 양식을 재현하고 있어 그때의 융성한 불교문화를 한눈에 짐작하게 한다. 선원청규禪院清規를 제창하여 선종禪宗의 완전한 독립을 선언하였으니, 이곳이 『백장청규百丈清規』로 유명한 백장회해 선사 도량이다.

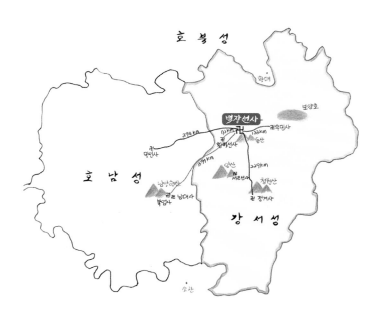

대웅보전大雄寶殿

사원의 역사

당唐 대력大曆 연간(766~778)에 향신鄕紳 감정甘貞이 백장산에 처음
으로 향도암鄕導庵이라는 암자를 창건하였으며, 784년 감정이 회
해선사를 초청한 후 '백장사'라 개명하였다. 회해선사가 머문 후 백
장산은 불도량의 중심이 되어 많은 불자들이 운집하니 문하에 다
수의 선승이 배출되었다. 백장선사가 814년 95살의 나이에 입적하
고, 절 서쪽에 사리탑을 건립하였는데, '대보승륜탑원大寶勝輪塔院'
이라고 한다. 7년 후 당 목종穆宗이 회해선사에게 '대지선사大智禪
師'라는 시호謚號를 하사하였다.

　당시 백장사에 또 다른 유명한 사람이 있었는데, 후에 황제가 된
선종宣宗 이침李忱이다. 이침이 조카 무종武宗과의 정치적 투쟁에서
많은 어려움을 겪고 있을 때, 하루는 한 고승을 만나 심중을 토로했
다. 스님이 떠나면서 "백장으로 물러서라[退至百丈]"라는 편지를 남
긴다. 고승의 뜻은 이침이 정권투쟁 중심에서 백장(300m), 즉 조금
물러서면 개인의 안전을 보장할 수 있다는 것이었다. 그러나 이침

법당法堂과 장경루藏經樓

은 추상적인 거리가 아니고 지명으로 잘못 알아듣고 지도에서 '백장'산이라는 이름을 찾았다. 백장산 백장사에 도착한 후 사미沙彌가 되었다. 이 인연으로 이침이 황제에 즉위한 후 백장사를 거듭 중창하고, '대지수성선사大智壽聖禪寺'라는 편액區額을 하사下賜하였다. 이러한 연유로 백장사는 당나라 시대에 상당히 번창하였다.

사원의 현황

백장사는 사면이 산으로 둘러싸인 산정山頂의 넓고 평탄한 분지에 위치한다. 옛날 건축물은 대웅보전과 승방 몇 동만 남았다. 대웅전은 청나라 말기인 1868년 세워진 것으로 길이 10m, 너비 12m, 높이 4m이다. 옛 형태의 고古사원은 새로 복원된 사원 옆에 보존되어 있다. 지금 백장사는 2004년 본환本煥 스님이 주지로 있으면서 여러 해에 걸쳐 복원하여 천년고찰의 모습을 회복하였다. 백장사는 필자가 순례한 중국 사원 가운데 가장 당나라시대다운 풍모를 지니고 있지 않나 생각한다. 모든 면에서 뛰어난 사찰 가운데 하나이다.

사원과 조금 떨어진 산 중턱에 '백장청규百丈淸規'라고 쓴 장엄한 삼문三門이 있다. 양식은 중국 당송唐宋대 건축이며 전체적으로 높고 웅장하면서 매우 간결하다. 산문에는 '백장고찰百丈古刹'이 새겨져 있고, 붉은색 산문과 회색 석벽으로 소박하고 단아한 모습이다. 산 정상 부근이지만 산문 앞은 넓은 들판이라 필자가 찾은 11월에는 수확을 마치고 남긴 볏짚을 볼 수 있었는데, 그 옛날 어깨에 괭이를 걸친 백장선사 모습이 눈에 떠오르는 듯하였다. 산문 안은 넓게 펼쳐져 있어 마음을 편안하게 하였다. 수목과 화초 뒤에 거대한 방생지放生池가 있고, 그 위에 아치형 돌다리를 만들어 사람들이 건널 수 있게 하였다. 다리 옆에는 '연지대사방생문蓮池大師放生文'이라고 쓴 검은색 석비가 눈길을 끈다. 차례로 천왕전天王殿, 대웅보전大雄寶殿, 법당法堂, 사래각師來閣 등의 전각이 있다. 불전佛殿마다 80~100m 정도의 거리를 두고, 사이에 화단이 있다. 주위에 측백나무와 회양목 등 상록수를 심어 사계절 내내 청량함을 만끽하게 한다.

역대로 황정견黃庭堅, 류공권柳公權, 주돈이周敦頤 같은 명공名公들이 이곳에서 많은 작품을 남겼다. 황정견은

"영경대에 높이 누워, 지팡이로 푸른 하늘을 가르니,

뭇 별이 떨어져 들판을 가득 채우고, 산승이 등불 아래 설법을 한다.

〔老夫高臥靈境臺, 拄杖夜撞靑天開, 撒落星辰滿平野, 山僧盡道佛燈來〕"

고 시를 읊었다. 이러한 시구처럼 지금의 백장사도 깊은 고요와 찬란한 밤하늘을 간직하고 있다. 가장 유명한 것은 중국의 해서楷書 사대가四大家 가운데 한 사람인 유공권柳公權이 쓴 '천하청규天下淸規'라는 석각과 '법정선사비法正禪師碑'로 지금까지 보존되어 있다. 또한 '진원眞源'이라는 석각이 있는데, 전설에 따르면 당 선종이 백장사에 사미로 있을 때, 수원水源에서 이곳을 찾아 '진원' 두 자를 친히 쓴 것이라고 한다. 뒷산에 '용반석龍蟠石'이 있는데, 회해선사가 자주 좌선하던 곳이라고 한다. 선문에서 진정한 수행자를 '용상지재龍象之才'라고 하니 '용반석'이라는 이름이 가슴에 와 닿는다. 당 선종도 여기에서 자주 좌선하였다고 한다.

야호암野狐巖

지금의 백장사는 완벽하게 중창된 선종 전통사찰로 모든 산림과 논밭을 사부대중이 직접 일구어 자급자족을 실천하고 있다. 백장사는 그야말로 선수행하기 좋은 도량이다. 오늘도 납자들이 매일 향을 사르며 백장가풍을 보존해가고 있다.

천하청규天下清規 석각石刻

화려한 조각

백장회해 선사와 그의 선사상

백장회해 선사

백장회해(百丈懷海, 720~814) 선사는 속성이 왕王 씨이고, 복주福州 장락현長樂顯 출신이다. 대지선사大智禪師라는 시호를 받았으며, 탑호는 대보승륜大寶勝輪이다. 일찍이 광동廣東 조양潮陽 서산에 주석하던 혜조慧照선사를 은사로 출가하였다. 이후 마조도일馬祖道一 선사 문하에서 수좌로 6년을 시봉하고 인가 받았다. 회해선사는 서당지장西堂智藏, 남전보원南泉普願과 함께 마조 문하의 '삼대사三大士'로 칭해졌다. 인가 받은 얼마 후 홍주洪州 신오(新吳: 지금의 江西省 奉新具) 대웅산에 이르러 백장총림을 개산開山하였다. 그 후 20년 동안 백장사 주지로 주석하면서 선법을 펼쳤다.

선사는 육조 혜능과 마조도일의 선사상의 진수를 전수 받았다. 또한 그는 여래장사상如來藏思想을 기초로 중생의 심성은 본래 원만구족하고 자재하니 자유롭게 해탈할 것이라고 주장하였다. 또한 불법은 모든 사람의 자기 심중에 이미 존재하니 달리 밖에서 구하지 말고 오직 자심自心에서 스스로 깨달을 것을 강조한다. 다만 망상의 속박을 받지 않으면 부처와 다름없이 심성이 밝혀져 불법은 저절로 드러난다고 한다. 선사의 선사상은

"신령스러운 광명이 홀로 빛나, 육근과 육진을 멀리 벗어나니, 본체는 참으로 항상됨을 드러내어, 문자에 구속됨이 없도다. 심성은 오염됨이 없어서, 본래 저절로 원만하게 이루어져 있으니, 다만 허망한 인연만 떠나면, 곧 여여한 부처라네."*

라고 개괄한다. 선사는 모든 집착이 불교의 기본정신과 위배된다고 주장하였다. 부처는 다만 "가고 머무는 자유이다."**라고 하여, "자유인"의 개념을 제시하였다. 자유인은 이미 외재적인 일체 인연에 집착하지 않고 의지하지 않으며 구하여 취하지 않는다. 따라서 선사는

"부처란 집착이 없는 사람〔無着人〕, 구함이 없는 사람〔無求人〕, 의지함이 없는 사람〔無依人〕이다."***

"부처는 중생 신변身邊의 약이지만 병이 없다면 먹을 필요가 없다. 병자가 없으면 약을 구하거나 약을 먹일 필요가 없다고 한다."****

---

* 〔宋〕頤藏主集,『古尊宿語錄』卷1, "百丈懷海禪師"(卍續藏 68, 5b) "靈光獨耀, 逈脫根塵, 體露眞常, 不拘文字. 心性無染, 本自圓成, 但離妄緣, 即如如佛."
** 앞의 책(卍續藏 68, 6b) "去住自由."
*** 앞의 책(卍續藏 68, 10a) "佛是無着人, 無求人, 無依人."
**** 앞의 책(卍續藏 68, 6c) "佛是衆生邊藥, 無病不要喫."

라고 하였다. '무착無着'은 어떠한 법에도 집착함이 없는 것이며, 어떠한 법에도 물들지 않는 것이다. '무의無依'는 어떠한 사람에게도 의지하지 않는 것으로, 다른 사람이 자기를 도와 궁극적 해탈을 이루기를 바라는 것이 아니다. 또한 경전 교설에 의지하여 자기가 해탈되기를 바라지 않는 것이고, 모든 것이 다만 자기에 의할 뿐, 마땅히 믿는 바는 자기의 그러한 자유인의 마음이다. 일체로부터 자유인이니 병이 붙을 수 없어 부처도 사라지고 약이 사라진 것이다. 이렇게 해야 자유적 본성을 실현할 수 있다. 선사는

"지금 다만 하나하나의 경계와 법에 모두 물듦이 없고, 또한 지해知解에 의지하여 머물지 않아야 곧 자유인이다."*

라고 설하였다.

선사는 일체의 집착과 오염된 마음은 선의 종지와 위배되어 해탈할 수 없다고 재삼 강조한다. 그리고 반대로 묶여 있지 않고 해탈해야만 진정한 해탈인이라고 설한다. 불도와 부처를 구하는 것도 집착으로 '운분입(運糞入; 똥을 퍼 들이는 것)'에 비유하며 이르기를

"지금 부처와 보리를 구하고자 하는 일체의 유무有無 등의 법은

---

*   앞의 책(卍續藏 68, 8b) "祇如今於一一境法都無愛染, 亦莫依住知解, 便是自由人."

250

선당禪堂

똥을 퍼 들이는 것이지, 똥을 퍼 밖으로 보내는 것이라 하지 않
는다. 지금 부처를 보고, 부처를 이해하려고 하지만, 보는 것과
구하는 것, 집착하는 것은 똥에 대한 희론에 지나지 않는다."*

라고 하였다. 자신이 깨닫고 해탈하고자 한다면 '제분除糞', 즉 탐욕
과 집착을 무조건 버려야 한다고 강조하였다.

선사는 중생의 청정한 본성은 모자란 적이 없으나 자신의 깨달
음이 모자란다고 생각하고 '지견'과 '지해'를 내는 것을 극복하라고

<hr/>

* 〔宋〕頤藏主集, 『古尊宿語錄』 卷2, "百丈懷海禪師"(卍續藏 68, 11a) "祇如今
求佛求菩提, 求一切有無等法, 是名運糞入, 不名運糞出. 祇如今作佛見作佛解,
但有所見所求所著, 盡名戲論之糞."

강조한다. 그에 따라 "두 구절을 자르고〔割斷兩頭句〕", "세 구절을 뛰어넘으라〔透過三句〕"는 두 가지 방편을 설하였다. 선사는 우주와 인생은 나누어질 수 없는 일체一體로 모순과 차별의 현상은 화합 통일된 정신적 실체가 환상幻像으로 나타난 것이라 주장한다. 일체 인식은 사람의 분별을 일으켜 사람으로 하여금 긍정 혹은 부정의 착오에 빠져들게 하여 최종적으로 우주 인생의 본질을 깨달을 수 없게 한다고 설한다. 오직 개체의 정신精神을 무한히 넓혀가 자신과 우주 본체가 하나가 되어 절대 정신통일의 경지에서 "말로 표현할 수 없고 생각할 수 없는〔言詮不及, 意路不到〕" 본체本體의 세계를 체험할 수 있어야 비로소 생사에서 열반으로 전환할 수 있다고 한다. 또한 현재 자기 생활의 중심에서 사람의 독립과 자유를 실현할 것을 호소한다. 그의 생각으로는

"예로부터 지금에 이르기까지 부처는 단지 사람이고, 사람이 다만 부처이다."*

라고 하여 중생과 부처가 평등함을 역설하였다. 차이가 있다면

"부처는 오고 감에 자유로워 중생과 다르다."**

---

* 〔宋〕頤藏主集,『古尊宿語錄』卷1, "百丈懷海禪師"(卍續藏 68, 8b) "自古自今, 佛祇是人, 人祇是佛."
** 〔宋〕頤藏主集,『古尊宿語錄』卷2, "百丈懷海禪師"(卍續藏 68, 13b) "佛祇是 去住自由, 不同衆生."

는 것이다. 즉 자유로우면 사람이 곧 부처이고, 자유롭지 못하면 부처가 사람이다. 부처와 사람이 구별되는 유일한 기준은 자유로움과 자유롭지 못함에 있을 뿐이다. 수행 목표는 눈앞의 외경에 매몰되지 않고 자유를 누리는 것이다. 경교經敎의 구속을 받지 않는다는 것은 바로 『단경壇經』에서 혜능선사가 "『법화경』을 돌려야지 『법화경』에 돌림을 당해서는 안 된다〔轉法華而不被法華轉〕"는 것과 같은 맥락이다. 누구나 자유 독립적이어서 부처와 차별이 없다는 것은 일체 법과 가르침을 자신이 쓰는 동시에 구속과 지배를 받지 않는다는 것이다.

선종발전사에서 회해선사의 중국 선종에 대한 공헌은 세 가지로 개괄할 수 있다.

예로부터 보존되어온 사찰 건축(탑)

절 앞의 농경지

　우선 선사는 선문禪門의 종규宗規, 즉 천하청규天下淸規 혹은 백장 청규百丈淸規를 만들어 "천하의 승려들은 이 청규를 따르라〔詔天下 僧悉依此而行〕"고 지시한다. 초기 선종에는 정해진 청규가 없어 율종 律宗의 규례規例의식을 따랐다. 이에 회해선사는 백장사에서 다년 간 불경과 선리禪理를 연구하여 선종에 맞는 의식과 청규를 제창하 는 『선문규식禪門規式』을 찬술하였다. 이 규식의 제정은 선승들이 율사律寺에서 수행하던 것을 선원에서 독립적으로 수행할 수 있게 한 것이다. 다시 말하면 율원律院에 속했던 선원을 독립하게 한 것 이다. 불교사 관점에서 청규의 제정은 선종이 불교에서 독립된 종 파가 되었음을 의미한다. 『경덕전등록景德傳燈錄』에서는

"선문의 독립은 백장선사로부터 시작되었다."*

라고 밝히고 있다. 그리하여 선가에서 "마조馬祖선사가 도량을 열고, 백장선사가 청규를 세웠다."라는 이야기가 나오게 된 것이다.

둘째로, 선사는 농선병중農禪幷重의 보청법普請法을 제창하여 "하루 일하지 않으면, 하루 먹지도 말라.〔一日不作, 一 日不食〕"는 유명한 이야기를 남겼다. 그 후 선원에서는 보청법에 따라 모든 승려들이 단체로 울력(노동)에 참가하여 산을 개간하고, 농사를 짓고, 물을 긷는 일을 의무화하는 농선 생활 방식이 채택되었다. 『백장선사어록百丈禪師語錄』에 따르면, 회해선사는 노동을 할 때면 가장 먼저 나섰으며, 매일 대중과 같이 작무作務를 했다고 한다. 훗날 회해대사가 70세 고령이 되었을 때, 일을 관리하는 스님이 선사를 쉬게 하려고 농기구를 숨겨 버렸다. 그때 선사는 "부덕한 내가 어찌 다른 대중이 나를 위해 일하게 하겠는가!"라고 하며 농기구를 찾지만 찾지 못하자 하루 동안 음식을 입에 대지 않았고, 대중이 할 수 없어 농기구를 돌려주자 선사는 다시 노동에 참여했다. 회해선사가 보청법을 실천하는 것은 본래 소승 계율에 어긋나는 것이다. 계율에는 출가자의 노동을 금하고 있지만, 회해선사가 제창한 보청법에서는 오히려 노동이 필수이며 수행의 연장선이다. 보청법으로 인하여 사원이 경제적 자급자족을 이루어 깊은 산속에서도 원만한 선수행으로 많은 선승을 배출하여 선종의 발달을 가져오는 초석이

---

* 〔宋〕道原纂, 『景德傳燈錄』卷6(『大正藏』51, 251b) "禪門獨行, 由百丈之始."

되었다.

세 번째로, 회해선사 문하에서는 20년 동안 개당 설법으로 많은 인재를 배출하였다. 제자 황벽희운黃檗希運은 훗날 임제종臨濟宗 개창의 모범이 되고, 임제종은 양기파와 황룡파로 분기하게 되었다. 그리고 제자 위산영우潙山靈祐는 위앙종潙仰宗을 개창한다. 선종사에 '일화오엽一花五葉'이라는 말이 있는데, 그 가운데 '양엽兩葉', 즉 임제종과 위앙종이 모두 백장선사로부터 나온 것이다.

이러한 세 가지는 백장회해 선사가 중국불교사에 높은 지위를 차지하고 있는 까닭이라고 하겠다.

맺음말

백장사의 조사전祖師殿에는 소박한 회해선사 진영眞影이 있고, 그 아래에는 다음과 같은 찬시讚詩가 있다.

"백장청규로 뭇 승려를 가르치고, 출가자의 선법善法으로 후학 들에게 길이 남겼도다. 들오리가 날아 지나면 코끝이 시리고, 꿈 에서 깨어나면 눈을 뜨기가 힘드네. 권석卷席이 무엇인지 말하지 않았고, 어제가 아련하게 느껴지네. 대웅산 산상에 광명이 무량 하고 부처의 혜명을 이어 종풍을 떨쳤도다."*

---

* "百丈淸規訓衆僧, 緇衣善法垂後昆. 野鴨飛過鼻竢痛, 迷夢醒來眼難睜. 未說 卷席何所謂, 已覺昨非不朦朧. 大雄山上光無量, 續佛慧命振宗風."

짧은 구절이지만 백장회해 선사 일생의 공적을 남김없이 표현하고 있다. 지금은 1,000년이 흘렀지만, 새로운 1,000년을 맞이하는 백장사의 대장부 기풍은 사람을 압도한다. 미래의 백장사도 선종의 중심에 우뚝 서 억조창생億兆蒼生과 하나 되길 기원한다.

백장고사
百丈故事

어느 날, 백장선사의 설법이 끝난 후 사람들은 모두 돌아갔지만 한 노인만 남아 돌아가지 않았다. 선사가 이유를 묻자 노인은 이렇게 대답하였다.

"나는 사람이 아닙니다. 나는 가섭불迦葉佛 시대에 이 절 주지였는데 어떤 스님이 나에게 '깨달아도 인과에 떨어집니까?' 하고 물었습니다. 그래서 제가 '떨어지지 않는다.'고 대답한 후에 잘못 대답한 업보로 여우 몸을 받고 말았습니다. 스님께서 그 탈을 벗겨 주십시오."

백장은 노인에게 그러면 나에게 다시 질문하라 하여 다시 질문하니, 백장이 "인과에 매昧이지 않습니다."라고 하니 노인은 뛸 듯이 기뻐하며, "내 이미 여우의 몸을 벗었도다!" 하고는 백장에게 절을 하며 부탁을 했다. "뒷산에 여우 한 마리가 죽어 있을 터이니 장사를 좀 지내주십시오." 백장은 이튿날 대중을 이끌고 뒷산에 올라가 동굴에서 여우 시체를 찾아 다비식을 해주었다.

14

강서성 의춘시 황벽산
江西省 宜春市 黃檗山

황벽선사
黃檗禪寺

황벽희운
黃檗希運

황벽희운의 제자인 임제의현臨濟義玄 선사가 바로 여기서 법을 깨달았으므로 임제종臨濟宗의 본사가 된다. 황벽선사의 선사상은 배휴 裴休가 편집한『전법심요傳法心要』와『완릉록宛陵錄』에 실려 있다. 이러한 전적에서 강조하는 선사상은 '즉심시불卽心是佛'과 '무심시도無心是道'인데, 이는『단경』의 선사상을 계승하면서 또한 마조도일馬祖道一 선사의 '즉심즉불卽心卽佛'과 '평상심시도平常心是道'를 계승한 것이라고 할 수 있다.

머리말

황벽선사黃檗禪寺는 중국 강서성江西省 의춘宜春 황벽산黃檗山에 자리한다. 당나라 황벽희운黃檗希運 선사의 도량으로 1,200여 년 역사를 갖고 있다. 임제종을 창시한 임제의현臨濟義玄 선사가 여기서 법을 깨달았으므로 임제종臨濟宗 본사가 된다.

사원의 역사

황벽산의 원래 이름은 취봉鷲峰이다. 옛날 한 인도 고승이 이곳을 지나가다 경치가 인도 '취령鷲嶺'과 비슷하여 '취봉'이라 칭하고, 절

황벽선사黃檗禪寺, 2011년

을 세워 이름을 '취봉사鷲峰寺'라고 하였다.

　당나라 때, 희운선사는 백장회해百丈懷海로부터 법을 인가印可 받아 백장의 뜻을 따라 취봉사에 이르러 좋은 수행처임을 단번에 알아보고, 수십 년 주석하고 제방을 행각한 후 만년에 돌아와 입적入寂하였다. 희운선사가 주석하면서, 고향 복건성福建省 복청현福淸縣 황벽산을 그리워하고 은사의 은혜를 잊지 않기 위하여 '취봉'을 '황벽산'으로 개명하였다. 사찰 명칭도 '황벽선사'라 바꾸었기에, 후에 "천하에 두 황벽 산이 있다.〔天下兩黃檗〕"는 말이 생겼다.

　희운선사가 황벽선사에 주석한 이후

　"사방의 학도學徒들이 산을 바라보고 모여들어 모습만을 보고도

황벽선사 뒷산

깨달았으니, 왕래한 대중이 항상 1,000여 명이었다."*

고 한다. 수많은 문도 가운데 임제의현臨濟義玄이 가장 뛰어났다. 의
현은 황벽선사에서 여러 해 수행한 후, 하북성河北省 정정正定 임제
원臨濟院으로 가서 황벽의 선법禪法을 선양하여 임제종臨濟宗을 창
립하였다. 따라서 황벽선사는 임제종 원류라고 할 수 있다.

송나라 황우皇祐 연간(1049~1054)에 임제종 황룡파黃龍派 개산開
山조사 황룡혜남黃龍慧南 선사가 황벽선사 뒤편에 적취암積翠庵을
짓고 안거하였다.

---

* 〔唐〕裴休集, 『黃檗山斷際禪師傳心法要』(『大正藏』 48, 379c) "四方學徒望山
而趨, 睹相而悟, 往來海衆常千餘人."

또한 당송팔대가唐宋八大家 소철蘇轍이 서주(瑞州; 江西省 高安)에 관직을 맡아 여러 차례 참방하고 황벽선사에서 생산된 차茶를 "중주中州의 절품絕品"이라 찬탄하였으며, 북송北宋의 시인 황정견黃庭堅과 송대宋代의 유명한 시인 소식(蘇軾; 蘇東坡) 등도 황벽선사를 자주 참배하였다.

명나라 중엽, 뛰어난 고승이 주석하지 않아 황벽선사가 점차 쇠락해지자 숭정崇禎 2년(1629) 감유리甘維理와 주이의朱以儀 등 신도들의 요청으로 항주杭州 자제사慈濟寺에 주석하던 고승 석행월釋行月 선사를 모셔 중흥시키고자 하였다. 이로부터 수년 후, 황벽선사에는 수많은 신도들과 학인들이 몰려들기 시작하였고, 그에 따라 그동안 쇠락했던 전각들을 다시 중창하여 황벽종풍을 크게 진작시켰다. 청淸 강희康熙 34년(1695) 석행월 선사가 황벽선사에서 입적하였으며 탑비塔碑를 '황벽중흥조사黃檗中興祖師'라고 하였다.

청나라 광서光緒 26년(1900), 황벽선사는 화재로 전체가 소실되었으며, 겨우 몇 채의 전각 기둥만 남게 되었다.

사원의 현황

황벽선사는 현재 중창 중이다. 대웅보전大雄寶殿과 천왕전天王殿은 새로 완성하였고, 종루鐘樓, 고루鼓樓, 객당客堂, 선당禪堂 등은 중창 예정이다. 빠른 시일 내에 웅장한 옛 모습을 되찾을 것이다.

황벽산에는 70여 부도로 이루어진 탑림塔林이 있다. 탑림 가운데 황벽희운 선사 사리탑을 '운조탑運祖塔', '광업탑廣業塔'이라고 칭한

신축한 황벽사

황벽선사 전경

야외 향로香爐

다. 높이는 3.1m, 너비는 1.2미터이다. 모양은 보병식寶瓶式이고, 탑
좌塔座는 수미좌須彌座이다. 탑 중간에 '단제운조탑斷際運祖塔'이라
새겨져 있다. 희운선사의 유명한 선어禪語 "앞뒤의 삼제를 생각하
지 말라. 전제(前際; 과거)는 감이 없고, 금제(今際; 현재)는 머묾이 없
으며, 후제(後際; 미래)는 옴이 없도다.〔莫認前後三際. 前際無去, 今際無
住, 後際無來.〕"를 당唐 선종宣宗 이침李忱이 듣고 찬탄하며 '단제선사
斷際禪師'라는 시호를 내렸다.

'운조탑'으로부터 동쪽으로 400여 미터 가면 '황숙탑皇叔塔'이 있
는데, 당 선종이 죽은 후, 황벽산과의 인연 때문에 세운 탑이다.

황벽희운 선사와 그의 선사상

황벽희운 선사는 키가 7척(尺; 2m10cm)에 달하고, 이마에 불룩하게 융기된 혹 같은 큰 덩어리가 있는 외모를 가졌다. 생멸 연도는 알려져 있지 않으며, 민(閩; 지금의 福建省) 지방 출신으로 알려져 있다. 홍주洪州 고안(高安; 지금의 江西省 高安縣)의 황벽산黃檗山으로

황벽희운

출가하여, 후에 마조도일馬祖道一 선사를 참알하고자 하였으나, 이미 마조선사가 입적한 후였다. 마조탑馬祖塔을 참배할 때, 마조의 제자 백장회해百丈懷海 선사를 만나 문하에 들어갔다.

『경덕전등록景德傳燈錄』권9에 실린 황벽선사 전기에는 백장선사와의 문답을 다음과 같이 기록하고 있다. 어느 날 백장선사가 황벽한테 물었다.

"어디를 갔다 오는가?" "대웅산大雄山 밑에서 버섯을 따고 옵니다." "호랑이〔大蟲〕를 보았는가?" 대사가 호랑이 소리를 흉내 내니, 백장이 도끼를 들어 찍으려는 시늉을 했다. 대사가 백장을 한 대 갈기니, 백장이 껄껄 웃고 돌아갔다. 백장선사가 상당上堂하여 대중에게 일렀다. "대웅산 밑에 호랑이가 한 마리 있으니, 여러분들은 조심하시오. 늙은 백장도 오늘 한 차례 물렸소."*

266

이러한 문답으로부터 황벽의 대기대용大機大用 기질을 엿볼 수 있으며, 또한 백장선사에게 깊이 인정받았음을 짐작할 수 있다. 실제 혜능慧能-회양懷讓-마조馬祖-백장百丈의 법맥을 계승한 황벽은 마조선사를 참알하고자 하였다. 따라서 마조의 선법과 유사하지만, 도리어

"만약 마조를 잇는다면, 이후 나의 자손을 죽이는 것이다."**

라고 했다. 그러나 황벽선사의 선사상은 『육조단경六祖壇經』으로부터 전승되는 정통성을 그대로 유지하고 있으며, 그의 선사상은 사법 제자를 자처하는 배휴裴休가 편집한 『전법심요傳法心要』와 『완릉록宛陵錄』에 실려 있다.

먼저 『완릉록』을 보자.

"묻기를, '무엇이 부처입니까?'라고 하자, 선사는 '즉심卽心이 부처이고, 무심無心이 도道이다. 다만 마음이 일어나 생각이 움직임이 없게 하고, 길고 짧음이 없게 하며, 나와 남이 능히 평등한

---

* 〔宋〕道原纂, 『景德傳燈錄』 卷9(『大正藏』 51, 266a) "百丈一日問師: 什麼處去來? 曰: 大雄山下采菌子來. 百丈曰: 還見大蟲麼? 師便作虎聲百丈拈斧作斫勢. 師卽打百丈一摑. 百丈吟吟大笑便歸. 上堂謂衆曰: 大雄山下有一大蟲汝等諸人也須好看."

** 〔元〕念常集, 『佛祖歷代通載』 卷16(『大正藏』 49, 638c) "若嗣馬祖, 已後喪我兒孫."

마음으로 되게 하라. 마음의 근본이 부처이고, 부처의 근본이 마음이다. 마음은 허공과 같아, 부처의 참다운 법신法身은 마치 허공과 같아 달리 구할 필요가 없으며, 구함은 모두 괴로운 것이라고 말한다.'"*

『전심법요』에도 등장한다.

"이 마음은 무심無心의 마음으로, 일체상一切相을 떠난 것이다. 중생과 제불諸佛이 다시 차별이 없다. 다만 능히 무심할 수 있다면, 바로 구경究竟이다. …… 마음은 스스로 무심하고, 또한 무심도 없는 것이다. 마음을 무심으로 하려고 하면, 마음이 오히려 있게 되는 것으로, 묵계黙契할 뿐이다. 모든 사의思議를 끊기 때문에 언어도단言語道斷, 심행처멸心行處滅이라고 말한다."**

이러한 구절로부터 선사의 대체적인 선사상을 짐작할 수 있다. '즉심시불卽心是佛', '무심시도無心是道' 사상은 『단경』으로부터 마조, 백장에 전승되는 조사선祖師禪의 핵심이라고 할 수 있다. 따라

---

* 〔唐〕裴休集,『黃檗斷際禪師宛陵錄』(『大正藏』48, 384b) "問: 如何是佛? 師云: 卽心是佛, 無心是道. 但無生心動念, 有無長短, 彼我能所等心, 心本是佛, 佛本是心. 心如虛空, 所以云佛眞法身猶若虛空, 不用別求, 有求皆苦."

** 〔唐〕裴休集,『黃檗山斷際禪師傳心法要』(『大正藏』48, 380b) "此心卽無心之心, 離一切相. 衆生諸佛更無差別. 但能無心, 便是究竟. …… 心自無心, 亦無無心者. 將心無心, 心却成有, 黙契而已. 絶諸思議, 故曰言語道斷, 心行處滅."

서 황벽선사는

"다만 지금 이 자리에서 무심無心할 수 있다면, 본체本體는 스스로 드러나니, 해가 하늘에서 온 세상을 두루 비추는 것처럼 시방을 두루 비추는 데 장애가 없다."*

라고 설한다.

또한 황벽선사는 "만약 부처를 이루고 싶다면, 모든 불법佛法을 배울 필요가 없다. 오직 구함이 없음〔無求〕과 집착함이 없음〔無著〕만 배우면 된다. 구하는 바가 없으면 마음이 불생不生하며, 집착이 없으면 마음이 불멸不滅한다. 불생불멸이 바로 부처이다."**라고 설한다.

그리고 "다만 지금 이 자리에서 무심無心하여 묵계默契할 뿐"***이고, "다만 능히 무심無心할 수 있다면, 바로 구경究竟"****임을 강조한다.

이와 같이 황벽선사는 '무심'을 지극히 강조하는데, 이 또한 『단경』의 무념無念, 무상無相, 무주無住의 사상적 색채가 가득한 것이

---

* 〔唐〕裴休集. 『黃檗山斷際禪師傳心法要』(『大正藏』 48, 380b) "但直下無心, 本體自現, 如大日輪昇於虛空, 遍照十方更無障礙."

** 앞의 책(『大正藏』 48, 381a) "若欲得成佛, 一切佛法總不用學. 唯學無求無著. 無求卽心不生, 無著卽心不滅, 不生不滅卽是."

*** 앞의 책(『大正藏』 48, 380b), "直下無心, 默契而已"

**** 앞의 책, "但能無心, 便是究竟"

고, 나아가 직접적으로 마조선사의 '평상심시도平常心是道'와 '도불
용수道不用修' 사상을 계승한 것으로 보아야 할 것이다. 특히 황벽
선사는

"매일 밥을 먹지만 한 톨의 쌀도 씹지 않았으며, 매일 길을 걷지
만 한 치의 땅을 밟지도 않았다. 이때 인人·아我 등의 분별상分別
相이 생기지 않는다. 매일 모든 일상을 떠나지 않지만, 어떤 외경
外境에 미혹되지 않아야 자재인自在人이라 할 수 있다."*

라고 설함은 그대로 마조의 '평상심시도'를 연상시킨다. 그러나 황
벽선사는 '즉심시불卽心是佛'과 '무심시도無心是道'를 통합하여 다시
'공여래장空如來藏'을 설파하였다. 선사는

"지금까지의 모든 알음알이를 다 쓸어버려 텅 비게 하고, 다시
분별이 없음이 공여래장이다."**

"도량道場이란 다만 여러 견해를 일으키지 않고, 만법이 본래 공
空함을 깨닫는 것을 공여래장이라 부른다."***

---

*   앞의 책(『大正藏』48, 384a) "終日喫飯, 未曾咬著一粒米, 終日行未曾踏著一
     片地. 與摩時無人我等相. 終日不離一切事, 不被諸境惑, 方名自在人."
**   앞의 책(『大正藏』48, 382c) "從前所有一切解處, 盡須并卻令空, 更無分別, 卽
     是空如來藏."
*** 앞의 책(『大正藏』48, 385b) "道場者, 祇是不起諸見, 悟法本空, 喚作空如來藏."

고 설한다. 이렇게 '공여래장'을 강조하는 것은 바로 '단멸공斷滅空'
에 떨어지는 폐단을 견제하기 위한 것일 뿐 아니라 일상에서 자재
自在함을 목적으로 한다.

황벽선사는 '지知'와 '해解'에 대하여 다음과 같이 설한다.

"나의 이 선종禪宗은 위로부터 전래된 이래, '지知'를 구하고 '해
解'를 구하라고 가르치지 않았다."*

"지금 사람은 다만 '지'와 '해'를 늘리려 할 뿐이다. 문의文義를 널
리 구하고, 수행을 하는 것이 '지'와 '해'를 더한다는 것을 알지
못하고, 거꾸로 옹색함을 이루었다."**

"지견知見을 구하는 것은 털처럼 많지만, 깨닫는 중생은 토끼의
뿔처럼 본 적이 없다."***

이렇게 '지'에 대하여 철저하게 비판하는 원인에는 황벽선사의
선사상에 '지'와 '해'가 개입될 여지가 없었던 것도 있지만, 실제 당
시 중국불교계에는 규봉종밀圭峯宗密의 이른바 '공적영지空寂靈知'
의 화엄학이 주류를 차지하고 있었던 까닭도 있다. 더욱이 황벽선

---

* 앞의 책(『大正藏』48, 382c) "我此禪宗, 從上相承以來, 不曾教人求知求解."
** 앞의 책, "今時人只欲得多知多解, 廣求文義, 喚作修行, 不知多知多解, 翻成
壅塞."
*** 앞의 책(『大正藏』48, 380a) "求知見者如毛, 悟道者如角."

사를 추종하던 배휴는 그 이전에 규봉종밀에게 사사하였으며, 종
밀은 배휴의 청에 따라 『선원제전집도서禪源諸詮集都序』를 찬술하
기도 하였다. 종밀은 특히 '지知'를 강조하였는데, 이른바

> "공적空寂의 마음이요, 영지靈知는 어둡지 않으니, 바로 이 공적
> 의 지知가 너의 진성眞性이다. …… '지'의 한 자字는 중묘衆妙의
> 문門이다."*

라는 구절과 같이 '지'를 가장 강조하고 있음을 알 수 있다. 그러나
조사선에 있어서 이러한 '지'와 '해'의 작용은 이미 『단경』에서 부
정되어 왔다. 조사선에서는 '선리禪理'에 대하여 '지해'의 증득이 아
니라 '견見', 즉 자성自性을 철저하게 '견'할 것을 제창하고 있는데,
이른바 '견성見性'이다. '지'는 알음알이로 이해하는 것을 뜻한다면,
'견'은 결코 이해를 의미하는 것이 아니라 완전하게 보고 깨달음을
의미하는 것이다. 이러한 까닭에 후대에 조사선에서는 하택신회荷
澤神會와 규봉종밀 사상을 '지해종도知解宗徒'로 비판하게 되었던 것
이다. 황벽의 선사상은 그대로 임제의현臨濟義玄에게 전해져 더욱
활달해지고 임제종臨濟宗이 천하를 석권하면서 이른바 '임천하臨天
下'의 칭호를 얻게 된다.

---

* 〔唐〕宗密述, 『禪源諸詮集都序』(『大正藏』 48, 402c) "空寂之心靈知不昧, 卽此
空寂之知, 是汝眞性. …… 知之一字衆妙之門."

272

맺음말

지금도 황벽선사黃檗禪寺는 시대의 요청에 호응하여 살아 있는 사찰로 변신하고 있다. 황벽의 '무심無心'은 한순간에 중생을 자유자재한 경계로 이끌어 버린다. 그리고 '단멸공斷滅空'에 떨어지지 않게 '공여래장'을 제창함에서 선사의 자상함까지 엿볼 수 있다. 현재 중국의 일성一誠 장로가 "천하의 임제종은 황벽으로부터 나왔다."고 설한 것처럼 황벽희운 선사가 차지하는 중국 선종에서의 위상은 상당히 중요하다. 현재 황벽선사는 옛 모습을 찾기 위해 복원 중에 있다. 앞으로 내부까지 복원이 끝나면 황벽선의 종풍이 다시금 드날릴 것을 믿어 의심치 않는다.

전설에 의하면 황벽산의 호랑이 한 마리가 자주 마을에 내려와 사람들을 괴롭혔다고 한다. 그러자 희운希運선사가 황벽산에 와서 법술로 호랑이를 잡아 돌 밑에 가두었다. 호랑이는 선사의 설법을 자주 듣고 감화되었다. 희운이 원적한 후 호랑이는 돌 밑에서 나와 희운탑에 머리를 박아 죽었다. 호랑이가 나온 돌 밑에서 샘이 솟아올랐는데 사람들은 그 샘을 "호포천虎跑泉"이라고 불렀다.

호포천虎跑泉

274

15

하북성 조현
河北省 趙縣

백림선사
柏林禪寺

조주종심
趙州 從諗

조주종심 선사는 마조 문하의 남전보원南泉普願 선사의 법을 계승하였으며, 선종에서 사용하는 다양한 공안公案과 관련이 있다. 선사의 선사상은 마조 등의 남악계 선사상을 온전하게 계승하고 있다. 특히 간화선이 제창되면서 조주선사의 여러 가지 공안은 '화두'로 활용되고 있는데, 그 가운데 '조주무불성趙州無佛性'의 '무無'자 화두가 가장 유명하다.

머리말

백림선사柏林禪寺 문 앞 기둥 위 대련에는 "절 안에는 천 년을 지켜
온 조주탑이 있고, 산문은 조주의 만리교를 마주 대하고 있다.〔寺藏
眞際千秋塔, 門對趙州萬里橋〕"라고 쓰여 있다. 여기에서 '탑'은 백림선
사 안에 있는 당대唐代 고승 조주종심趙州從諗 선사 사리탑으로 선
사의 시호는 '진제眞際'이며, '다리(橋)'는 중국의 남녀노소가 다 알
정도로 명성이 자자한 조주교趙州橋이다.

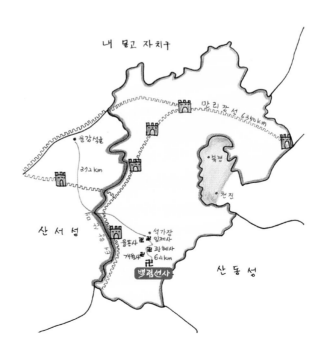

조주종심 선사는 중국 불교사에 지대한 영향을 끼친 고승으로 6조 혜능의 제5대 제자이다. 어려서 출가하여 청년시절 남전보원南泉普願 선사 문하에서 도를 깨달은 뒤, 몇 십 년 동안 행각을 하다 80세가 되어 조주 고관음원古觀音院에서 120세에 입적할 때까지 주석했다. 당시 사람들이 고금의 도풍을 훤히 깨달아 밝히고 있는 선사를 존경하여 '조주고불趙州古佛'이라 칭하였다. 평생 부지런히 정진하여 법을 구하고 도를 전하였으며, 매우 소박하고 청빈하게 생활하였다. 만년에는 연왕燕王과 조왕趙王이 서로 다투어 공양하였으나 선사는 모두 사양하였다. 조왕은 선사의 덕행과 도풍을 '천하조주天下趙州'라고 찬탄하였다.

조주선사 선풍이 생동감과 활기가 넘쳤던 것은 모두 근기에 맞

조주교趙州橋

게 펼치고 인연에 따라 가르침을 베풀었기 때문이다. "차나 마셔라
〔喫茶去〕", "개에게는 불성이 없다〔狗子無佛性〕" 등의 공안을 많이 남
겨 지금까지 사람들에게 회자된다. 송대 이후, 선문에서는 '참화두
參話頭'를 방편으로 간화선이 성행하였으며, 조주선사 어록은 후대
선사들에게 가장 빈번하게 사용되었다.

사원의 역사

최초의 백림선사는 한漢 헌제獻帝 건안建安 연간(196~220)에 창건
되었으며, 옛 명칭은 관음원觀音院이었다. 장구한 역사 속에서 몇
번의 흥망성쇠를 겪으면서도 불법을 끊임없이 잇고 많은 고승을
배출하였다. 승전僧傳에 의하면, 현장玄奘이 서쪽 인도로 가기 전에
이곳에 와서 도심道深법사에게 『성실론成實論』을 배웠다고 한다. 만
당晩唐 때, 선종의 거장인 종심선사는 40년 동안 주석하며 법화를
크게 행하여 '조주문풍趙州門風'을 형성하였다. 백림선사는 이로 인
하여 중국 선종사에서 중요한 조정祖庭이 되었다.

북송北宋 때 '영안원永安院'으로 개명하였다. 송 태종太宗이 하사
한 '세도승일인歲度僧一人'은 "광소光昭선사의 덕이 아름다워 명예
가 그 후예까지 미친다"는 뜻이다. 금대金代에 이르러 '조주'를 옥주
沃州로 고쳤고, 사찰도 '백림선원柏林禪院'으로 개명하였다. 비록 명
칭은 '선원'이었으나 율종律宗 도량으로 바뀌었고, 일찍이 5대 율종
대덕이 반세기에 이르도록 계율을 널리 펼쳤으며, 가장 유명한 분
이 전종詮宗율사이다. 금조 말기, 임제정종의 법을 전하고 명망이

만불루萬佛樓

높았던 귀운지선歸雲志宣 선사가 주지를 맡으면서 백림사는 율종
을 선종으로 개혁하고 종풍을 크게 떨쳤다. 원대元代에 '백림선사柏
林禪寺'로 칭해졌는데 가장 번창한 시기였다. 다섯 군왕이 계속해서
백림선사와 특별한 인연을 맺었고, 대호법大護法이 되었다. 여기에
원명월계圓明月溪 선사, 노운행흥魯雲行興 선사 등 종문의 대덕이 주
석하니 연주燕州와 조주趙州 일대의 불교 중심지가 되었다. 명청明
淸 시기에는, 중앙 조정에서 조주지역 불교 업무를 관리하는 기구
인 '승정사僧正司'를 설치하여, 당시 백림사 주지가 '승정僧正'을 겸
임하였다. 명대 200여 년 동안, 백림선사는 네 차례에 걸쳐 탑을 중
수하거나 중건했는데, 그 가운데 세 차례는 '승정사'와 관련 있다.
청대에 이르러 옹정 황제가 선사 17명의 어록을 선별하여 『어제어록禦制語錄』을 찬술했는데, 선택 기준이 매우 엄격했으며 조주선사는 그 가운데 한 분으로 추앙받았다. 옹정雍正 11년(1733), 조주선사에게 '원증직지진제선사圓證直指眞際禪師'라는 호를 내렸으며, 선림을 중수하고 친히 '고불사古佛寺'라고 써서 백림선사에 편액을 하사하였다. 청말 백림선사 시의도示意圖에 따르면, 이때 중수된 규모는 대단히 웅대했음을 알 수 있다. 그러나 그 후 거의 100년 동안 여러 차례 전란을 당하여 전당과 불상이 완전히 사라졌다. 1988년에 이르러 다시 승려들이 주석하게 되었을 때는 조주선사 사리탑과 20여 그루의 오래된 측백나무만 남아 있었다. 정혜淨慧 노화상이 사원 주지를 맡은 이후 각고의 노력으로 폐허 위에 조금씩 옛 도량을 중건하였다. 2006년에 이르러 16년 공사 끝에 만불전이 준공되면서, 마침내 사찰의 장엄한 모습이 드러나고, 뜰 앞에 푸른 측백나무도 생기가 돋아났다.

사원의 현황

지금 백림선사는 석가장石家莊 성성城 남쪽 45km 떨어진 조현趙縣 현성縣城에 위치하고 있다. 전당에 나무가 서 있고, 붉은 담과 황색 기와에 날아오를 듯한 처마와 조각이 새겨진 기둥은 기세가 웅장하며, 푸른 측백나무가 숲을 이루고, 회랑이 굽이져 있다. 사찰 전체 면적은 약 100무畝에 이르며, 건축 면적은 20,000여 평방미터에 이른다. 건축물 배치는 전통 중국사원과 마찬가지로 남향이며 중앙에서 차례로 내려가며 양쪽에 대칭을 이루고 있다. 중앙에는 산문

사내 회랑寺內連廊

전, 보광명전, 관음전, 선당, 만불루가 배열되어 있고, 겹겹이 있는
누각 사이의 굽어진 회랑에 20여 그루의 오래된 측백나무가 번갈
아 서 있다.

　그 가운데 산문전은 1993년 중건되었으며, 청나라 건축을 모방
하여 문 입구는 1m쯤 되는 높이의 돌사자 한 쌍이 천년 고찰을 보
호하고, 그 뒤에는 위타전韋陀殿이 있다. 안으로 들어가면 백림사
주전인 보광명전이 있다. 이곳에서는 스님들이 아침저녁으로 염불
을 하고 중요한 불교 행사를 거행하는데, 1992년 건립되었다. 정
중앙에 한백옥석가모니좌상漢白玉釋迦牟尼坐像이 모셔져 있고, 가
섭과 아난의 상像이 좌우에 있다. 정혜법사의 말에 의하면, 백림선
사는 동한 때 창건된 이후 줄곧 관음도량이고, 조주선사가 계실 때

관음전觀音殿

"고관음원古觀音院"이라 불렸으며, 사원을 복원하면서 관음전을 중점적으로 건설했다고 한다. 관음상은 1,000년 된 죽은 측백나무로 조각해 만들어 '천년고백조관음千年古柏雕觀音'이라 한다. 고관음원을 상징하며, 백림선사가 1800년 된 관음도량이라는 의미를 나타낸다. 사원 안에는 회현루會賢樓가 있는데, 그 안에는 객당과 승방이 있고, 양쪽에 복혜당福慧堂과 가람전伽藍殿이 있다. 맞은편에 있는 지월루指月樓는 위아래 층이 각각 데이터센터로 백림선사의 '생활선' 웹 사이트를 유지 관리하는 데 사용한다. 회객청會客廳은 손님을 접대하는 데 쓰인다. 양쪽에는 각각 원해당願海堂과 조사전祖師殿이 있다.

  백림선사는 특히 선수행을 중시하여 선당禪堂이 매우 큰데, 사원 중심에 있는 관음전 뒷면에 자리 잡고 있다. 42칸 방이 있고 면적은 거의 1,000㎡에 이른다. '무문관無門關'이라고도 하며, 원래 조주선사의 '구자무불성狗子無佛性'이라는 공안에서 온 것이다.

맨 마지막에 있는 만불루는 높이 37m, 너비 70m, 길이 32m이며, 안내에 따르면 동시에 2,500명을 수용할 수 있고, 문 앞 광장은 10,000명이 대형 법회를 열 수 있다고 한다. 1999년 첫 삽을 떠서 2003년 초 완공하였다. 안에 만불萬佛을 모셨는데, 실제는 10,053좌의 불상이 있다. 중생이 모두 부처이며, 모든 부처가 무량함을 의미한다. 평소 스님이 상주하면서 아침저녁 공부를 하고, 매년 대형 법회도 여기에서 거행한다.

조주선사탑은 사원 동쪽에 우뚝 솟아 있고, 탑액塔額에 '특사대원조주고불진제광조국사지탑特賜大元趙州古佛眞際光祖國師之塔'이라고 새겨 있으며, 원元 천력天曆 3년(1330) 건립되었다. 조주종심 선사를 기념하기 위하여 세운 것으로, 종심선사 시호가 '진제선사眞際禪師'인 까닭에 '진제선사탑'으로 칭해졌다. 또 옛 탑이 백림사 안에 있었기에 '백림사탑柏林寺塔'이라고도 한다. 탑 높이는 40m이며, 벽돌을 차곡차곡 튼실하게 쌓은 구조로 7층 8각형으로 고아하고 단아하다. 1966년 형태시邢台市 대지진 발생 때, 탑이 무너지고, 인위적 파괴가 더해지면서 심각하게 훼손되고 기울어졌다. 1997년과 1998년 복원이 진행되어 탑찰塔刹과 상륜相輪을 다시 주조하였다. 안에 불상과 불경을 넣고, 가장 높은 꼭대기 층에는 피뢰침을 세우고, 경사도 바로잡았다. 복원 원칙은 '옛 모습으로 옛 것을 복원하는 것'으로 원래 구조를 완전히 보존하여, 부서지고 파손된 기물이 있으면 모두 원래 모양대로 보수하고 새로 복원하였다. 1층 4면에 격자무늬 창이 조각되어 있으며, 아래에는 사각형 탑 기단부가 있다. 탑 기단부에 수미좌須彌座가 있으며, 자리 위 벽돌 두 층에 도안이 조각되어 있다. 위층에는 악사, 금강, 역사, 아래층에는 용, 코끼리, 사슴, 모란 등의 도안이 조각되어 있는데, 정교하고 생동감 있다. 이 탑은 두공(斗拱: 지붕받침)이 웅대하고, 처마가 깊고, 조각이 풍부하기 때문에 원나라 탑 가운데 으뜸으로 꼽힌다. 나중에 두 층의 탑 기단부에 청석青石으로 난간을 더했고, 탑원塔院 전체는 한백옥漢白玉으로 난간을 만들었으며, 2층 기단부 좌대 정중앙에 조주종심선사정상비趙州從諗禪師頂相碑를 세웠다. 탑 앞에는 명明 가정嘉靖 연간에 중수한 비碑와, 현대 정혜淨慧장로가 중수한 중수조주선사사리탑공덕비重修趙州禪師舍利塔功德碑 등이 장엄되어 있다.

조주종심 선사와 그의 선사상

조주종심(趙州從諗, 778~897) 선사는 속성이 학郝 씨이고, 청주(青州; 현 山東省 青州) 사람이다. 어려서 출가했으며, 선종사禪宗史에 길이 남은 유명한 선사이다. 선사는 스스로 출가한 이후 속가와 관련되는 것을 원하지 않은 듯하다. 한번은 은사가 조주趙州에 계신다는 말을 듣고 인사를 드리러 갔는데, 조주는 선사의 고향이라 은사가 선사의 집에 알렸다. 그런데 집안사람들이 선사를 만나러 온다는 말을 듣고는 한밤중에 짐을 챙겨 떠나버렸다. 18세에 지주池州로 가서 마조馬祖 문하의 남전보원南泉普願 선사를 참알하였다. 『경덕전등록景德傳燈錄』에는 남전선사와 의 문답이 다음과 같이 실려 있다.

조주종심

"근래에 어디에서 출발했는가?"
"근래에 서상원瑞像院에서 출발했습니다."
"서상瑞像을 본 적이 있는가?"
"서상은 보지 못했고, 다만 누워 있는 여래만을 보았습니다."
"너는 주인이 있는 사미인가, 주인이 없는 사미인가?"
"주인이 있는 사미입니다."
"주인이 어디 있는가?"
"한겨울 날씨가 지독히 차가우니, 화상께서는 존체만복하십시오."
이러한 문답 끝에 남전선사는 조주를 법기法器로 여겨 입실을 허락하였다.*

이렇게 남전 문하에 입실한 이후, 얼마 지나지 않아 또 다음과 같은 문답을 하였다.

---

* 〔宋〕道原纂, 『景德傳燈錄』 卷10(『大正藏』 51, 276c) "問曰: 近離什麼處? 師曰: 近離瑞像院. 曰: 還見瑞像麼? 師曰: 不見瑞像只見臥如來. 曰: 汝是有主沙彌, 無主沙彌? 師曰: 有主沙彌. 曰: 主在什麼處? 師曰: 仲冬嚴寒伏惟和尙尊體萬福. 南泉器之而許入室."

"어떤 것이 도道입니까?"

"평상심平常心이 도이다."

"향하여 나아갈 수 있습니까?"

"향하려고 하면 바로 어긋난다."

"향하려고 하지 않을 때에는 어떻게 도인 줄 압니까?"

"도는 알고 모르는 데 속하지 않으니, 아는 것은 허망한 지각이고, 알지 못함은 무기無記이다. 만약 참으로 통달하여 의심치 않는 도라면, 마치 태허太虛와 같아 확연하여 텅 비어 트인 것과 같으니, 어찌 억지로 시비를 일으키겠는가!"

조주선사는 그 말끝에 이치를 깨달았다.*

이렇게 깨달음을 연 후에 잠시 남전 문하를 떠났다가 구족계를 받고 돌아와 30년 동안 남전선사를 모셨다. 자료에는 명확하게 나타나지 않지만, 남전선사가 입적한 이후, 남전 회상을 떠나 제방을 유행한 것으로 추정된다. 여러 자료에 따르면, 조주선사는 현재의 하북河北, 강서江西, 호남湖南, 호북湖北, 절강浙江, 안휘安徽 등을 유행하면서 제방의 선지식들을 참알하였다. 선사는 항상 "일곱 살 아이라도 나보다 뛰어나면 가르침을 청할 것이고, 100세 노인이라도 나보다 못하면 가르쳐줄 것이다."라고 말하며 제방을 다녔는데, 철저한 구도의 마음을 엿볼 수 있다.

---

* "如何是道? 南泉曰: 平常心是道. 師曰: 還可趣向否? 南泉曰: 擬向卽乖. 師曰: 不擬時如何知是道? 南泉曰: 道不屬知不知. 知是妄覺不知是無記. 若是眞達不疑之道, 猶如太虛廓然虛豁, 豈可强是非邪. 師言下悟理."

당唐 대중大中 11년(857), 80세 고령인 종심從諗선사는 조주趙州
에 도착해 신도들의 간곡한 청으로 관음원觀音院에 주석하며 40년
동안 법을 펼치니, 승속이 모두 우러르고 총림에 모범이 되어 사람
들은 '조주고불趙州古佛'이라고 칭했다. 당시는 번진(藩鎭; 절도사)들
이 할거하던 시기였다. 전설에 따르면, 연왕燕王이 그 지역의 조왕
趙王을 정벌하고자 하였는데, 군대가 조왕의 경계에 이르자 천상天
象을 관하는 사람이 연왕에게 아뢰기를, "조주에는 성인聖人이 거주
하고 있으므로, 전쟁은 승리하지 못합니다."라고 하여 연왕과 조왕
은 전쟁을 멈추었다. 그 성인이 누구인가 묻자 대신이 "『법화경』을
강의하는 대사가 계신데, 가뭄을 만나 대사에게 대산臺山에서 기우
祈雨를 청하면 매번 영험이 있고, 대사가 돌아가기도 전에 장대처
럼 비가 내립니다."라고 아뢰었다. 그러자 천상을 관하는 사람은 결
코 그 대사가 아니라고 하였다. 또 다른 대신이 "이곳에서 120리를
가면 조주 관음원에 종심선사가 계신데, 연세가 많고, 도안道眼이
밝습니다."라고 하자 천상을 관하는 사람이 그렇다고 하였다. 그러
자 연왕과 조왕은 선사를 알현하였는데, 서로 다투어 공양을 올리
자 선사는 모두 받지 않았으며, 그들이 올린 자색 가사도 받지 않았
다고 한다.

선사의 청빈한 생활은 선사의 『행장行狀』에 잘 나타나 있다. 그
때부터 주지를 하였는데, 궁한 살림에도 고인의 뜻을 받들어 승
당僧堂에는 전가(前架: 승당 앞에 설치하는 좌선하는 자리)와 후가(後
架: 승당 뒤에 설치하는 세면장 등)도 없었고, 겨우 공양을 마련해 먹

무문관無門關 선원

을 정도였다. 선상禪床은 다리 하나가 부러져 타다 남은 부지깽이를 노끈으로 묶어 두었는데, 누가 새로 만들려고 하면, 그때마다 허락하지 않았다. 40년간 주지를 하는 동안 편지 한 통을 단월檀越에게 보내는 일이 없었다.*

이와 같이 선사는 평생 청빈하게 살다 갔지만, 선사의 선풍은 선기禪機가 넘치고 있으며, 그에 따라 후대에 다양한 공안公案으로 활

---

* 〔宋〕頤藏主集,『古尊宿語錄』卷13,『趙州眞際禪師語錄幷行狀』(卍續藏 68, 76b) "已來住持枯槁, 志効古人. 僧堂無前後架, 旋營齋食. 繩床一脚折, 以燒斷薪, 用繩繫之, 每有別制新者, 師不許也. 住持四十年來, 未嘗賣一封書告其檀越."

용되고, 나아가 간화선看話禪에서는 핵심적인 화두話頭로 운용되고 있다. 그 가운데 가장 대표적인 것이 '무無'자 화두이다.

묻기를, "개에게도 또한 불성佛性이 있습니까?"라고 하자, 선사는 "없다."라고 하였다. 학인이 "위로 제불諸佛에 이르고, 아래로 땅강아지 개미에 이르러, 모두 불성이 있는데, 개는 어째서 없습니까?"라고 하자, 선사는 "그대에게 업식業識의 성성性이 있기 때문이다."라고 하였다.*

상당히 유명한 '공안'으로 간화선 제창자인 대혜종고大慧宗杲는 이로부터 '무無'자 화두를 강조하고 있다.

생生이 온 곳을 알지 못하고, 죽음이 갈 곳을 모르는 의심하는 마음을 잊지 않으면, 생사가 서로 더해진다. 다만 서로 더해지는 곳에서 화두를 간看하라. 승려가 조주에게 묻기를, "개에게 또한 불성이 있습니까? 없습니까?"라고 하자, 조주는 "없다."라고 하였다. 다만 이것을 가지고 생이 온 곳을 모르고, 죽음이 갈 곳을 모르는 의심하는 마음을, '무無'자로 옮겨오면, 곧 서로 더하는 마음이 행하지 못한다. 서로 더해지는 마음을 이미 행하지 못하

---

* 앞의 책, 『趙州眞際禪師語錄』(卍續藏 68, 81a) "問: 狗子還有佛性也無? 師云: 無. 學云: 上至諸佛, 下至螻子, 皆有佛性, 狗子爲什麼無. 師云: 爲伊有業識性在."

조주선사와 인연이 깊은 잣나무들

면, 생사가 오고가는 의심하는 마음이 장차 끊길 것이다.*

　간화선에서 원용하는 조주선사의 화두는 이외에도 상당히 많다. 예컨대 "무엇이 조사祖師가 서쪽에서 온 뜻입니까?"라고 묻자, 선사는 "뜰 앞의 잣나무이다.〔庭前柏樹子〕"라고 하거나, 어떤 승려가 조주종심에게 청하자 "죽을 먹었는가?"라고 묻고, 학인이 "죽을 먹었습니다."라고 하자, 조주는 "발우를 씻어라.〔洗缽去〕"라고 말하였

*　〔宋〕蘊聞編,『大慧普覺禪師語錄』卷23(『大正藏』47, 911a) "疑生不知來處死不知去處底心未忘, 則是生死交加. 但向交加處, 看箇話頭. 僧問趙州和尙, 狗子還有佛性也無州云無. 但將這疑生不知來處死不知去處底心, 移來無字上, 則交加之心不行矣. 交加之心旣不行, 則疑生死來去底心將絕矣."

다. 이러한 선사의 유명한 공안과 화두는 수없이 많은데, 모두 선사의 "평상심시도"와 깊은 관련이 있는 것이다. 특히 선사는

"노승이 행각行脚할 때, 두 끼 죽과 밥을 먹을 때를 제외하고 번 거롭게 마음을 쓸 곳이 없었으며, 잠잘 곳을 제외하고는 달리 마음을 쓸 곳이 없었다."*

라고 하여 언제나 평상심을 강조하였다. 또한 조주선사는

"나는 풀 한 포기를 여섯 장丈 금신(金身; 부처를 가리킴)을 위해 사용하고, 여섯 장 금신을 한 포기 풀로 만든다. 풀 한 포기와 여 섯 장 금신이 둘이 아닌 것[不二]이다. 부처는 번뇌이고, 번뇌는 부처이다."**

라고 하여 '불이不二법문'을 강조하였다.

조주선사는 항상 『신심명信心銘』의 "지극한 도는 어렵지 않으나 오직 간택만을 꺼릴 뿐이다.[至道無難, 唯嫌揀擇]"라는 구절을 인용하여 '평상심시도'와 '불이법문'을 설명하고 있는데, 특히

---

* 〔宋〕頤藏主集, 『古尊宿語錄』 卷13, 『趙州眞際禪師語錄』(卍續藏 68, 77c) "老 僧行脚時, 除二時粥飯是雜用心處, 除處更無別用心處."
** 앞의 책(卍續藏 68, 79a) "老僧把一枝草作丈六金身用. 把丈六金身作一枝草 用. 佛卽是煩惱, 煩惱卽是佛."

조주종심 선사 사리탑(趙州從諗舍利塔)

"부처라는 이 말을 나는 듣고 싶지 않다."*

고 설했으며, 또한

"금불金佛은 화로火爐를 건너지 못하고, 목불木佛은 불을 건널 수
없으며, 니불泥佛은 물을 건널 수 없고, 진불眞佛은 안에 앉아 있
다."**

---

*   앞의 책(卍續藏 68, 80c) "佛之一字, 吾不喜聞."

**   〔宋〕頤藏主集, 『古尊宿語錄』 卷14, 『趙州語錄之餘』(卍續藏 68, 83b) "金佛不
     度爐, 木佛不度火, 泥佛不度水, 眞佛內裏坐."

라고 하여, 중생심 가운데 스스로 '진불'이 있음을 강조하였다. 나아가 선사는

"만약 제일구第一句에 깨달으면 조불祖佛의 스승이 되고, 제이구 第二句에 알면 인천人天의 스승이 되며, 제삼구第三句에 알면 자기 자신도 구제할 수 없다."[*]

라고 하여, 반드시 '제일구'에 깨달을 것을 강조하였다. 여기에서 '제일구'는 언어문자로 종지를 표현할 수 없다는 것이고, '제일구'에 바로 깨달음을 얻어야 초불월조超佛越祖하여 궁극적인 선리禪理를 체득할 수 있음을 강조하고 있다.

맺음말

백림선사는 천년 고찰이며, 고불古佛의 도량이다. 길고 긴 역사 속에서 흥성과 쇠락을 반복하고, 근대에 숱한 전란으로 "하나의 탑이 홀로 오래된 조주趙州를 지키고", "부서진 비석 사이로 잡초만이 무성하다."는 지경이 되었다. 다행인 것은 1990년대 정혜淨慧 장로長老의 발원으로 사찰이 다시 부흥하기 시작한 것이다. 20년 동안의 노력으로 새로운 모습을 갖추었는데, 법당들을 복원하고, 건물들도

---

[*] 〔宋〕頤藏主集,『古尊宿語錄』卷13,『趙州眞際禪師語錄』(卍續藏 68, 80c) "若是第一句, 與祖佛爲師, 第二句, 與人天爲師, 第三句, 自救不了."

새롭게 건축하였으며, 불사佛事도 다양하게 일어나게 되었다. 1993년부터 매년 백림선사에서는 청년 대중을 대상으로 '생활선生活禪' 여름캠프를 거행하는데, '생활 가운데 수행, 수행 가운데 생활〔在生活中修行, 在修行中生活〕'을 제창하여 '평상심시도平常心是道', '본분사접인本分事接人'의 조주선풍趙州禪風을 선양하고 있다. 또한 2005년부터 매년 10월 19일 '천하조주선차국제교류대회天下趙州禪茶交流大會'를 거행하여 한국, 일본 등의 차인들이 조주탑 앞에서 조주차를 음미한다.

栢林故事

㉮조주성의 조왕이 특별히 조주종심 선사를 방문하러 왔다. 이때 선사는 마침 침대에서 휴식 중이라 나이가 들었으니 원망하지 말라 당부하며 일어나지 않았다. 조왕은 기이하게 여기지 아니할 뿐더러 오히려 조주를 더욱 존중하였다. 이튿날, 조왕은 부하를 시켜 예물을 보냈더니 조주는 곧바로 침대에서 내려와 문밖까지 마중나갔다. 제자들은 너무 이해가 되지 않아 물었다.

"조왕이 왔을 때는 침대에서 내려오지 않더니 그 부하가 왔을 때는 어찌하여 문밖까지 나갔습니까?"

조주선사: "나의 손님을 대하는 법은 삼등이 있는데, 일등 손님은 침대에서 원래 모습대로 접대하고, 이등 손님은 침대에서 내려와 객당에서 예의를 갖추어 접대하며, 삼등 손님은 세속적인 방법으로 문밖까지 나가 접대한다."

㉮어느 한 관료가 백림선사의 조주선사를 방문하였다. 그러나 그는 예절 없이 선사에게 물었다.

관료: "스님은 100년 뒤 지옥에 갑니까?"
선사: "내가 제일 처음으로 갑니다."
관료: "스님은 득도하고 수행이 훌륭한 분이신데 어찌하여 지옥에 갑니까?"
선사: "내가 지옥에 안 가면 누가 그대를 교화시키겠는가?"

16

호남성 영향시
湖南省 寧鄉市

밀인사
密印寺

위산영우
潙山靈祐

위산영우 선사는 남악계의 제3세로 남악회양南嶽懷讓-백장회해百丈懷海의 법을 계승하였다. 위산영우와 제자인 앙산혜적仰山慧寂의 선법을 위앙종潙仰宗이라고 칭하며, 오가五家 가운데 가장 먼저 출현하였다. 위앙종의 선풍은 '방원묵계方圓默契', '체용쌍창體用雙彰' 등으로 표현한다. 『단경』으로부터 비롯된 남종선의 사상을 '원상圓相' 등을 통해 표현함을 특징으로 하며, 밀인사의 사명은 바로 이와 관련이 있다. 특히 위앙종의 문하인 향엄지한香嚴智閑으로부터 '조사선祖師禪'과 '여래선如來禪'의 개념이 출현하였다. 위앙종은 '오가칠종' 가운데 가장 빨리 성립되었지만, 또한 오세五世를 전승하여 '오가' 가운데 가장 먼저 법맥이 끊어지게 되었다.

머리말

육조 혜능으로부터 시작된 조사선祖師禪은 만당晚唐에 이르러 천하에 널리 유행하다 당말唐末, 오대五代에 걸쳐 '오가칠종五家七宗'으로 전개된다. 이러한 오가五家 가운데 가장 먼저 성립한 것이 위앙종潙仰宗이다.

위앙종은 위산영우와 그의 제자 앙산혜적을 종장으로 한다. 밀인사는 위앙종 본사로 개산조사開山祖師는 위산영우潙山靈佑이다. '밀인密印'의 '밀密'은 세 가지 의미가 있는데, 어밀語密·신밀身密·

밀인사 정문

의밀意密이다. 밀교에서 연원한 것으로, '어밀'은 입으로 염하는 진언眞言, '신밀'은 손으로 행하는 수인手印, '의밀'은 마음으로 관하는 관상觀想을 말한다. 이 삼밀三密이 함께 이뤄지면 능히 성불成佛할 수 있다고 한다.

사원의 역사

당대唐代 위산영우(潙山靈祐, 771~853) 선사가 백장산百丈山에서 위산潙山으로 와 토굴을 지어 주석하면서 밀인사는 시작된다. 영우선사가 위산으로 오게 된 연유는 다음 고사에 전해진다.

영우선사가 백장회해百丈懷海 선사 문하에서 깨달음을 얻고 보

백과함단白果含檀

림保任하고 있을 때, 사마두타司馬頭陀가 백장산으로 왔다. 사마두타가 백장선사께 "위산潙山은 기이하고 묘하여서 1,500명이 모일 수 있습니다."라고 말씀드리자 선사는 "노승이 위산으로 가고자 하는데, 어떻게 생각하는가?"라고 묻는다. 두타는 "화상은 골인骨人이고, 그 산은 육산肉山이기 때문에 능히 거처할 바가 안 됩니다."라고 답하였다. 그러자 선사는 "그러면 나의 문도 가운데 거기에 살 만한 사람이 없겠는가?"라고 다시 묻자 "조건이 되는 제자를 살펴보겠습니다."라고 한다. 선사는 시자를 시켜 제일좌第一座인 화림華林을 불러오게 하였지만, 두타는 걷는 것을 보고 "이 사람은 안 됩니다."라고 하였다. 이어 전좌典座인 영우를 부르니, 두타는 "이 사람이야말로 위산의 주인입니다."라고 하였다. 그러자 선사는 밤에 영우를 방으로 불러 법을 부촉하며 "나와 교화의 인연은 여기까지이다. 위산은 뛰어난 경계이니, 마땅히 그대가 살면서 나의 종지를 계승하여 후학들을 널리 제도하라."고 당부하였다.

이 소식을 들은 화림은 백장선사께 "제가 대중의 제일좌에 있는데, 어찌하여 영우가 주지를 합니까?"라고 항의한다. 그러자 선사는 "만약 대중에게 격格을 벗어난 한마디를 한다면, 당장 주지를 줄 것이다."라고 하며, 옆에 있던 정병淨甁을 가리키고, "정병이라고

경책전警策殿

부르지 못한다. 그대는 무엇이라 부르겠는가?"라고 묻자, 화림은 "말뚝이라 부르지는 못합니다."라고 답한다. 선사는 다시 영우에게 물었다. 영우가 정병을 걷어차 넘어뜨리니, 선사는 웃으면서 "제일 좌가 도리어 영우에게 졌구나."라며 영우를 위산으로 보냈다.

이는 도원道原이 편찬한『경덕전등록景德傳燈錄』권9의 '담주위산 영우선사潭州潙山靈祐禪師' 전기에 실린 이야기이다.

이러한 인연으로 위산에 이르렀지만, 본래 이 산은 매우 험준하여 인적이 끊어진 까닭에 영우선사는 원숭이 떼를 벗 삼아 도토리와 밤을 주워 끼니를 때우니, 산 밑 사람들이 차츰 알게 되어 함께 절을 지어 주었다.

807년 재상 배휴裴休의 도움으로 사원의 면모를 갖추었으며, 823년 비로소 국가가 인정하는 진응사眞應寺가 탄생한다. 이 무렵 사찰에 수행하는 대중이 1,000여 명이 넘었다고 한다.

당唐 무종武宗의 회창법난會昌法難 시기에 사찰은 철거되었으며, 영우선사 또한 법난을 피하여 은거하였다. 선종宣宗이 등극한 이후 다시 불교가 일어나면서 승상을 맡았던 배휴의 도움으로 중창하고, 그의 아들까지 위산으로 출가하면서 선종 황제가 '밀인선사密印禪寺'의 편액扁額을 하사하여 정식으로 '밀인사' 명칭을 얻게 되었다.

사원의 현황

지금의 밀인사는 위산 중턱 비로봉 아래 너른 평지와 계곡을 끼고 위치해 있다. 푸른 소나무, 대나무, 은행과 단풍은 고고한 역사와 함께하고 있다.

만불전萬佛殿을 중심으로 뒤로는 99.8m의 천수관음千手觀音이 좌우에 있고, 여래 전각인 공덕당功德堂, 열반당涅槃堂, 후원 등이 배치되어 가람의 유구한 역사와 더불어 사원건축의 화려함과 웅대함을 증명한다.

밀인사 산문 편액에는 '반야도량般若道場' 네 글자가 각인되어 있고, 산문 대련에는 "법의 비가 형악에 내리니, 앙산에 종풍이 열렸도다〔法雨來衡岳, 宗風啓仰山〕"라고 되어 있다. 이는 조계의 선풍이 앙산에 전해져 새롭게 위앙종을 개창하였음을 뜻한다.

만불전은 밀인사에서 제일 유명한 건축물로 1993년 중창하였고, 높이는 약 27m이다. 금색 유리 기와로 장엄하고, 전기殿基와 전殿 내외의 38개 기둥은 모두 흰색 화강암이다, 만불전에는 12,218존

만불전萬佛殿 외부

만불전萬佛殿 불상

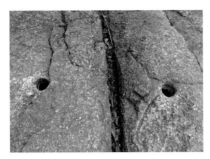
유염석油鹽石

尊의 개금 불상이 모셔져 있다. 중국 사찰 중에서는 보기 드물게 장엄하며 가장 많은 불상을 모시고 있다.

만불전 주위는 동서로 나누어 재당(齋堂; 공양간), 법당法堂, 공덕당功德堂, 열반당涅槃堂, 요방(寮房; 스님이 거처하는 곳) 등이 자리하고 있다. 재당 뒤에는 '유염석油鹽石'이 있다. 유염석은 사찰을 건립하자 기름과 소금이 끊임없이 흘러나와 대중이 모두 사용하기에 충분했다는 전설이 전한다.

또한 미녀견(美女筧; 긴 대나무 홈통)이 있는데, 도량에 물을 공급하는 수도관이다. 물의 근원인 용왕정龍王井은 배휴의 부인 진 씨가 희사하여 수백 개의 돌을 서로 맞물려 축조한 것으로 유명하다.

위산에서 제일 높은 계려봉界廬峰 중턱에 있는, 영우선사가 좌선하던 널찍한 목우석牧牛石도 근대 들어 태허太虛법사가 시를 쓸 정도로 일품이다. 백과함단白果含檀은 위산의 또 하나 보기 드문 경치이다. 사찰 뒤 천수관음상 앞 한 그루 아름드리 은행나무는 영우가 손수 심은 것이라 전해지고 있다. 나무는 높고 크지만 속이 비어 있는데, 그곳에 한 단향목檀香木이 기생하여 같이 어우러져 사계절 푸름과 아름다움을 뽐낸다. 이밖에도 목정木井, 사자안狮子岸, 조탑祖塔, 배휴묘裴休墓 등 고적이 있다.

배휴는 밀인사 중창 후 얼마 지나지 않아 위산에서 세상을 등져 이곳에 묻혔다. 사찰 주위에는 회심교回心橋, 내목정來木井, 양생지

천수관음千手觀音

養生池, 선인헌보仙人獻寶, 용왕정龍王井, 노화수蘆花水, 경자암鏡子巖, 사자암狮子巖, 만인상萬人床 등이 있는데, 백과함단과 함께 '위산십경潙山十景'이다.

밀인사 뒷산 비로봉毗盧峯 만불영산萬佛靈山에는 세계에서 제일 높은 99.98m의 노천천수관음성상露天千手觀音聖像이 모셔져 있다. 천수관음성상 좌대는 관음보살 탄생일을 상징한 21.9m이고, 높이는 관세음보살 성도일成道日인 음력 6월 19일에서 착안하여 61.9m이다. 천수관음성상 주위에는 연꽃 주변을 물이 감아돈다는 의미인 수요연화水繞蓮華가 있고, 33좌의 관음화신觀音化身을 모셨다.

그리고 밀인선사 대웅보전 중축선과 천수관음성상 중축선을 연결해 주배도主拜道와 주배량主拜場을 배치하였다. 배도拜道는 주변 산세와 융합하여 보리수 형상을 나타내 드문 광경을 연출한다. 길상吉相광장은 보리수 뿌리이고, 주배도는 보리수 줄기이며, 619개

의 계단으로 되어 있다. 주배도에서 위쪽으로 다섯 갈래 대도大道
는 보리수의 다섯 개 가지이며, 이를 따라 999좌의 보살을 안치하
니 장엄하기 그지없다.

위산영우 선사와 선사상

위산영우

위산영우(771~853) 선사는 복주福州 사람이고, 남악회양南嶽懷讓 문하의 제3세이다. 15세에 건선사建善寺 법상율사法常律師에게 삭발하고, 항주杭州 용흥사龍興寺에서 구족계具足戒를 받았다. 먼저 대·소승 경률을 배우고 후에 천태산天臺山 국청사國淸寺에 들어가 한산寒山과 습득拾得을 친견하고, 언지를 받아 륵담泐潭선사를 참알하였다. 마지막에 백장회해 선사를 친견하였다. 『경덕전등록』에는 백장선사와의 기연을 다음과 같이 기술하고 있다.

어느 날 백장선사가 물었다. "누구냐?" "영우입니다." "그대는 화
로 속에 불이 있는지 헤쳐 보았는가?" 위산대사가 헤쳐 보고 말
했다. "불이 없습니다." 백장이 몸소 일어나 깊숙이 헤쳐 조그마
한 불을 얻고는 들어 보이면서 말했다. "이것이 불이 아닌가?"
이로부터 대사가 깨닫고 절을 한 뒤에 자기 견해를 펴니, 백장이

306

말했다.

"그것은 잠시 나타난 갈림길일 뿐이다. 경전에 설하기를, '불성을 보고자 하면 마땅히 시절인연時節因緣을 관찰해야 한다.'고 하였는데, 시절이 이르게 되면 마치 미혹했다 홀연히 깨달은 것 같고 잊었다 홀연히 기억한 것과 같아 자기 물건이지 남에게서 얻은 것이 아님을 성찰하게 된다. 그러므로 조사께서 말씀하시기를, '깨달아 마치면 깨닫지 못한 것과 같고, 마음이 없으면 또한 법도 없다.'고 하셨으니, 이는 다만 허망한 범부 성인 따위의 마음이 없고 본래 심법心法이 원래 스스로 갖추어진 것이다. 그대가 이제 그렇게 되었으니, 잘 보호해 지녀라."*

백장선사가 영우선사에게 상세히 설하여 깨달음을 인정했음을 알 수 있다. 이러한 깨달음의 인연을 선가에서는 '로중화爐中火'라고 한다.

앞에서 언급한 바와 같이 영우선사는 위산으로 가서 밀인사를 세우고, 40여 년간 주석하면서 수많은 제자를 가르쳤다. 선사는 『담주위산영우선사어록潭州潙山靈祐禪師語錄』에서 자신의 선사상을

---

* 〔宋〕道原纂, 『景德傳燈錄』卷9(『大正藏』51, 264b) "一日侍立百丈問: 誰. 師曰: 靈祐. 百丈云: 汝撥鑪中有火否? 師撥云: 無火. 百丈躬起深撥得少火, 舉以示之云: 此不是火. 師發悟禮謝陳其所解. 百丈曰: 此乃暫時岐路耳. 經云: 欲見佛性當觀時節因緣, 時節既至如迷忽悟, 如忘忽憶, 方省己物不從他得. 故祖師云: 悟了同未悟, 無心得無法, 只是無虛妄凡聖等心, 本來心法元自備足. 汝今既爾善自護持."

다음과 같이 설한다.

"무릇 도인의 마음은 바탕이 바르고 허위가 없고, 등지거나 친
밀함이 없으며, 속이고 허망한 마음이 없다. 언제나 보고 들음에
평상平常을 찾으며, 다시 비뚤어짐이 없고, 또한 눈을 감고, 귀를
막지 않는다. 다만, 정情은 물物에 기대지 않고 바로 얻는다. 위
로부터 모든 성인의 설법도 단지 변방의 허물에 지나지 않는다.
만약 악지견惡知見, 정견情見, 상습想習 등이 없다면, 가을의 맑은
물같이 그대로 청정하여 무위無爲하니, 도인道人이라 하고, 또한
무사인無事人이라 칭하리라."*

이러한 설법은 영우선사의 선사상을 총괄한다. 주지하다시피
『단경壇經』으로부터 '무념無念'·'무상無相'·'무주無住'의 삼무三無가
논증되고, 그로부터 '무수무증無修無證'의 명심견성明心見性이 제창
되었다면, '도인의 마음'은 이러한 사상을 그대로 계승하고 있는 것
이다. 따라서 '도인의 마음'과 계합하는 수행방법은 일상 인연을 배
척하지 않으면서도 자신의 생각을 어떤 인연에도 매몰시키지 않는
다. 이렇게 된다면 누구나 가을의 맑은 물같이 더없이 맑고, 걸림
없는 '무사인'의 경지에 이르게 된다고 설파한다.

---

* 〔明〕圓信, 郭凝之編集, 『潭州潙山靈祐禪師語錄』(『大正藏』47, 577b) "夫道人
之心, 質直無僞, 無背無面, 無詐妄心. 一切時中, 視聽尋常, 更無委曲, 亦不閉
眼塞耳, 但情不附物卽得. 從上諸聖, 祇說濁邊過患. 若無如許多惡覺, 情見, 想
習之事, 譬如秋水澄淳, 清淨無爲, 澹泞無礙, 喚他作道人, 亦名無事人."

영우선사의 법을 이은 제자 앙산혜적仰山慧寂이 "어느 곳이 진불眞佛이 머무르는 곳입니까?"라고 묻자, 선사는 이렇게 답했다.

"헤아림으로써 헤아림이 없게 하는 묘함으로, 헤아림을 돌이키는 영염(靈燄; 靈火)이 끝이 없으며, 헤아림을 다하여 본원에 돌아오니, 성性과 상相이 항상 머물며, 이理와 사事는 둘이 아니며, 진불이 그렇고 그렇다."*

혜적은 이 말을 들은 후 바로 개오開悟하여, 위산선사를 15년 동안 시봉하였다. 영우선사로부터 혜적이 깨달은 기연은 백장선사로부터 깨달은 '로중화'와 상당히 유사하다. 다시 말하면, 불성과 영화靈火를 비유하고 있는데, '진불'은 우리 자성自性에 언제나 꺼지지 않는 상태로 존재하고 있으며, 이러한 상태를 '이사불이理事不二', '진불여여眞佛如如'로 표현하고 있음을 알 수 있다.

이러한 위산영우와 앙산혜적 사제의 선풍을 '위앙종潙仰宗'이라고 칭한다.

후대에 '위앙종'의 종풍을 법안문익法眼文益은 『종문십규론宗門十規論』에서 "방원묵계方圓默契"**로 평가하고 있다. 『인천안목』에서는 이렇게 평가한다.

---

* 〔明〕圓信, 郭凝之編集, 『袁州仰山慧寂禪師語錄』(『大正藏』47, 582b) "以思無思之妙, 返思靈燄之無窮, 思盡還源, 性相常住, 理事不二, 眞佛如如."

** 〔唐〕文益撰, 『宗門十規論』(卍續藏 63, 37b.) "潙仰則方圓默契"

"위앙종은 아비는 자애롭고 자식은 효도하며, 윗사람은 명령하고 아랫사람은 따른다. 네가 밥을 먹고 싶으면 나는 곧 숟가락을 받쳐 들고, 네가 강을 건너고 싶으면 나는 곧 배를 젓는다. 건너 산에 연기가 보이면 곧 불이 있음을 알고, 담 너머 뿔이 보이면 곧 소가 있음을 안다."*

또한 『오가종지찬요五家宗旨纂要』에서의 평가는 다음과 같다.

"위앙종풍은 부자父子가 일가一家를 이루며, 스승과 제자가 서로 화합한다. 말없이 드러내지 않으며, 명암明暗이 서로 치달려, 체용體用을 모두 밝힌다. 무설인無舌人을 종宗으로 하고, 원상圓相으로 그것을 밝힌다."**

이로부터 보자면, 위앙종 선풍은 '체용쌍창體用雙彰'을 두드러지게 강조하는데, '체體'는 본체로 만물을 존재하게 하는 원인이고, '용用'은 외재의 표현 형식이다. 또한 체體는 형상이 없기에 언어로 표현할 수도 눈으로 볼 수도 없으며 만질 수도 없다. 이러한 까닭에 영우선사는 '불설파不說破', '무설인無舌人'을 강조하고 있다. 특히

---

*   〔宋〕智昭集, 『人天眼目』 卷4(『大正藏』 48, 323b) "潙仰宗者, 父慈子孝, 上令下從. 你欲吃飯, 我便捧羹; 你欲渡江, 我便撐船. 隔山見煙, 便知是火; 隔牆見角, 便知是牛."
** 〔淸〕性統編, 『五家宗旨纂要』 卷下((卍續藏 65, 276c.) "潙仰宗風, 父子一家, 師資唱和. 語黙不露, 明暗交馳, 體用雙彰. 無舌人爲宗, 圓相明之."

선불장禪佛場

영우선사는 "부모의 입에서 나온 바는 끝내 자식의 말이 되지 못한
다."*라고 했으며, 앙산은 "제불諸佛의 밀인密印을 어찌 말로 표현
할 수 있겠는가?"**라고 하였다. 그렇다면 조사의 선리禪理를 어떻
게 표현할 수 있는가? 위앙종에서는 '원상圓相'을 통해 나타내고 있
다. 즉 원圓 가운데 모서리〔方〕가 있는 도안으로 선리를 나타내 마
음으로 계합하게 하는 것이다. '밀인사密印寺' 명칭이 이로부터 나
온 것임을 짐작할 수 있다. 특히 혜적선사는 영우선사를 참알하기
이전에 탐원耽源선사에게 97가지 원상을 배우고 이후 위산에서 이
원상을 운용하였기에 '방원묵계'가 위앙종을 대표하는 선풍으로

---

*   "父母所生口, 終不爲子說."

**   〔宋〕智昭集, 『人天眼目』卷4(『大正藏』48, 322a) "諸佛密印, 豈容言乎?"

알려지게 된 것이다.

위앙종 문하에서 관심을 끄는 것은 '조사선' 개념을 철저하게 사용했다는 점이다. 향엄지한香嚴智閑은 본래 영우선사와 함께 백장百丈선사에게 사사師事하였는데, 경전에 박식하였지만 선리는 깨닫지 못하였다. 백장선사가 입적한 후 사형인 영우선사를 따랐다. 영우선사는 지한에게 '부모미생시父母未生時'를 물었지만, 답하지 못하고 모든 경전과 책을 태워버리고 말하기를,

"금생에는 불법을 배우지 않으리. 오히려 승려가 되어 오래도록 밥만 축내었구나. 심신을 힘들게 하지 마라!〔무사인無事人의 경지〕"*

라며 제방을 유행하였다. 그러다 남양南陽을 지날 때, 혜충慧忠국사의 유적을 참배하고 머물면서 어느 날 풀을 베다 기와조각을 던졌는데, 대나무에 맞아 경쾌한 소리를 내었다. 이때 갑자기 선리를 깨닫게 되었다. 이후 위산으로 돌아온 후, 앙산선사가 묻자 향엄은

"작년 가난은 가난이 아니고, 금년 가난이 비로소 가난이다. 작년 가난은 송곳 세울 땅이라도 있었지만 금년 가난은 송곳조차 없구나!"**

---

* 〔明〕圓信, 郭凝之編集, 『潭州潙山靈祐禪師語錄』(『大正藏』47, 580b) "此生不學佛法也, 且作個長行粥飯僧, 免役心神."
** "去年貧, 未是貧, 今年貧, 始是貧. 去年貧猶有卓錐之地, 今年貧, 錐也無."

는 게송을 올리자 앙산이 "사제는 다만 여래선如來禪을 얻었으나 조사선祖師禪은 얻지 못하였다."고 답했다.

후에 다시

> "나에게 하나의 기틀이 있으니, 보아라 눈 깜박임이다. 만약 아
> 직 모른다면 사미에게도 묻지 마라!"*

라는 게송을 올리자 앙산은 "또한 기쁘니, 지한 사제가 조사선을 깨달았다."고 인정하였다. 이는 『위산영우선사어록』과 다양한 선종 전적에 실려 있으며, '여래선'과 '조사선'의 분기分岐와 차별을 논할 때 자주 인용되는 구절이다. 이로부터 보자면, 여래선은 여전히 수증修證이 남아 있지만, 조사선은 '본래현성本來現成'과 '당하즉시當下卽是'라는 돈오頓悟의 풍격風格을 보이고 있다고 하겠다.

맺음말

위앙종은 '오가칠종' 가운데 가장 빨리 성립되었지만, 오세五世를 전승하고 '오가' 가운데 가장 먼저 법맥이 끊어졌다. 그렇지만 위앙종 본사인 밀인사는 여전히 건재한다. 밀인사는 위앙종 선풍을 중국문화에 융합시키는 다리 역할을 하였다. 지금도 밀인사를 참배하고, 중국 선종을 연구하는 불자들의 발길이 끊이지 않고 있다. 밀

---

* "我有一機, 瞬目視伊, 若人不會. 別喚沙彌"

인사 스님들과 대중은 여전히 묵묵히 계합하는 위앙종의 친절하고 순박한 풍격을 계승하고 있어, 세상 모든 사람들에게 불국정토의 느낌을 주고 있다.

밀인고사
密印故事

'적차(摘茶; 찻잎 따기)' 공안公案의 유래이다. 『원주앙산혜적선사어록袁州仰山慧寂禪師語錄』에 위산이 차를 따는 노작을 하다가 앙산에게 말하기를, "종일 함께 차를 따는데 어찌 자네 소리만 들릴 뿐 자네를 볼 수 없는가?"라고 하자 앙산이 차나무를 흔들었다. 이에 위산이 답하기를, "자네는 용用만 얻었지, 그 체體는 얻지 못하였네." 라고 하였다. 이에 앙산이 말하기를, "그러하다면 화상은 어떠하신지요?"라고 하자 위산이 한동안 침묵하였다. 앙산이 말하기를, "화상은 체만 얻었지, 그 용을 얻지 못하였습니다."라고 하자 위산이 "자네에게 서른 방망이를 때려 주리라."라고 하자 양산이 말하기를, "스승이 때리시면 제가 맞겠지만, 제가 때린다면 누가 맞지요?" 라고 하였다. 그러자 위산이 말하기를, "자네에게 서른 방망이를 때려 주리라."라고 하였다. 이는 명확하게 조사선의 선리禪理를 '체용體用'을 빌려 잘 표현한 것이라고 하겠다.

17

하북성 정정현 태행산
河北省 正定縣 太行山

임제사
臨濟寺

임제의현
臨濟義玄

임제선사는 임제종을 세웠으며, 사상적으로는 『단경壇經』으로부터 시작
된 조사선의 사상에서 마조선사의 '평상심시도平常心是道'와 '도불용수道
不用修', 그리고 황벽선사의 '무심시도無心是道'를 더욱 철저하게 계승하
고 있다. 특히 임제선사는 '대기대용大機大用'을 자유롭게 사용하고, '무
위진인無位眞人'을 종宗으로 삼아 깨달음에 있어서 방할棒喝을 수시로 운
용하였다. 또한 선사는 다양한 제접법提接法을 운용하였는데, '방할'로부
터 '삼현삼요三玄三要', '사빈주四賓主', '사료간四料簡', '사조용四照用' 등을
자유롭게 사용하여 학인들을 깨우치고 있다. 임제종은 오가五家 가운데
존속 기간이 가장 길어 현재도 그 법맥이 계승되고 있으며, 특히 우리나
라의 선종 법맥은 바로 임제종을 계승하고 있다고 할 수 있다.

머리말

842년, 임제의현臨濟義玄 선사는 황벽黃檗선사로부터 깨달음을 얻고, 황벽 회상을 떠났다. 3년이 지난 후, 의현선사는 태행산太行山 동쪽 산기슭 정정(正定; 지금 河北省 正定市) 동호타하東滹沱河 강변의 한 사찰에 도착한다. 의현선사는 이곳에서 임제종臨濟宗을 창립하였는데, 그 사찰이 바로 임제사이다.

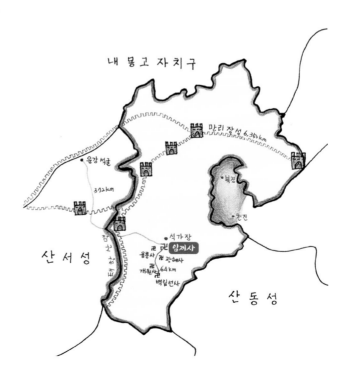

임제사 정문

사원의 역사

임제사의 본래 이름은 중국 남북조南北朝 시기 동위東魏 흥화興和 2
년(540)에 세워진 임제원臨濟院으로, 정정성正定城 동남쪽 1km 떨
어진 임제촌에 있었다. 함통咸通 8년(867) 4월 10일, 임제의현 선사
가 입적하자 제자들은 사리舍利를 둘로 나누어 하북河北 대명大名과
정정성 내 임제사에 사리탑을 건립하여 봉안하였다. 당唐 의종毅宗
은 '징령탑澄靈塔'이라는 탑호를 하사하였다.

　당 이후 임제사는 역사의 소용돌이 속에서 쇠락하다 송宋과 금金
을 거치면서 징령탑만 남게 되었다. 금나라 때(1183) 세종世宗은 징
령탑과 임제사를 복원하니, 현존하는 징령탑은 그 시대의 대표적

징령탑澄靈塔　　　　　천녕사 능소탑天寧寺凌霄塔

인 탑이다.

1984년 임제사는 국가로부터 중점 사원으로 선정되어 불교계와 정부 기금을 받아 본격적인 복원을 시작하여 현재의 뛰어난 도량 모습을 갖추게 되었다.

사원의 현황

임제사 산문山門 밖에서도 높이 치솟은 징령탑을 볼 수 있다. 가까이 다가서면 산문은 장엄莊嚴하고 비범할 뿐만 아니라 소박하고 묵직하다. 산문 안쪽에는 '불이不二'라는 편액扁額이 걸려 있다.

산문 안에는 한 갈래 오솔길이 있고, 오솔길 옆에는 푸른 잔디밭이 있다. 오솔길 끝에 징령탑이 있다. 앞에서 언급한 바와 같이 임

대웅보전大雄寶殿

천왕전天王殿

제의현의 사리탑인 징령탑은 임제사에 유일하게 보존되어 내려온 고대 건축이다. 의현선사가 입적한 후 제자들이 사리를 둘로 나누어 두 곳에 사리탑을 세웠는데, 하나는 임제사에 다른 하나는 대명(大名; 의현선사가 입적한 곳)에 있었다. 그러나 대명에 있는 사리탑은 소실되어 지금은 아쉽게도 볼 수 없다.

임제사 징령탑은 청탑靑塔·의발탑衣鉢塔이라고도 한다. 높이는 30.47m로 8층이며, 남면에는 '당임제혜조징령탑唐臨濟慧照澄靈塔'이라는 석조 편액扁額이 걸려 있다. 편액의 '혜조慧照'는 당 의종 황제가 하사한 의현선사의 시호謚號이다. 전체적으로 그윽하고 우아한 감을 준다. 탑 주위에는 오래된 측백나무가 징령탑과 서로 호응하여 고풍스럽고 그윽한 향기를 풍기고 있다.

광혜사화탑廣惠寺花塔

징령탑 앞쪽 멀지 않은 곳에 대웅보전이 있고, 좌우에는 법유당 法乳堂과 전등당傳燈堂이 있다. 전등당에는 일본 임제종 개종조開宗 祖 명암영서明庵榮西와 중흥조中興祖 남포소명南浦昭明을 함께 봉안 하고 있고, 일본 황벽종黃檗宗 개종조로 중국 선사인 은원륭기隱元 隆琦도 모시고 있다. 남송南宋 시기에 일본 영서榮西선사가 송나라 로 와서 허암회창虛庵懷敞 선사에게 임제선을 전해 받고, 6년 동안 머물다 귀국하여 일본 임제종을 창립하였다. 청나라 초기 임제종 의 은원륭기 선사는 일본으로 가서 황벽종을 개창한다. 그에 따라 일본 임제종과 황벽종은 모두 임제사를 본사로 생각하여 지금도 스님과 신도들의 참배가 이어지고 있다.

임제의현 선사와 그의 선사상

임제의현(?~867) 선사는 속성이 형 刑 씨이고 조주 남화(曹州南華; 지금의 山東省 荷澤市 東明) 사람이다. 의현선 사는 어릴 때부터 출가하고 싶어 했 으며, 출가 후에는 경률經律을 탐독 했다. 후에 선禪에 심취해 행각하다 강서江西 황벽산 황벽희운黃檗希運 선사를 참알하고 문하에 머물렀다.

임제의현

『경덕전등록』에 실린 임제선사 전기에는 오도의 기연을 다음과 같이 기술하고 있다.

황벽회상의 수좌首座가 질문하라고 권고하여 의현은 황벽선사에게 "어떤 것이 조사께서 서쪽에서 오신 분명한 뜻입니까?〔如何是祖師西來的的意〕"라고 묻자 황벽선사는 곧바로 때렸다. 이렇게 세 차례 묻다 세 차례 모두 얻어맞자, 대사는 수좌에게 "일찍이 질문을 하라고 강력히 권고하시는 말씀을 따랐을 뿐인데, 오로지 화상의 몽둥이를 맞을 뿐이었습니다. 저의 우둔함을 한탄할 따름 이니, 제방諸方으로 행각을 떠나겠습니다."라고 하였다. 그러자 수좌는 황벽에게 가서 "의현이 비록 후배지만 매우 기특한 바 있으니, 하직을 하러 오거든 화상께서 다시 잘 이끌어 주십시오."라고 부탁하였다. 이튿날 황벽선사에게 하직인사를 아뢰니, 선사는 대우大愚선사에게 가라고 했다. 임제가 대우를 찾아가 뵙자, 대우가 물었다. "어디서 오는가?" "황벽에게서 왔습니다." "황벽이 뭐라고 가르쳐 주던가?" "제가 불법의 적적한 뜻을 직접 물었다 화상께 매만 맞았습니다. 이렇게 세 번 묻다 세 번 매를 맞았는데, 저의 허물이 어디에 있는지 모르겠습니다." 대우선사는 "황벽이 그대를 위해 노파심老婆心으로 애를 썼는데, 아직도 허물을 찾고 있는가?" 임제는 이 말끝에 크게 깨닫고서 말했다. "원래 황벽의 불법에는 별 것이 없구나." 대우선사가 임제의 옷깃을 거머잡고 물었다. "이 오줌싸개야, 아까는 모르겠다고 하다 지금은 황벽의 불법에는 별 것이 없다고 말하니, 이게 무슨 짓이냐?" 임제가 대우선사의 갈비뼈 밑을 주먹으로 한 대 갈기니, 대우가 탁 놓으면서 말했다. "그대 스승은 황벽이다. 나와는 관계가 없다." 대사가 대우를 하직하고 황벽에게 돌아오자, 황벽이 물었다. "그대는 어찌하여 이리도 빨리 돌아왔는가?" "너무 노파심이 간절했기 때문입니다." "대우 늙은이를 보게 되면 아프도록 한 대 갈기겠다." "보게 될 때를 기다릴 필요가 있겠습니까? 지금 당장 갈기시죠." 그리고는 황벽을 한 대 갈기자, 황벽이 크게 웃었다.*

이렇게 황벽선사에게 인가를 받고, 후에 정정正定 임제원臨濟院에 이르러 임제종臨濟宗을 창립하였다.

의현선사의 법맥은 육조혜능 선사로부터 남악회양南嶽懷讓, 마조도일馬祖道一, 백장회해百丈懷海, 그리고 황벽희운黃蘗希運으로 이어온 것이다. 따라서 의현선사 선사상도 역시 그를 계승하고 있다. 그러나 의현선사가 창시한 임제종은 명현한 종풍宗風을 보이고 있는데, 송대宋代 지소智昭가 편집한 『인천안목人天眼目』과 청대淸代에 오가 종지를 편집한 『오가종지찬요五家宗旨纂要』에는 임제종 종풍을 다음과 같이 논한다.

임제종은 대기대용大機大用으로, 그물을 벗어나며, 둥지를 뛰쳐나와, 범이 도망치듯 용이 달아나듯 하고, 별이 질주하듯 번개가 치듯 한다. 천관天關을 굴리고 지축地軸을 돌리며, 하늘을 찌르는 의기意氣를 짊어지고 격외格外를 써서 일깨우고 수지케 한다. 부정〔卷〕과 긍정〔舒〕, 놓아줌〔縱〕과 잡아들임〔擒〕, 죽임〔殺〕과 살림

---

* 〔宋〕道原纂, 『景德傳燈錄』 卷12(『大正藏』 51, 290a-b) 참조.

〔活〕에 자재自在하였다.*

임제 가풍은 기機를 온전히 하여 크게 쓰고〔全機大用〕, 봉棒과 할
喝을 모두 베풀기를, 범이 도망치듯 용이 달아나듯 하고, 별이 질
주하듯 번개가 치듯 한다. 하늘을 찌르는 의기意氣를 짊어지고
격외格外를 써서 일깨우고 수지케 한다. 부정〔卷〕과 긍정〔舒〕, 놓
아줌〔縱〕과 잡아들임〔擒〕, 죽임〔殺〕과 살림〔活〕에 자재自在하였다.
정견情見을 없애 버리고, 작고 미세함을 벗어나게 한다. 무위진
인無位眞人을 종宗으로 삼고, 혹은 방棒을 혹은 할喝을 혹은 불자
拂子를 세워 그를 밝힌다.**

이로부터 보자면, 의현선사는 '대기대용大機大用'을 자유롭게 사
용하고, '무위진인無位眞人'을 종宗으로 삼아 깨달음에 있어 방할棒
喝을 수시로 운용했음을 알 수 있다.
　『임제어록臨濟語錄』에는

"상당上堂하여 말하였다. '붉은 고기 덩어리 위에, 무위진인無位

＊　〔宋〕智昭集, 『人天眼目』 卷2(『大正藏』 48, 311b) "臨濟宗者, 大機大用, 脫羅
　　籠, 出窠臼. 虎驟龍奔, 星馳電激. 轉天關, 斡地軸, 負衝天意氣, 用格外提持. 卷
　　舒擒縱, 殺活自在."
＊＊　〔清〕性統編, 『五家宗旨纂要』 卷1(卍續藏 65, 255c) "臨濟家風, 全機大用, 棒喝
　　齊施, 虎驟龍奔, 星馳電掣. 負沖天意氣, 用格外提持. 卷舒縱擒, 殺活全在. 掃
　　除情見, 迴脫廉纖. 以無位眞人爲宗, 或棒或喝, 或豎拂明之."

선당禪堂

眞人이 한 분 있는데, 항상 너희들을 좇아 여러 사람 얼굴에 출
입하나, 증거가 없는 것이니, 보아라! 보아라!'라고 하였다. 그때
어떤 승려가 나와 묻기를, '어떤 것이 무위진인입니까?'라고 하
자, 선사는 선상禪床에서 내려와 붙잡고 이르길, '말하라! 말하
라!'라고 하였다. 그 승려가 의아해하자, 선사는 손을 놓으며 말
하기를, '무위진인은 무슨 마른 똥 막대〔幹屎橛〕 같은 거냐!'라 하
고, 바로 방장실로 돌아갔다."*

---

*   〔唐〕慧然集,『鎭州臨濟慧照禪師語錄』(『大正藏』47, 496c) "上堂, 云: 赤肉團
     上, 有一位無位眞人, 常從汝等諸人面門出入, 未證據者, 看, 看! 時有僧出問:
     如何是無位眞人? 師下禪床, 把住云: 道, 道! 其僧擬議, 師托開云: 無位眞人是
     什麼幹屎橛! 便歸方丈."

라고 '무위진인'을 언급하고 있다. '무위진인'은 두 가지로 해석할 수 있는데, 우선 '불성'의 본유本有와 상주常住를 의미하고 있다. 우리가 접하는 모든 사람들이 본래 갖추고 있고, 항상 출입하며 활동하고 있지만, 일반적으로 그것이 무엇인지 잘 모른다는 것이다. 둘째로 이러한 '불성'을 상당히 속화시키고 있음을 엿볼 수 있다. '무위진인'을 과감하게 '마른 똥 막대'로 폄하시키고 있기 때문이다. 사실상 이러한 측면은 『단경壇經』으로부터 시작된 조사선의 특성이라고 할 수 있다. 또한 마조선사의 '평상심시도平常心是道'와 '도불용수道不用修', 그리고 황벽선사의 '무심시도無心是道'를 더욱 철저하게 계승한 결과라고 할 수 있다.

그러나 의현선사의 선풍禪風은 흔히 '임제장군臨濟將軍'이라고 칭하듯 상당히 과격하고 자유로운 풍격風格을 지니고 있다. 이는 상황에 따라 '방'이나 '할'을 두루 베푸는 '방할제시棒喝齊施'로부터 확인할 수 있다. 특히 앞에서 언급한 바와 같이 황벽선사로부터 '세 차례 질문을 하고, 세 차례 맞음〔三度發問, 三度挨打〕'의 과정을 거쳐 인가를 받은 기연도 선사의 선풍에 큰 영향을 끼쳤다고 하겠다. 실제 『임제어록』에는 다음과 같은 내용이 보인다.

어떤 승려가 묻기를, "무엇이 불법佛法의 대의大意입니까?"라고 하자, 선사는 불자拂子를 들어 보이고, 그 승려는 할喝을 하였고, 선사는 바로 그를 때렸다. 또 어떤 스님이 묻기를, "무엇이 불법의 대의입니까?"라고 하자, 선사는 또한 불자를 세웠고, 그 스님은 할喝을 하자 선사도 할을 하였다. 그 승려가 머뭇거리자, 선사

는 바로 때렸다. 그리고 말하기를, "대중들아! 법을 공부하는 사
람은 몸이 상하고 목숨을 잃는 것을 피하지 말아야 한다. 내가
20년 전에 황벽선사 처소에서 세 번 불법의 대의를 묻다 세 번
몽둥이로 맞은 것은 회초리로 살짝 맞은 것과 같다. 지금 다시
한 차례 몽둥이를 맛보고 싶은데, 누가 나에게 행하겠는가?"라
고 하였다. 그때 어떤 승려가 나와 말하기를, "제가 하겠습니다."
라고 하자, 선사는 몽둥이를 건네주었다. 그 승려가 받기를 머뭇
거리자, 선사는 바로 그를 때렸다.*

『임제어록』에는 이러한 '방'이나 '할'과 관련된 기사들이 상당히
많이 나타나고 있다. 특히 임제선사는 '방'보다 '할'을 더욱 많이 사
용하는데, 『임제어록』에는

"선사가 승려에게 '어느 때의 할은 금강왕보검金剛王寶劍 같고,
어느 때의 할은 금빛 털을 가진 사자가 땅에 웅크리고 있는 것
같으며, 어느 때의 할은 장대의 그림자를 찾는 것 같고, 어느 때
의 할은 할의 용用이 아니다. 너는 알겠는가?'라고 묻자 승려는

---

*   〔唐〕慧然集, 『鎭州臨濟慧照禪師語錄』(『大正藏』 47, 496c-497a) "僧問: 如何
    是佛法大意? 師竪起拂子, 僧便喝, 師便打. 又僧問: 如何是佛法大意? 師亦竪
    拂子, 僧便喝, 師亦喝. 僧擬議, 師便打. 乃曰: 大衆! 夫爲法者, 不避喪身失命.
    我二十年在黃蘗禪師處, 三度問佛法的大意, 三度蒙他賜杖, 如蒿枝拂相似. 如
    今更思一頓棒喫, 誰爲我行得? 時有僧出曰: 某甲行得. 師拈棒與他, 僧擬接,
    師便打."

머뭇거렸고, 선사는 바로 할을 하였다."*

라고 하듯이 '할'을 네 가지로 나누어 적절히 사용했음을 알 수 있다. 이와 같이 임제선사의 '할'은 단순하게 적용하는 것이 아니라 상당히 깊은 선리禪理를 내재하고 있음을 알 수 있다.

흔히 '임제할臨濟喝'이라고 할 정도로 임제선사는 '할'을 상용하는데, 이러한 '할'에는 항상 주主와 빈賓의 구분을 엄격하게 요구하고 있다.『지월록指月錄』권14의 '임제선사'편에는

"너희들은 모두 나의 '할'을 배운다. 나는 지금 너희에게 물으니, 어떤 사람은 동당東堂으로부터 나오고, 또 다른 사람은 서당西堂으로부터 나와 두 사람이 함께 '할'을 하였다. 여기에서 손님〔賓〕과 주인〔主〕을 구분할 수 있겠는가? 너희들이 분별해 보거라. 만약 구분하지 못한다면, 이후 노승의 할을 배울 수 없을 것이다."**

라고 하여 '할'이 결코 형식적으로 사용할 수 있는 것이 아님을 밝

---

* 앞의 책(『大正藏』 47, 504a) "師問僧: 有時一喝如金剛王寶劍, 有時一喝如踞地金毛師子, 有時一喝如探竿影草, 有時一喝不作一喝用, 汝作麼生會? 僧擬議, 師便喝."
** 〔明〕瞿汝稷集,『指月錄』卷14(卍續藏 83, 558a) "汝等總學我喝. 我今問汝, 有一人從東堂出, 一人從西堂出, 兩人齊喝一聲, 這裏分得賓主麼? 汝且作麼生分. 若分不得, 已後不得學老僧喝."

히고 있다. 이러한 임제선사의 '할'은 실제적으로 '삼현삼요三玄三
要', '사빈주四賓主', '사료간四料簡', '사조용四照用' 등을 체득해야만
선리를 온전히 체득할 수 있다.

임제선사는

"한마디 말에는 반드시 삼현문三玄門을 갖추어야 하고, 일현문一
玄門은 반드시 삼요三要를 갖추어야 권權과 용用이 있다."*

고 하였는데, 이것이 '삼현삼요'이다. 그러나 임제는 구체적으로 '삼
현삼요'의 내용을 설명하지 않았지만, 『인천안목人天眼目』에서는

"삼현이란 현중현玄中玄, 체중현體中玄, 구중현句中玄이고, 삼요三
要란 하나의 현玄 가운데 삼요를 갖춘 것으로, 원래 하나의 할[一
喝] 가운데 삼현삼요를 섭수하여 체현한다."**

고 간략하게 해석하고 있다. 따라서 '삼현'은 바로 '현중현·체중
현·구중현'을 가리킨다고 하겠다. 이러한 '삼현삼요'는 언어의 문
제를 논하는 것으로, '체중현'은 언어가 심체(心體; 眞體)로부터 발
현되어 참다운 선리禪理를 드러낼 수 있지만, 사람들이 언어에 집

---

* 〔唐〕慧然集, 『鎭州臨濟慧照禪師語錄』(『大正藏』47, 497a) "一句語須具三玄
門, 一玄門須具三要, 有權有用."
** 〔宋〕智昭集, 『人天眼目』卷2(『大正藏』48, 311b) "三玄者, 玄中玄, 體中玄, 句
中玄. 三要者, 一玄中具三要, 自是一喝中, 體攝三玄三要也."

착하지 않고서 이른바 '아집我執'과 '법집法執'을 타파해야 하는 것이다. '구중현'은 언어의 표현은 언어 자체에 구속될 수 없지만, 교묘한 말로 그 가운데 진리를 나타내야 한다는 것이다. '현중현'에서는 언어로 표현된 선리를 이해하면서도 그에 집착하지 않고, 또한 언외言外의 의미까지도 온전하게 깨달아야 할 것을 제창하고 있다. 그리고 '삼요'의 첫 번째 요要는 소상파집掃相破執이고, 두 번째 '요'는 학인들이 임기응변臨機應變 언어문자에 집착하지 않을 것을 일깨우고, 세 번째 '요'는 학인들이 자심自心을 반조하여 일상에서 진여불성眞如佛性을 발견하는 것을 제시한다.

『임제어록』에서는

"주인과 객이 서로 마주 보니, 바로 언론이 왕래하고, 혹 물物에 응하여 형形이 나타나며, 혹 모든 체가 작용하고, 혹 기권(機權; 상대를 시험하기 위한 언구)의 기쁨과 노여움이 있으며, 혹 반신半身을 드러내며, 혹 사자를 타기도 하고, 혹 코끼리 왕을 타기도 한다."[*]

고 한다. 이 말은 선사와 학인이 제접함에 있어 다양한 응기접물應機接物과 기용機用을 의미하는데, 여기에는 반드시 '주빈'이 구분되어야 한다는 것이다. 임제선사는 주빈관계를 '빈간주賓看主'·'주간

---

[*] 앞의 책(『大正藏』 47, 501a) "主客相見, 便有言論往來, 或應物現形, 或全體作用, 或機權喜怒, 或現半身, 或乘師子, 或乘象王."

빈主看賓'·'주간주主看主'·'빈간빈賓看賓'의 '사빈주四賓主'로 정리하고 있다.

또한『임제어록』에는

"어느 때는 사람을 빼앗고 경계를 빼앗지 않고[奪人不奪境], 어느때는 경계를 빼앗고 사람을 빼앗지 않으며[奪境不奪人], 어느 때는 사람과 경계를 함께 빼앗고[人境俱奪], 어느 때는 사람과 경계를 함께 빼앗지 않는다[人境俱不奪]."*

고 설하는데, 이를 '사료간四料簡'이라고 한다. 이러한 '사료간'과 짝을 이루는 것이 '사조용四照用'인데,『인천안목』에는

"나는 어떤 때는 먼저 비추고 뒤에 쓰며[先照後用], 어떤 때는 먼저 쓰고 뒤에 비추며[先用後照], 어떤 때는 비춤과 씀을 동시에 하고[照用同時], 어떤 때는 비춤과 씀을 동시에 하지 않는다[照用不同時]."**

고 하여 임제선사의 '사조용'을 인용하고 있다.

이러한 '사료간'과 '사조용'은 모두 학인을 제접하는 과정에 적

---

* 〔唐〕慧然集,『鎭州臨濟慧照禪師語錄』(『大正藏』47, 497a) "有時奪人不奪境, 有時奪境不奪人, 有時人境俱奪, 有時人境俱不奪."
** 〔宋〕智昭集,『人天眼目』卷1(『大正藏』48, 304a) "我有時先照後用, 有時先用後照, 有時照用同時, 有時照用不同時."

용되는 선법으로, '인人'은 '아我'를 말하고, '경境'은 '법法·이理·사事' 등을 뜻하므로, '탈인奪人'은 아집我執을 타파하고, '탈경奪境'은 법집法執을 타파하는 것을 가리키며, 또한 '조照'와 '용用'은 '법法'과 '인人'으로 배대할 수 있다. 그에 따라 '사료간'의 첫째 '탈인불탈경'은 '아집'을 타파하지만 법리法理를 그대로 남겨놓는다는 의미다. 이는 '아집'에 빠져 있는 학인들을 대치하고자 하는 것이다. 둘째, '탈경불탈인'은 '법집'이 심각한 사람을 겨냥한 것으로, 법에 집착하는 사람은 이사법계理事法界가 '실유'한다고 본다. 따라서 이러한 사람들에게는 먼저 법에 대한 집착을 타파해야 할 것이다. 그러므로 '탈경'하지만, 잠시 사람을 보존해야 한다. '탈경'은 법계가 실유한다는 생각을 타파하는 것으로, 경계가 마음에서 드러난 것임을 인식시키는 것이다. 셋째, '인경구탈'은 법집과 아집이 모두 강한 사람을 대상으로 한 것이다. '자아'가 실유한다고 보고, 또한 만법이 실제 존재한다고 보는 것은 잘못된 것이기에 '인人·경境' 모두를 빼앗아야 할 것이다. 넷째, '인경구불탈'은 '상상근기上上根器'를 가진 사람들을 대상으로 하는 것으로, 그들은 '아집我執·법집法執'에 집착하지 않으며, 이미 스스로 증오證悟하였기 때문에 '인경'을 타파할 필요가 없는 것이다.

'사조용'에 있어서도 첫째, '선조후용先照後用'에서는 '인'을 보존하고 법집을 타파한다는 것이다. 이는 법집이 강한 사람을 다룸에 먼저 법에 대한 집착을 타파하는 것이다. 둘째, '선용후조先用後照'는 법을 보존하고 아집을 타파한다는 것이다. 이는 아집이 강한 사람을 다룸에 먼저 아집을 타파해야 하다는 것이다. 셋째, '조용동시

照用同時'는 법집과 아집이 모두 강한 사람을 다루는 것으로, '법·아'의 집착을 모두 타파해야 학인으로 하여금 참답게 사람과 경계를 모두 잊게〔人境俱忘〕할 수 있다는 것이다. 넷째, '조용부동시照用不同時'는 학인이 '법·아'에 모두 집착하는 바 없음을 가리키며, 이미 진여불성을 깨달아 접기接機할 때 '주·빈' 사이에 물과 진흙을 합치는 것처럼 이미 구분이 없고, 쌍방이 응기접물에 있어 운용이 자재함을 말하는 것이다. 이러한 '사조용'을 '사료간'과 배대하자면, '탈인불탈경'과 '선용후조', '탈경불탈인'과 '선조후용', '인경구탈'과 '조용동시', '인경구불탈'과 '조용부동시'가 거의 완벽하게 일치하고 있다.

임제사

이러한 임제종 선풍은 당시 제방에 유행하여 이른바 '임천하臨天下'라고 칭하였고, 의현선사는 남방에서 성행하는 육조혜능六祖惠能의 남종선南宗禪을 북쪽 중심으로 옮겨오는 중요한 역할을 하였다.

맺음말

임제종은 선종 발전에 중요한 의미를 가지고 있을 뿐 아니라 중국 사회와 문화에도 심오한 영향을 미친다. 역사상 유명한 유학자 왕안석王安石, 황정견黃庭堅, 소동파蘇東坡 등은 모두 임제종과 인연이 깊다. 어떤 학자는 혜능으로부터 임제종까지의 발전이 불교 세속화世俗化를 완성하고, 그로부터 중국 선종이 온전히 민족종교로 성립하게 되었다고 평가한다. 또한 선종이 세속에 전해져 민중이 선을 받아들여 실천함이 불법佛法의 현실적인 영원한 가치를 더욱 분명하게 드러냈다고 말한다. 사실상 임제종은 오가칠종 조사선 가운데 가장 유행했으며, 지금까지도 법맥이 계승되고 있다. 한국선韓國禪이 임제종 법맥을 계승하고 있다는 측면에서 임제사는 우리에게 또 다른 의미로 다가온다.

임 제 고 사
臨濟故事

의현선사가 황벽선사 문하에 있고, 앙산혜적仰山慧寂은 스승을 도
와 영우靈祐선사의 편지를 배달한 적이 있다. 앙산혜적仰山慧寂 선
사는 당시 지객知客 스님으로 있었는데 편지는 의현선사가 북방으
로 오면 좋은 사찰과 절을 줄 사람이 있으니 북방에서 포교하라는
내용이었다.

　그 당시 남방에는 혜능의 남종선이 유행하였지만 북방에서는 남
종선을 펼치기 어려웠다. 의현선사가 화북 진주鎭州에 도착하기 전
에 보화普化라는 스님이 이미 절을 준비해 놓았다. 보화스님은 행
적이 기이하여 누구도 그 속마음을 몰랐다. 하지만 의현선사가 진
주에서 전법할 때부터 보화스님의 많은 도움을 받았으며, 의현선
사의 전법활동이 가장 왕성할 때 입적하였다.

18

강서성 의풍현 동산
江西省 宜豊縣 洞山

보리선사
普利禪寺

동산양개
洞山良价

동산양개 선사는 제자인 조산본적曹山本寂과 함께 '조동종曹洞宗'을 개창하였다. 한편으로 또 다른 제자인 운거도응雲居道膺 계열에서는 조산본적계와 구분하기 위하여 '동산종洞山宗'이라는 명칭을 쓰기도 한다. 동산양개 선사의 선사상은 조동종의 "면밀함이 서로 잘 들어맞고, 묘용을 친절하게 베풂〔綿密回互, 妙用親切〕"이라고 평가하는 것과 같이 세밀하고 다양한 제접법을 특징으로 한다. 조동종에서의 제접법은 '사빈주四賓主', '삼종삼루三種滲漏', '삼로접인三路接人', '삼종타三種墮', '오위설법五位說法' 등이 있다. '오위설법' 가운데 양개선사는 '정편오위正偏五位'를 상당히 중시했는데, 그의 『어록語錄』에는 '정중편正中偏', '편중정偏中正', '정중래正中來', '겸중지兼中至', '겸중도兼中到' 등에 대하여 게송으로 상세히 설명하고 있다.

머리말

조동종曹洞宗 조사 동산양개洞山良价 선사가 홍법하던 도량이 강서성江西省 의풍현宜豊縣 동안향同安鄕 '동산洞山'에 있는데, '신풍산新豊山'이라고도 칭한다. 동산양개 선사가 개산한 보리선사普利禪寺는 고목古木이 하늘 높이 솟아 있고 주위 자연환경이 아름답다. 멀리부터 첩첩 쌓인 산봉우리가 꼬리를 물고 달려와 짙푸르고 울창한 나무들과 대나무가 하늘과 태양을 가린다. 주변의 아홉 개 커다란 지형地形이 중앙으로 집중하여 마치 동굴 같은 형태를 이루어 '동산洞山'이라는 이름을 얻었다고 한다.

보리선사 전경

사원의 역사

당나라 대중大中 연간(847~859) 양개良价선사가 스승 운암담성雲巖
曇晟 선사와 이별할 때, 다음과 같은 대화를 했다.

담성선사가 "여기에서 헤어지면 다시 만나기 어렵겠구나."라고
말하였다. 양개선사는 "안 만나기가 어려울 것입니다."라고 답한
후 다시 담성선사에게, "100년 후, 홀연히 어느 사람이 화상에게
'여전히 선사의 참됨을 아득히 얻습니까?'라고 물으면, 어떻게 대
답하겠습니까?"라고 물었다. 이에 담성선사는 잠시 침묵한 후, "그
저 그렇다.〔只是這個〕"라고 답하였다. 동산은 이해할 수 없어 오랫동
안 침묵하였다. 담성선사는 곧이어 "양개 아사리여! 깨닫는 일에는
모름지기 자세히 살펴야 할 것이네!"라고 하였다. 그러나 양개선사

대웅보전 옥불상玉佛像

는 계합하지 못하고 의심을 품고 유행하던 중 물가를 지나다 물속 그림자를 보고 깨달음을 얻고 유명한 게송을 남겼다.

"결코 남에게서 찾지 말지니, 아득히 자신과 더 멀어질 뿐이다. 나는 이제 홀로 가지만, 곳곳에서 그를 보게 된다네. 그는 지금 바로 나이지만, 나는 그가 아니라네. 반드시 이렇게 알아야만 비로소 여여如如와 계합하리."*

---

* 〔明〕語風圓信, 郭凝之編集, 『瑞州洞山良价禪師語錄』(『大正藏』 47, 519b)"切忌從他覓, 迢迢與我疎. 我今獨自往, 處處得逢渠. 渠今正是我, 我今不是渠. 應須恁麼會, 方得契如如."

동산양개 선사 사리탑(洞山良价舍利塔)

　이것이 바로 선종사에서 유명한 '과수도영過水睹影'의 공안公案이다. 이러한 인연으로 양개선사는 이곳에 머물러 절을 짓고 이름을 '광복사(廣福寺; 지금의 普利禪寺)'라고 하였다.

　양개선사가 법을 펼치니, 세상에 알려져 제방의 납자와 선남선녀들이 참방하러 구름처럼 모여 들었다. 『조당집祖堂集』 권6에는 "양개선사가 동산에 머물자 500여 대중이 한자리에 모였다."*고 기록하고 있다.

　현재 사찰 뒤에 있는 동산양개 선사 사리탑에는 다음과 같은 게송이 새겨져 있다.

---

* 　靜, 筠編著, 『祖堂集』 卷6. "師居洞山, 聚五百衆."

과수도영過水睹影

"학인들은 항하사 같이 많으나 깨달은 사람이 별로 없음은, 혀끝
에서 길을 찾는데 허물이 있도다. 형체를 잊고 종적을 없애려는
가! 노력하며 은근히 공空 속을 걸어라. 상相을 잊고 흔적을 지워
야 하고 아무것도 의지하지 않는 수행을 하라."*

『양개선사어록』에 실린 부촉게付囑偈로, 이 게송을 마치고 양개
선사는 결가부좌하여 홀연히 입적하였다. 대중이 통곡하니 양개선
사가 홀연히 눈을 뜨고 일갈하였다. "출가 사문이란 마음이 외물을
따르지 말아야 참된 수행자로다. 살면 고달프고 죽으면 쉬는 것인

---

* "學者恒沙無一悟, 過在尋他舌頭路. 欲得忘形泯蹤跡, 努力殷勤虛空步."

데, 무엇 때문에 슬퍼하는가?"* 그리고는 주사主事에게 우치재愚癡齋를 준비하라고 하였다. 모두 섭섭하다기에 7일을 더 머물다 재가 끝나자 양개선사는 비로소 단좌端坐하여 입적하였다.**

함통咸通 10년(869) 3월 양개선사가 동산에서 입적한 후, 함종咸宗 황제가 '오본선사悟本禪師'라는 시호諡號를 내렸으며, 법신을 광복사 뒷산에 모시고 부도탑을 혜각탑慧覺塔, 개조탑价祖塔이라고 칭하였다.

사원의 현황

동산에 들어서면 제일 먼저 눈에 들어오는 것은 동산양개의 '과수도영過水睹影' 고사가 얽혀 있는 봉거계逢渠溪이다. 봉거계는 여전히 맑은 물이 쉼 없이 흐르고 있다. 봉거계에는 지금도 봉거교逢渠橋가 있다. 송나라 때(1098) 이 지방의 가난한 불교신도인 뇌사십삼랑雷四十三娘이 벼이삭을 주워 모은 돈으로 돌다리를 만들어 보시한 것이다. 이 공덕으로 뇌사십삼랑 집안은 나날이 번창했으며, 후손들은 좋은 관직과 복락을 구족했다고 전한다.

봉거교를 지나면 길옆에 '목어석木魚石'이 누워 있다. 모양이 목어木魚와 비슷할 뿐만 아니라 두드리면 목탁과 아주 비슷한 소리가 난다. 목어석을 지나 앞으로 나아가면 길 양쪽에 큰 바위가 있다.

---

*   "出家之人, 心不附物, 是眞修行. 勞生席死, 於悲何有?"

**   〔明〕語風圓信, 郭凝之編集, 『瑞州洞山良价禪師語錄』(『大正藏』 47, 526b)

야합산夜合山

옛날에는 절의 산문을 대신하고 있었는데 '야합산夜合山'이라 칭한
다. 지금도 태양 그림자에 의해 저녁때면 두 바위는 합쳐지고〔夜合
石〕, 날이 밝으면 또 다시 열리는 진풍경을 연출한다. 석벽에는 원
나라 도창道倡선사의 친서로 새겨진 한 편의 시가 인상적이다.

"산문에는 잠금이 없으나 해가 동서로 움직여, 열리고 닫힘이 아
득히 까마귀(해)와 토끼(달)가 나는 것과 같도다. 날이 밝기 전에
해탈解脫하지 못하니, 누가 감히 닭 울음소리를 짓겠는가!"*

---

* "山城無鎖日東西, 開合邈同烏兔飛. 曙色未分人未度, 是誰敢作假雞啼."

경내

　‘조동조정曹洞祖庭’이라 새겨져 있는 산문 옆에는 한 그루 작은 소
나무가 있다. 원래 높이가 10m를 넘었고, 둘레는 13m에 이르렀지
만, 2005년 태풍이 불 때 벼락을 맞았다. 이듬해 봄 기적적으로 다
시 살아났지만, 줄기 껍질이 조금밖에 남아 있지 않다. 그렇지만 지
금은 나뭇잎이 무성하다.
　『오등회원五燈會元』의 기록에 따르면, 이 소나무는 동산양개의
제자 청림사건青林師虔 선사가 심으면서

　“높이는 3척(尺; 1m 정도) 남짓인데, 나뭇잎의 푸름이 파란 풀을
　덮는구나. 어느 시대 사람들이 이 소나무의 늙음을 볼 수 있을
　까?〔長長三尺餘, 鬱鬱覆靑草. 不知何代, 得見此松老.〕”

라는 게송을 지었다고 한다.

동산양개 선사와 그의 선사상

동산양개

조동종 개산 종사인 동산양개 선사는 당唐 헌종憲宗 원화元和 2년 (807)에 태어났다. 월주越州 제기 (諸暨; 지금의 折江省 諸暨) 사람이며, 속성은 유兪 씨이고, 고향 사찰에서 출가하였다. 『반야심경』을 읽다 "눈, 귀, 코, 혀, 의지가 없다〔無眼耳鼻舌身意〕"는 뜻을 물었으나 원주院主가 답하지 못하였다. 원주는 양개선사를 오설五洩화상에게 인도하고, 3년 만에 숭산嵩山에서 구족계具足戒를 받았다. 구족계를 받은 이후에 행각을 청하니, 오설화상은 남전보원南泉普願 선사를 추천하여, 남전선사를 참알하였다. 하루는 남전선사가 "내일 마조馬祖대사 제사를 지내는데, 마조대사가 오시겠는가?"라고 묻자 대중이 아무도 대답하지 못하자 양개선사가 나서서 말했다. "도반이 있기를 기다렸다 오십니다."라고 답하자 "이 사람이 후배이기는 하지만 꽤 다듬을〔雕琢〕 만하구나."라고 하였다. 그러자 양개선사는

"화상은 양민을 눌러 노비로 만들지 마십시오."*

라고 하였다.『조당집祖堂集』권6에는 동산양개 선사가

"이름이 천하에 퍼지고, 작가作家라고 칭하게 되었다."**

고 하였다. 양개선사는 다음으로 위산영우潙山靈祐 선사를 참배하여 남양혜충南陽慧忠 국사의 무정설법無情說法을 토론하였지만, 문답에서 계합契合할 수 없었다. 위산선사 추천으로 운암산 담성曇晟 문하에 의탁하고,『조당집』에는 "현묘한 요지를 다하도록 깨달았다〔盡領玄旨〕"고 하였는데, 이때의 기연이 앞에서 언급한 '과수도영'이다.

동산양개 선사가 개창한 조동종 학인을 제접하는 방식에 대하여 "면밀함이 서로 잘 들어맞고, 묘용을 친절하게 베풀며〔綿密回互, 妙用親切〕", "마음자리를 궁구한다〔究心地〕"라고 논한다. 또한『인천안목人天眼目』권3에서는

"가풍이 세밀하고, 언행이 상응하며, 기연機緣에 따라 사물을 통하고, 말에 나아가 학인을 제접한다."***

---

* "和尙莫壓良爲賤."
** "名播天下, 呼爲作家."
*** 〔宋〕智昭集,『人天眼目』卷3(『大正藏』48, 320c) "家風細密, 言行相應, 隨機利物, 就語接人."

고 평하고 있다. 조동종 선사들이 선을 가르치고, 학인을 제접할 때, 비교적 온화하고, 응기접인應機接引하는 방편을 보이며, 간략하게 말함을 짐작할 수 있다. 이러한 조동종에 대하여 후대에서는 다음과 같이 종합하고 있다.

당 대중大中 말에 신풍산新豊山에 이르러 배우는 무리들을 가르치고, 그 뒤 교화가 성하여 예장豫章의 균주筠州 동산洞山에 머물렀다. 권(權: 방편)으로 오위五位를 열고, 세 가지 근기를 잘 제접하였다. 일음一音을 크게 열고, 만품萬品을 널리 홍양하였다. 보검을 바로 잡아 빼니, 빽빽한 산림과 같은 견해를 베었다. 묘문(妙門; 禪門)을 널리 펼치고, 수많은 실마리의 천착穿鑿을 끊는다. 늦게 조산曹山의 밝은 종지를 얻고, 묘한 노래가 아름답게 퍼졌다. 도는 군신君臣을 합하고, 치우침〔偏〕과 바름〔正〕은 서로 감아 돈다. 이로부터 동산의 현풍玄風은 천하에 퍼져, 제방의 종장宗匠들이 함께 그를 받들었다.*

조동종에서 학인을 접인하는 선법으로는 '오위五位'설과 '삼종삼루三種滲漏', '삼종타三種墮' 등이 대표적이다. 특히 조동종의 '오위'와 관련된 선법은 '정편오위正偏五位', '공훈오위功勳五位', '군신오위

---

* 〔淸〕性統編, 『五家宗旨纂要』 卷2(卍續藏 65, 266b) "於唐大中末, 屆新豊山接誘學徒, 厥後盛化豫章住筠州洞山. 權開五位, 善接三根. 大闡一音, 廣弘萬品. 橫抽寶劍, 剪諸見之稠林. 妙叶弘通, 截萬端之穿鑿. 晚得曹山深明的旨, 妙唱嘉猷. 道合君臣, 偏正回互. 由是洞上玄風, 播於天下, 諸方宗匠, 咸推尊之."

君臣五位'등이 있다.

'정편오위'는 '정중편正中偏', '편중정偏中正', '정중래正中來', '겸중지兼中至', '겸중도兼中到' 등 다섯 가지를 말한다. 양개선사의 『보경삼매가寶鏡三昧歌』에서는

"육효六爻를 거듭 떠나, 치우침과 올바름〔偏正〕이 서로 갈마들어〔回互〕, 겹치어 셋이 되며, 변함을 다해 다섯이 되었다."*

고 설하고 있다. '정편오위'에 대하여 양개선사의 제자인 조산본적은 이렇게 해석했다.

"정위正位는 공계空界에 속하여, 본래 무물無物이고, 편위偏位는 색계色界로 만상萬象의 형상이 있다. 정중편正中偏은 이치〔理〕를 등져 일〔事〕에 나아가고, 편중정偏中正은 일을 버리고 이치에 들어간다. 겸대兼帶는 중연衆緣에 그윽하게 상응하여 제유諸有에 떨어지지 않고, 오염되지도 않고 깨끗하지도 않으며, 옳지도 않고 치우치지도 않아, 그러므로 이르기를, '텅 비고 오묘한 대도大道는 집착이 없는〔無著〕 진종眞宗이다'라고 한다."**

---

* 〔日本〕慧印校, 『瑞州洞山良价禪師語錄』, 『寶鏡三昧歌』(『大正藏』 47, 515a) "重離六爻, 偏正回互, 疊而爲三, 變盡成五."

** 〔宋〕智昭集, 『人天眼目』 卷3(『大正藏』 48, 313c) "正位卽屬空界, 本來無物; 偏位卽色界, 有万象形. 正中偏者, 背理就事; 偏中正者, 捨事入理. 兼帶者, 冥應衆緣, 不墮諸有, 非染非淨, 非正非偏, 故曰: 虛玄大道, 無著眞宗."

선원禪堂

    따라서 '정'은 체體, 이理, 공空이고, '편'은 용用, 사事, 색色이다.
그러므로 '정편오위'는 실제로 체용體用, 이사理事, 공색空色에 존재
하는 다섯 가지 관계라 할 것이며, 이러한 관계를 통하여 "무착無
著"의 경계에 도달하도록 하는데, 그것은 무심해탈無心解脫이라고
할 수 있다.
    양개선사는 '정편오위'의 각 위에 대하여 게송을 짓고 있는데, 소
개하면 다음과 같다. 먼저 '정중편'으로,

"삼경三更의 초야初夜 달빛 밝은 앞에, 서로 만나 몰라봄을 의아
해 하지 말지니, 오히려 은은히 옛날을 싫어함을 품는다."*

---

*   〔明〕語風圓信, 郭凝之編集, 『瑞州洞山良价禪師語錄』(『大正藏』 47, 525c) "三
更初夜月明前, 莫怪相逢不相識, 隱隱猶懷昔日嫌."

고 한다. '위'에서는 이理를 버리고 사事를 취하는 것으로, 학인이 다만 사事, 용用, 색色을 알 뿐이고, 이理, 체體, 공空은 알지 못하여 이사理事, 체용體用, 공색空色, 정염淨染의 관계를 나누게 된다. 두 번째, '편중정'에서는

> "눈 먼 노파가 옛 거울을 만나니, 얼굴을 봄에 분명하여 달리 참됨이 없는데, 그만두고 다시 어리석음은 오히려 그림자를 찾는구나."*

여기에서는 사事를 버리고 이理에 들어간다. '위'에서 학인은 비록 이理, 체體, 공空, 정淨 등에 대한 인식에 이르고, 사事, 용用, 색色, 염染 등이 가상假象으로 실제로 존재하지 않음을 인식하지만, 사事를 버리고 이理에 들어가는 것도 단편적일 뿐만 아니라, 이理, 체體, 공空, 정淨 등이 독립적인 존재가 아님을 인식하지 못한다. 세 번째, '정중래'에서는

> "없는 가운데 길이 있어 진애塵埃와 떨어지고, 다만 능히 지금의 싫어함과 부딪히지 않으니, 또한 전조前朝를 이기고 말하는 재주를 끊는구나."**

---

* 　앞의 책, "失曉老婆逢古鏡, 分明覩面別無眞, 休更迷頭猶認影."
** 　앞의 책, "無中有路隔塵埃, 但能不觸當今諱, 也勝前朝斷舌才."

'위'는 이理를 버리고 사事에 나가는 것이 아니고, 사를 버리고 이에 들어가는 것도 아니다. 이미 이理, 체體, 공 空, 정淨을 인식하였으며, 이로부터 사事, 용用, 색色, 염染 등에 대한 인식에 도달하게 된다. 그러나 양자 사이에 그 관계가 멀어 완전함에 이르지 못하였으며, 여전히 이, 체, 공, 정이라는 일면에 치우쳐 있다. 네 번째, '겸 중지'에서는

"양쪽 칼날이 서로 부딪침에 피할 바 없으니, 서로 받들어 불 속의 연꽃 같아, 완연히 절로 뜻이 하늘을 찌른다."*

'위'에서는 학인이 이미 현상세계가 환유幻有임을 인식하고, 이러한 환유를 통하여 본체세계의 인식을 시도한다는 것이다. 그러나 여전히 완전한 경계는 아니다. 다섯 번째, '겸중도'에서는

"유무有無에 떨어지지 않음을 누가 감히 알겠는가? 사람마다 중류衆流를 벗어나고자 하지만, 그를 끊어 다시 잿구덩이로 돌아가 앉는다."**

라고 한다. 여기에 이르면, 유무有無에 떨어지지 않고, 체용體用을 모두 사라지게 한 것이다. 이사, 체용, 공색, 정염 등이 겸대兼帶 상

---

* 앞의 책, "兩刃交鋒不需避, 好手猶如火里蓮, 宛然自有沖天志."
** 앞의 책, "不落有無誰敢知, 人人盡欲出常流, 折合還歸炭里坐."

354

태에 이르렀고, 오염되지도 깨끗하지도 않으며, 정正도 편偏도 아니며, 이사가 모두 밝고, 체용에 집착이 없어야 비로소 대도大道에 합할 수 있는 것이다. 따라서 가장 높은 경계가 오히려 가장 평범한 상태라고도 하겠다.

또한 양개선사는 '공훈오위'를 설하는데, 이는 수행 단계를 말하는 것으로, 향向·봉奉·공功·공공共功·공공功功으로 나누어 설명한다. 『양개선사어록』에는 '상당上堂'법어에서 다음과 같이 설한다.

"향向의 때는 무엇을 하는가? 봉奉의 때는 무엇을 하는가? 공功의 때는 무엇을 하는가? 공공共功의 때는 무엇을 하는가? 공공功功의 때는 무엇을 하는가?"라고 하였다. 승려가 묻기를, "무엇이 향向입니까?"라고 하자, 선사는 "밥 먹을 때 무엇을 하는가?"라 하고, 다시 "모름지기 힘을 다하여 배부름을 잊고, 음식을 쉬어 다시 주리지 않게 하라."고 하였다. "무엇이 봉奉입니 까?"라고 묻자, 선사는 "등질 때는 무엇을 하는가?"라 하고, 다시 "다만 고관高官이 귀한 줄 알고, 홀로 본래인本來人을 진다."라고 하였다. "무엇이 공功입니까?"라고 하자, 선사는 "괭이를 내려놓을 때는 무엇을 하는가?"라 하고, 다시 "손을 거두어 단정히 앉으니, 백운白雲이 그윽한 곳에서 한가롭구나."라고 하였다. "무엇이 공공共功입니까?"라 하자, 선사는 "색色을 얻지 못한다."라 하고, 다시 "흰 가루는 흔적을 찾기 어렵고, 장안長安에 머지않아 머문다."라 하였다. "무엇이 공공功功입니까?"라고 하자, 선사는 "함께 하지 못한다."라 하고, 다시 "뒤섞여 거리낌이 없는 곳이니, 이외에 다

일반선원중심(禪修中心: 사부대중이 다 같이 동참 가능한 선센터)

시 무엇을 구하겠는가?"라고 하였다.[*]

　　이러한 '공훈오위'는 앞의 '정편오위'와 유사한 과정으로 『양개
선사어록』에는 오위에 대하여 역시 각 게송을 남기고 있다. 마지막
의 '공공'에 대한 게송을 소개하면 다음과 같다.

---

[*]　　앞의 책, "向時作麼生? 奉時作麼生? 功時作麼生? 共功時作麼生? 功功時作
麼生? 僧問: 如何是向? 師曰: 吃飯時作麼生? 又曰: 得力須忘飽, 休粮更不飢.
云: 如何是奉? 師曰: 背時作麼生? 又曰: 只知朱紫貴, 孤負本來人. 云: 如何是
功? 師曰: 放下钁頭時作麼生? 又曰: 撒手端然坐, 白雲幽處閑. 云: 如何是共
功? 師曰: 不得色. 又曰: 素粉難沉迹, 長安不久居. 云: 如何是功功? 師曰: 不
共. 又曰: 混然無諱處, 此外更何求?"

한국전韓國殿

"머리의 뿔[頭角; 번뇌를 나타냄]이 조금 생겼는데 이미 견디지 못하고, 의심하여 부처를 구함이 너무 부끄럽고 후회스럽다. 까마득한 공겁空劫은 인식이 없어, 기꺼이 남쪽을 향해 53번을 물었다."*

이 역시 무공용無功用의 완전한 자유의 경계라 하겠다. '군신오위'는 앞에서 설명한 '정편오위'와 유사한데, 이를 군신君臣 관계로 설명하고 있다. 『인천안목』 권3에는 조산본적의

---

* 앞의 책, "頭角纔生已不堪, 擬心求佛好羞慚. 迢迢空劫無人識, 肯向南詢五十三."

"군신君臣의 편정偏正으로써 말함은, 범하고자 하지 않음이요, 그러므로 신하가 임금을 칭함에, 감히 말을 배척하지 못함이 옳다. 이것은 내 법의 종요宗要이다."*

라는 구절이 보인다. 이러한 것은 조동종 선사들이 현실 정치에도 관심이 있었음을 알려준다. 당시는 지방 절도사인 번진藩鎭의 세력이 급격히 강화되면서 황권皇權 세력이 쇠약해진다. 이러한 현실에서 조동종 선사들은 '군신오위'로 군주와 신하의 화합을 제의하면서 번진 세력을 반대하지만 절대 황권도 찬성하지 않는다. 선사들은 군주나 신하 어느 한쪽에서 지나친 권한을 갖는 것이 결코 민생의 평안을 위하여 도움이 될 수 없음을 강조한다.

이외에도 조동종이 학인에게 가르치는 선법에는 앞에서 언급한 삼종타三種墮, 삼로접인三路接人, 사빈주四賓主, 삼종삼루三種滲漏 등이 있다. 이러한 선법들은 모두 조동종 종풍의 치밀함을 유감없이 드러내고 있다.

맺음말

보리선사는 동산양개 선사가 개산하면서부터 중국 국내외 불자들이 받드는 조동종 본사가 되었다. 지금도 동산은 풍경 등 자연환경

---

*   〔宋〕智昭集,『人天眼目』卷3(『大正藏』48, 314a) "以君臣偏正言者, 不欲犯中, 故臣稱 君不敢斥言是也.

이 아름다워 마치 인간세상의 소란과 번잡함을 멀리한 듯하다. 봄의 꽃, 가을의 달, 여름의 바람, 겨울의 눈은 마치 출세간의 풍광을 연출하는 듯하다. 그에 따라 옛적부터 지금까지 수많은 문인들과 시인들의 관심을 끌었다. 현재 보리선사는 시대에 맞게 복원 불사를 진행하고 있다.

동산고사
洞山故事

동산양개洞山良價가 처음 동산에 와서 사원을 건축하기 위해 본 고장 출신의 유명한 유지인 뇌형雷衡에게 땅을 구하였다.

　뇌형: 땅이 얼마가 필요합니까?
　선사: 가사 한 벌이면 됩니다.
　뇌형: 가사가 얼마나 큰지요?
　선사: 날실로 연장하고 씨실로 꿰맨 크기입니다.

　뇌형은 선사가 말하는 것이 비범함을 알고 승낙하였다. 후에 선사가 가사에서 가로와 세로로 실을 뽑았는데 그 길이가 각각 5리나 되었다. 그리하여 뇌형은 가로와 세로로 5리 되는 땅을 선사에게 주어 사원을 건축하게 하였다. 전설에 의하면, 그 뒤로 뇌 씨 집안에 과거에 급제하는 자손이 많았다고 한다.

· 19 ·

강서성 영수현 운거산
江西省 永修縣 雲居山

진여선사
眞如禪寺

운거도응
雲居道膺

도응선사는 조동종曹洞宗 동산양개洞山良价 선사의 법을 계승하였다. 조동종에서도 임제종과 마찬가지로 다양한 제접법을 운용하고 있는데, '사빈주四賓主', '삼종삼루三種滲漏', '삼로접인三路接人', '삼종타三種墮', '오위설법五位說法' 등이 있다. 그 가운데 '오위설법'은 특히 '조동오위曹洞五位'라고 하여 '군신君臣', '부자父子' 등의 관계에 대하여 다양하게 설명하고 있다. 이 조동종은 임제종과 함께 '오가'에서 가장 긴 역사를 지니고 있으며, 송대에 '문자선文字禪'의 폐해에 맞서 조동종의 굉지정각宏智正覺이 묵조선黙照禪을 제창하였다.

머리말

운거산은 평균 해발 800m로 '천하제일의 선산禪山'이라 불린다. 1
년 내내 구름과 안개에 싸여 있어 '운거雲居'라는 이름을 얻었다. 운
거산은 중국 강서성江西省 구강시九江市 영수현永修縣 서남부에 위
치하며 산세가 웅장하고 경치가 뛰어나다. 초목이 우거져 계절마
다 아름답고 기후가 수행하기에 적합하다. 운거산 산정 주위로 산
들이 둘러싸 있고 중간은 분지처럼 평탄하여 마치 연꽃 같아 연화
성蓮花城이라는 아름다운 이름도 갖고 있다. 연화성 안 숲속에 조동
종曹洞宗 본사인 진여선사眞如禪寺가 자리한다. 조동종은 동산양개

진여선사 전경

洞山良价와 그의 제자인 조산본적曹山本寂이 개창하였다. 그러나 조
산본적 선사의 법맥法脈이 끊어지고, 동산양개의 다른 제자 운거도
응雲居道膺이 조동종 선법을 계승하였으니, 운거산 진여선사는 운
거도응 선사의 도량이라고 하겠다.

사원의 역사

당唐 원화元和 연간(806~820)에 도용道容과 사마두타司馬頭陀 두 분
이 운거산 정상에 올랐다가 주위 산봉우리들이 장벽을 이룬 가운
데 중앙은 땅이 평탄하고 호수가 거울 같이 맑은 것을 보고 절을 짓
게 되었다.

산문山門

도용선사와 그의 제자들이 운거산에서 70여 년간 불법佛法을 펼치니, 당唐 헌종憲宗이 친히 '운거선원雲居禪院'이라는 명칭을 하사하였다.

당 희종僖宗 시기(883)에 운거도응선사가 운거산에 올라 20여 년 주석하면서 사찰도 새로운 모습을 갖추어 천하 총림叢林의 모범이 되었으며, 학인들과 신도들이 운집하게 되었다. 그 가운데 신라 이엄利嚴은 도응선사의 인가를 받아 귀국하여 수미산須彌山에 광조사廣照寺를 세워 우리나라의 조동종 수미산문須彌山門을 개산하였으며, 사후에 진철대사眞澈大師라는 시호를 받았다.

하북성河北省 백림선사柏林禪寺의 조주종심趙州從諗 선사는 110여 세의 고령高齡에도 산을 넘고 강을 건너 며칠을 걸어 와 도응선사와 함께 개당開堂설법을 하였다고 한다. 그에 따라 지금 연화성蓮華城 입구에는 '조주관趙州關'이 세워져 있다.

법안종法眼宗, 운문종雲門宗, 임제종臨濟宗의 종장들도 다 같이 운거산 진여선사에서 정진하였으니, 선종도량 가운데 으뜸이다. 도응선사 후에 불인요원佛印了元, 원오극근圓悟克勤, 대혜종고大慧宗杲 등 수많은 선승이 운거산을 거쳤다. 진여선사는 당나라 시대에 개산開山하여 청나라 시대까지 번창한다. 항일전쟁抗日戰爭으로 무너진 사원을 근대 고승 허운虛雲 노장이 고령에도 불구하고 여러 스님들과

논밭(田地)

절터를 다시 개간하고 벽돌을 쌓아 복원하였다.

진여선사의 또 하나 특색은 농선병중(農禪幷重; 농사와 선 수행을 같은 중시하는 것)에 있다. 도응선사 때부터 "하루 일하지 않으면, 하루 먹지 말라〔一日不 作, 一日不食〕"는 농선農禪 가풍家風을 철저하게 지켜왔다. 그 후 50여 대代에 이르도록 사찰 주지부터 몸소 실천하여 모두 이 청규를 엄격히 지켜왔다. 지금도 진여선사 스님들은 '농선병중' 전통을 지켜가고 있다.

사원의 현황

운거산 가파른 산길에는 지금도 '삼보일배(三步一拜; 세 걸음 걷고 한

대웅보전

번 절하는 것)'로 참배하는 스님들과 신도들을 볼 수 있다. 정상이 보이는 양쪽 산 가운데 조주관趙州關을 지나면 연화성蓮花城 입구에 도달한다. 조주관은 도응선사가 900년에 조주종심 선사가 운거산에 온 것을 기념하기 위에 세웠다. 그 뒤 몇 번 훼손과 복원을 반복하였으며, 지금 건축물은 1984년에 복원한 것이다.

조주관에 들어서면 호수가 보이는데, 잔잔하여 거울 같이 맑고 모양은 달과 같아 명월호明月湖라 칭한다. 연화성 내에는 벽계교碧溪橋가 있는데, 송나라 불인요원佛印了元 선사가 조성하였기에 '불인교佛印橋'라고도 부른다. 다리 중간에 끊어진 흔적이 있는데, 어느 고승이 발로 짚어 끊어진 것을 후에 콧물로 연결했다고 하는 전설이 있다. 불인교 옆 담심석談心石은 소동파가 불인요원 선사를 찾

아 이 돌에 앉아 자주 이야기를 나누
었기에 붙여진 이름이다.

진여선사 주위에는 지름이 2m 되
는 은행나무가 많이 있으며, 그 가운
데 18그루는 도응선사가 친히 심었다
하니, 1100년 동안 절을 지키고 있는
셈이다. 절 건축 면적은 약 $10,000m^2$
이고, 주요 건물은 천왕전天王殿, 대웅
보전大雄寶殿, 법당法堂, 옥불전玉佛殿,
선당禪堂, 허운노화상기념당盧雲老和
尙記念堂 등이 있다.

운거도응이 심은 은행나무

그 가운데 허운노화상기념당은 허운 스님이 주석한 운거모붕雲
居茅棚에 있다. 면적은 약 $200m^2$이며, 외부 벽면은 모두 화강석으로
조성되어 있고, 벽면 위는 색유리기와(色琉璃瓦)로 덮여 있어 소박
하고 장엄하다. 그 안에는 높이 1m의 허운 스님 좌상坐像이 모셔져
있다.

사찰에는 송대에서 명대에 이르는 몇 점의 문물文物과 청대에 제
조한 천승대철과(千僧大鐵鍋; 1,000명의 승려가 공양이 가능한 밥을 지을
수 있는 철로 된 가마)가 보존되어 있다.

명월호 서쪽 산기슭에 허운 스님 탑원塔院이 있고, 안에는 스님
사리탑이 있다. 탑은 아래위 두 층으로 나누고, 위층에는 허운 스님
사리를, 아래 밀실密室에는 다른 고승의 유골을 모시고 있다.

1953년 허운 노화상은 114세 고령에 여산盧山 대림사大林寺에 머

물다 운거산 조사도량을 참배하고 주석하였다. 운거산에 6년 동안 머물면서 '승가농장僧伽農場'을 세워 많은 땅을 일구고 과실과 차를 심고 대나무 제품도 가공하였다. 스님은 평생 조사도량 남화선사를 비롯하여 10여 대찰을 복원하고 진여선사에서 입적하였다.

현재의 진여선사는 청규에 따라 선 수행이 엄격하고, 아침저녁으로 다 같이 예불을 올리며, 저녁 공양 후 향 4주柱를 태우는 동안 좌선을 한다. 중국 선방에서는 아직도 향을 피워 좌선 시간을 정한다. 매월 초하루와 보름에 포살布薩을 실행하여 선禪과 계戒를 동시에 중시한다. '삼여三餘'의 시간, 즉 스님들이 한가한 시간, 비가 올 때, 그리고 추운 겨울을 이용하여 좌선을 실참한다. 특히 겨울이 오면 진여선원은 아주 짙은 선의 향기로 가득 찬다. 오곡五穀을 창고

허운사리탑虛雲舍利塔

에 들여놓고, 운거산에 눈이 하얗게 쌓인 겨울이 정진하기 제일 좋은 시절이다. 스님들은 주지 스님에게 '생사가(生死假; 예불과 농사도 짓지 않고 일체를 내려놓는 것)'를 얻어 새벽 4시부터 저녁 12시까지 선당禪堂에서 두문불출하고 '칠칠(七七; 총 49일)'을 용맹정진勇猛精進하며 선정에 든다.

운거도응 선사와 그의 선사상

운거도응(雲居道膺, ?~902)의 성은 왕王 씨로 중국 하북성河北省 옥전현玉田縣 사람이다. 어릴 때부터 널리 중생을 구제하겠다는 원을 세웠으며, 25세에 범양范陽 연수사延壽寺에서 구족계具足戒를 받았다. 도응선사는 출가하여 계율을 열심히 공부하던 어느 날 문득

운거도응

"대장부가 어찌 계율에 구속될 수 있겠는가!"라 하고 사방을 행각하며 선지식을 찾아 나섰다. 후에 동산양개洞山良价 선사를 만났는데, 동산양개는 "이 사람은 나중에 누구도 잡지 못할 것이다.〔此子以後千人萬人把不住〕"라면서 조동종曹洞宗 선법禪法을 전해 주었다고 한다. 운거산에서 20년 동안 주석하면서 조동종 선법을 드날리며 수천 명의 제자를 배출하였다.

　운거도응은 스승 동산양개의 선사상과 가풍을 계승하여 특별한

선기禪機를 쓰지 않고 평범하고 친절한 개시開示 방편으로 대중을 이끌었다.

조동종에서는 '삼종삼루三種滲漏', '삼로접인三路接人', '삼종타三種墮' 등의 교화 방법을 사용하고 있는데, 먼저 학인의 근기根機를 파악하고 집착執着을 버릴 수 있도록 한다. 그리고 학인의 잘못을 지적하고 구체적인 상황에 근거하여 상과 집착을 쓸어버리고〔掃相破執〕불법과 선리禪理를 설명한다.

그리고 '사빈주四賓主'로 체용상즉體用相卽을 강조하고, 납자들이 망상과 형상에 대한 집착을 없애고, 마음이 외물外物에 따르지 않고 자연적으로 해탈하여 외물과 자신을 다 잊고 만법萬法과 자신이 모두 없어지도록 인도한다.

그 외에 '오위설법五位說法' 등이 있는데, 학인들이 편정偏正을 알게 하여 진정으로 법계法界의 사사무애事事無礙를 깨닫고 완전히 해탈하게 한다. 중생과 부처, 공空과 색色, 이理와 사事, 체體와 용用, 정淨과 염染을 초월하여 어느 쪽도 치우치지 않도록 한다. 심지어 오悟 자체도 초월하여, 즉 "천진하고 오묘하여, 미혹도 깨달음도 속하지 않음〔天眞而妙, 不屬迷悟〕"을 강조한다.

이러한 도응선사의 종풍宗風은 『오등회원五燈會元』의 다음과 같은 내용에서 엿볼 수 있다. 선사가 운거산에 있을 때,

"어떤 승려가 방에서 경을 읽는데, 선사가 창문을 사이에 두고 묻기를, '승려가 읽는 것은 무슨 경인가?'라고 하자, 승려는 '『유마경』입니다.'라고 하였다. 선사가 '『유마경』을 물은 것이 아니

객실과 종루

禪堂

肩膀磨穿沒令步步登高

念佛是誰

草鞋踏破到此殷殷放下

선당

다. 읽는 것이 무슨 경전인가?'라고 하였다. 그 승려는 이로부터 득입得入하였다."*

라고 하였다. 도응선사는 다시

"배우는 곳은 그윽하지 않으니, 다함은 속俗으로 흘러, 규각閨閣 가운데 물건이니, 삼루滲漏를 갖춤이 아쉽다. 바로 여기로 향해 취取하고, 가고, 온다. 일체의 일을 함께 다하니, 비로소 잘못이 없음을 얻는다."**

라고 하였다. 또한 『오등회원』에는 다음과 같은 이야기가 실려 있다.

묻기를, "무엇이 일법一法입니까?"라고 하자, 선사는 "무엇이 만 법萬法인가?"라고 물었다. "아직 어떻게 깨닫는가를 모르겠습니다."라고 하자, 선사는 "일법은 너의 본심이고, 만법은 너의 본성 이다. 또한 도심道心과 성性은 하나인가 둘인가?"라고 하였다. 승 려가 예배하자, 선사가 게송으로 말해. "일법은 제법의 종宗이

---

*   〔宋〕普濟集, 『五燈會元』 卷13(卍續藏 80, 267c) "有僧在房內念經, 師隔窓問: 闍黎念者是什麼經? 僧曰: 維摩經. 師曰: 不問維摩經, 念者是甚麼經? 其僧從 此得入."

**   앞의 책, "學處不玄, 盡是流俗, 閨閣中物, 捨不得俱爲滲漏. 直需向這里及取, 及去, 及來. 幷盡一切事, 始得無過."

요, 만법은 일법에 통하고, 유심唯心과 유성唯性은 다름과 같음을
겸했다고 말하지 말라."[*]

라고 하였다. 이로부터 도응선사가 이사원융理事圓融을 제시하고
있음을 알 수 있다. '일법'은 진여본체眞如本體이고 '만법'은 삼라만
상森羅萬象의 대천세계이며, 이사원융하기 때문에 일법과 만법의
본체가 하나이며 불이不二라는 것이다.

　『조당집祖堂集』에 실린 선사의 전기에는 다음과 같은 이야기가
나온다.

　세속의 선비가 승려에게 묻기를, "내 집에 솥 하나가 있는데, 항
　상 밥을 지으니, 세 사람이 먹기에 부족한데, 1000사람이 먹고도
　남음이 있다. 상좌上座는 무엇을 하는가?"라고 하자, 승려가 대
　답하지 않았다. 선사가 답하여 말하기를, "다투면 부족하고, 양
　보하면 남음이 있다."[**]

고 하였다. 도응선사는 또한

---

[*]　앞의 책(卍續藏 80, 267a) "問: 如何是一法? 師曰: 如何是萬法? 曰: 未審如何
　　領會. 師曰: 一法是你本心, 萬法是你本性, 且道心與性, 是一是二? 僧禮拜, 師
　　是頌曰: 一法諸法宗, 萬法一法通, 唯心與唯性, 不說異兼同."

[**]　靜, 筠編著, 『祖堂集』卷8. "俗士問僧: 某甲家中有一個鐺子, 尋常煮飯, 三人
　　吃不足, 千人食有余. 上座作麼生? 僧無對. 師對曰: 爭則不足, 讓則有餘."

"출가한 사람은 다만 자기 분수에 의거해 결택決擇하되, 밖(外)으로 나눌 수 없는 것이다."*

라고 하였다. 이와 비슷한 이야기가 『조당집』에 실려 있다. 당시는 당나라가 망해가는 상황이라 사회가 불안정했다. 하루는 운거산에 말을 탄 군졸들이 들이닥친다. 이때 대중들은 당황하여 모두 피신을 하였는데, 오직 도응선사만이 태연하게 조용히 앉아 있었다. 군대의 수장이 도응선사에게 "혼란한 세상이 언제 안정을 얻을 것 같소?"라고 묻자 선사는 "장군의 마음이 만족을 얻을 때요!"라고 답하자 그는 선사에게 예배하고 물러났다. 이로부터 도응선사는 자신의 안분安分, 무쟁無爭, 심족心足 등을 상당히 강조하였음을 알 수 있다.

당 소종昭宗 천복天復 2년(902) 도응선사는 운거산에서 입적하였으며, 시호는 '홍각선사弘覺禪師'라고 하였다. 『경덕전등록景德傳燈錄』에는 도응선사 문하에 28인이라고 기록되어 있지만, 대다수 전기가 명확하지 않으며, 몇몇은 한두 세대를 지난 후 단절되었다. 도응 법맥은 동안도비同安道丕에 의하여 전승되고, 일맥은 조동종 역사상 가장 오래된 계열로 끊어지지 않고 전승되었다. 양송兩宋 시대에 가장 이름이 난 조동종 선사는 굉지정각宏智正覺이며, '묵조선默照禪'을 제창한 것으로 유명하다.

역대로 선종에는 '임천하臨天下, 조일각曹一角'이라고 하는데, 임

---

* 앞의 책, "出家人但據自己分抉擇, 切不得分外."

제종 천하에 조동종이 한 부분을 차지하고 있다는 말로, 비록 임제종에 미치지 못하지만, 운거도응 선사의 법력으로 조동종이 끊어지지 않고 전해졌음을 알 수 있다.

맺음말

운거산 진여선사는 도용선사가 개산開山하고, 운거도응 선사가 주석함으로서 조동종 선풍을 널리 알리게 되었다. 법안종法眼宗, 운문종雲門宗, 임제종臨濟宗의 많은 납자들이 이곳에서 수선修禪하였다. 비록 여러 번 재난을 당했지만 다른 도량에 비하여 뛰어난 수행처라고 할 수 있다. 이것은 뛰어난 조사祖師들을 배출한 원인도 있지만, 세속과 단절하고 농선병중農禪幷重의 전통을 이어 왔기 때문이다. 현재도 진여선사는 아름다운 전통인 농선병중을 따르며 '동참하학(冬參夏學: 겨울에 좌선, 여름에 불법을 공부함)'을 실시하여 '세계적으로 제일 크고 제일 정통의 선학 중심'으로 자리매김하고 있다. 오늘도 눈 푸른 납자들이 열심히 정진하고 있어 진여선사에 이르는 이들에게 깊은 선향禪香을 느끼게 한다.

운거고사
雲居故事

㉑ 하루는 동산양개洞山良价가 운거도응雲居道膺의 열반 경지를 시험하기 위해 물었다.

　동산: "듣건대 남악혜사 선사는 왜국에서 왕 노릇을 하였다는데,
　이것이 진실인가?"
　운거: "혜사 큰스님은 부처도 하지 않는데 하물며 나라의 왕을
　하겠습니까. 이는 말도 안 되는 소문입니다!"

이는 운거가 세상의 소문에 전혀 개의치 않았다는 것을 뜻한다.
즉 혜사선사는 부처도 왕의 자리도 관심이 없으니 무심도인無心道
人이요 무구도인無求道人이라는 뜻이다.
　동산스님은 운거가 마음에 들어 그를 인가하였다.

㉯조주종심趙州從諗 선사가 110살 되던 해에 백림선사에서 여러 날을 걸어 "운거선원"에 왔다. 그는 운거도응과 함께 불법을 논하며 크게 존대를 받았다. 종심이 조주로 돌아가려는 날, 도응은 종심을 배웅하며 연꽃이 만발한 연꽃성 한가운데에서 한참을 이야기를 나누다 아쉬움을 참고 이별하였다. 종심선사가 조주에서 원적한 후 도응은 너무 상심이 커서 며칠 동안 먹지도 자지도 못하였다. 그는 종심선사의 공덕과 우정을 기념하기 위해 연꽃성 한가운데 관루를 하나 지어 "조주관趙州關"이라고 이름 붙였다.

20

광동성 소관시 운문산
廣東省 韶關市 雲門山

대각선사
大覺禪寺

운문문언
雲門文偃

운문문언 선사는 운문종雲門宗을 개창하였다. 선사의 사상은 '운문삼구雲門三句'로 대표되는데, 삼구는 '함개건곤函蓋乾坤', '절단중류截斷衆流', '수파축랑隨波逐浪'이다. '함개건곤'은 '진여眞如' 혹은 '불성佛性'의 본체本體를 의미하며, 이를 '돈오頓悟'함을 강조한다. '절단중류'는 학인들의 분별사량을 끊어버리는 방편이고, '수파축랑'은 여러 학인들의 근기에 맞추어 법을 베푸는 방법이다. 운문종에서는 이 '삼구'를 '취모검吹毛劍', '운문검雲門劍'으로 말하는데, 날카롭고 예리하여 학인의 지해知解와 정식情識을 단숨에 단절하여 마음이 무심無心으로 돌아가 아집我執과 법집法執이 타파되어 한 터럭도 붙을 수 없음을 깨닫도록 하기 때문이다.

머리말

운문종雲門宗은 남종南宗 오가五家 가운데 네 번째 종파로 당唐이 멸망한 후 5대10국五代十國 시기에 운문문언雲門文偃 선사가 개창開創하였다. 광동廣東 소주韶州 운문산을 본산으로 영남嶺南에서 융성하여 강서江西, 호남湖南, 사천四川, 복건福建 등으로 널리 퍼졌다. 문언선사는 당시 유명한 선승들을 참알하고 마지막으로 운문산 광태선원(光泰禪院; 현 대각선사)에서 선법禪法을 선양하였다. 5대10국과

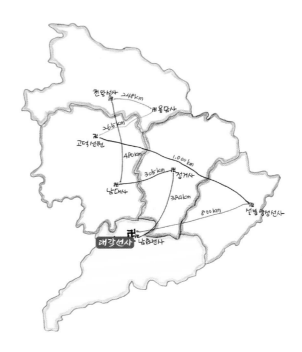

정문正門

북송 시기에 운문종은 남종 오가 가운데 가장 커다란 세를 과시하였다.

사원의 역사

923년, 60세가 된 문언선사는 남방 10국 가운데 한 왕조인 남한南漢의 왕에게 허락을 받고 영수사靈樹寺에서 운문산으로 옮겨 5년 만에 도량을 완성하였다. 문언선사『비명碑銘』에는 당시 사찰 모습을 다음과 같이 설명하고 있다.

사방에서 구름이 모이고, 불전佛殿의 처마와 기둥은 날아오를 듯하고, 가람의 전각들이 물고기 비늘같이 꼬리를 물었구나. 깊은 골짜기에 그윽한 샘물이 흐르고, 무더운 여름에도 시원한 바람이 창문을 넘나든다. 높이 솟은 소나무와 짙은 대나무 향기가 바람 따라 흐르니 마치 음악이 들리는 듯하구나. 30년이 넘도록 대중이 500명이 넘지만, 승중僧衆이 일용할 대중공양이 각 지방으로부터 들어와 곳간에 가득 차니, 사위성舍衛城과 달라도 영산靈山과 어찌 다를 바가 있겠는가!*

이러한 내용을 보면, 문언선사가 개창한 사찰 규모가 상당히 거대하고, 수많은 대중들이 머물렀으며, 또한 수많은 신도들이 있었음을 알 수 있다.

927년 남한왕은 '광태선원光泰禪院'이라는 이름을 내리고, 후에 다시 '증진선사證眞禪寺'라는 편액을 하사하였다. 문언선사는 만년晚年에 이곳에서 주석하면서 후학을 양성하고 선법을 널리 펼쳤다. 963년 '대각선사大覺禪寺'라고 사명을 바꾸어 지금까지 내려오지만, 절이 운문산 산기슭에 있어 사람들은 '운문사雲門寺'라고도 부른다. 그러나 운문사는 개산 이후 1,000여 년이 흐르는 동안 전란 등으로 소실과 복원을 반복하였고, 근대에 이르러 점차 쇠락하게 되었다. 근대 시기에 남화선사南華禪寺에 주석하였던 허운虛雲 노장

---

* 『大漢韶州雲門山光泰禪院匡眞大師實性碑并序』, "四周雲合, 殿宇之檐楹翼翥, 房廊之高下鱗差. 邃壑幽泉, 挫暑月而寒生戶牖; 喬松修竹, 冒香風而韵雜宮商. 近三十來秋, 不減半千之衆, 歲納地方之供, 日豊得積之厨. 有殊舍衛之城, 何異靈山之院."

이 운문사를 방문했다가 가시덤불로 덮여 있고 무너진 담벼락 속에 문언선사 등신불等身佛과 불상이 버려져 있는 것을 발견하고 눈물을 흘리며 복원 원력을 세웠다. 그 후 1943년부터 1951년까지 대웅전과 많은 전각을 새로 짓고 불상과 보살상을 100좌 넘게 봉안하였다. 이후 운문사는 다시 계율戒律을 설하고 수선안거修禪安居를 시작하니, 수많은 수행승이 모이게 되었다.

사원의 현황

해발 1,215m 되는 운문산은 높은 산봉우리가 구름을 뚫고 하늘을 찌른다. 운문종雲門宗 발원지인 운문사는 육조六祖가 주석했던 남

산문山門

방생지放生池

화선사南華禪寺에서 50km 거리에 있는 천년 고찰이다. 현재 사원은 1984년 중수한 것으로 약 12,000㎡에 이르며, 전체적으로 장엄하고 우아하며 풍격風格이 독특하다.

방생지放生池를 제외하고 180여 건축물이 서로 이어져 일체를 이루고 있다. 주요 전각은 산문山門, 천왕전天王殿, 대웅보전大雄寶殿, 법당法堂, 종루鐘樓, 고루鼓樓, 선당禪堂, 재당齋堂, 교학루敎學樓, 공덕당功德堂, 연수당延壽堂이 있다. 그 외에 허운화상기념당虛雲和尙記念堂과 사리탑舍利塔 등이 있다.

운문사는 건축 양식이 독특할 뿐 아니라 실내 장엄도 다르다. 예를 들면 대웅보전 석가모니불상 앞에 두 기의 작은 미얀마 옥불상玉佛像을 모셨는데, 1좌座는 입불立佛이고 다른 1좌는 와불臥佛이다.

석가불탑釋迦佛塔

세 벽은 모두 도자기로 된 대형 탱화를 봉안했는데, 길이 24m, 높이 4m로 중국 불교회화 가운데 가장 특색 있는 벽화로 꼽힌다. 벽화 아래에는 18나한十八羅漢이 있고, 그 위에는 24제천상二十四諸天像이 모셔져 있다.

사원에는 운문불학원雲門佛學院이 있다. 대문 양측에 불원佛源 스님이 쓴 "자교오종으로 대각선사를 빛내고 농선병중으로 가풍을 세우다〔藉教悟宗光大覺, 農禪並重樹家風〕"라는 대련對聯이 있다. 매일 오후에는 불학원 스님들이 '농선병중'의 사풍寺風을 따라 함께 노작勞作을 하고, 해마다 음력 11월 17일이면 전국에서 모인 납자와 불학원 대중이 5주간 집중적인 선칠(禪七; 7일간의 좌선) 정진을 한다.

운문불학원雲門佛學院

농기구실(農耕工具坊)

절 앞 200m 떨어진 곳에 '소서천小西天'이 있는데, 비구니 스님들만 수행하는 공간이다. 중국에서는 보기 드문 비구니 스님 전용 선방에 100여 명이 수행하고 있다. 바로 옆에는 9층으로 조성된 해회탑海會塔이 있으며, 허운 스님이 기초를 닦고 불원 스님이 1953년에 낙성식을 봉행하였다. 해회탑 주위에는 나한송羅漢松 1,250그루가 있다. 운문사 뒷산에는 아주 유명한 계화담桂花潭이 있다. 벼랑에서 떨어지는 몇 십 미터 되는 폭포가 장관이고, 산비탈엔 계수나무가 빼곡하다. 매년 8~9월이면 꽃향기가 가득하여 많은 사람들이 찾는다.

귀한 문화재도 보존되어 있는데, 남한南漢 시기(957, 964)에 완성된 운문문언 선사의 비碑 두 좌가 그것이다. 비에는 문언선사가 처음 이곳에 와서 개산한 과정과 발전 상황이 기록되어 있다. 또 송나라 법지法智 스님이 새긴 이도량비移道場碑가 있는데, 서체書體가 힘있고 아름답기로 유명하다. 이밖에 옛날부터 지금까지 여러 스님들과 문인들이 남긴 시와 서예작품들이 잘 보존되어 있다.

운문문언 선사와 그의 선사상

문언선사가 수립한 운문종 선풍禪風에 대하여 임제종 양기파 오조법연五祖法演 선사는 "붉은 깃발을 번쩍인다〔紅旗閃爍〕"고 평하였으며, 천여유칙天如惟則 선사는『종승요의宗乘要義』에서 "운문종은 기품이 높고 고풍스럽다〔雲門高古〕"라고 하여 선풍이 높아 오르기 쉽지 않다고 하였다. 또한 지소智昭선사는『인천안목人天眼目』에서 운

四十世雲門文偃禪師

운문문언

문종 종풍을 종합하여,

"운문의 종지宗旨는 중류衆流를
절단하고, 의논을 용납하지 않
으며, 범부와 성인이 길이 없어,
정해情解가 통하지 않는다."*

고 평가하였다. 『인천안목』에서는

다시 다음과 같이 논하고 있다.

북두칠성에 몸을 감추고, 동산東山의 물 위를 홀로 걷는다. 바르
게 밝혀 돌아보고 살피며, 털끝도 범하지 않고, 격외格外로 놓았
다 잡았다 하며, 말 앞에서 반드시 빼앗으니, 다만 칼끝에 길이
있고, 철벽에 문이 없으며, 칡덩굴과 등나무로 뒤엉킨 길을 치고
뒤집어, 상정常情의 견해를 자르니, 어찌 맹렬한 불길에 머묾을
용납하겠는가, 빠른 번개가 사량思量에 미치지 못한다.**

이로부터 운문종에서는 학인을 제접提接할 때 늘 단편적인 말을

---

*   〔宋〕智昭集,『人天眼目』卷2(『大正藏』48, 313a)"雲門宗旨, 絕斷衆流, 不容
     擬議, 凡聖無路, 情解不通."
**   앞의 책(『大正藏』48, 313b)"藏身北斗星中, 獨步東山水上. 端明顧鑒, 不犯毫
     芒, 格外縱擒, 言前定奪, 直是劍峰有路, 鐵壁無門, 打飜路布葛藤, 剪却常情見
     解, 寧烈焰容湊泊, 迅雷不及思量."

사용하고 언의言意를 초탈하여 정견情見을 남기지 않음을 알 수 있다. 이러한 까닭에 운문종 선풍이 위험하고 험준하여 사람이 접근하기 어렵다고 하는 것이다. 송대宋代 소해蘇澥선사의 『운문광록雲門廣錄』에 붙인 서문에는 운문종에 대하여 다음과 같이 설명하고 있다.

조사의 등불을 서로 이어, 수백 년간, 중류衆類를 벗어나고 인륜에서 멀어지며, 고금을 초월하여 묘함을 다하고 신통함을 다하여도, 천하에 도道가 성한 자는 몇 사람뿐이다. 운문 대종사를 특히 최고로 여긴다. 잡아들이고 놓아주고〔擒縱〕부정과 긍정함〔卷舒〕이 종횡으로 변화한다. 강과 바다를 열어 물고기와 용이 수영하는 방법을 얻었고, 하늘과 땅을 끊어, 귀신이 다닐 길이 없다. 초목 또한 마땅히 머리를 조아리고, 흙과 돌이 그것을 위해 빛을 발한다.*

즉 '잡아들이고 놓아주며, 부정과 긍정을 종횡으로 변화시킨다'는 활달한 선풍을 운문선의 특질로 보고 있음을 알 수 있다. 이에 따라 오대五代와 북송北宋 시기에 운문종은 남종 오가 가운데 가장 흥성하게 되었다.

---

* 〔宋〕守堅集, 『雲門匡眞禪師廣錄』卷上,「序」(『大正藏』47, 544c) "祖燈相繼, 數百年間, 出類邁倫, 超今越古, 盡妙盡神, 道盛於天下者, 數人而已. 雲門大宗師, 特爲之最. 擒縱舒卷, 縱橫變化. 放開江海, 魚龍得游泳之方; 把斷乾坤, 鬼神無行走之路. 草木亦當稽首, 土石爲之發光."

운문문언 선사(864~949)는 속성은 장張 씨이고 절강浙江 가흥嘉興 사람이다. 선사는 고향의 공왕사空王寺에서 지징율사志澄律師를 따라 동진 출가하였다. 『운문광록』에는 "모든 경전을 한 번 읽고 나면 두 번 볼 필요가 없다. 지징율사의 큰 관심과 칭찬을 많이 받았다."고 기술하고 있다. 상주常州에서 비구계를 받고 다시 지징율사에게 돌아가 여러 해를 시봉하였으며, 이후 여러 선사를 참알하였다.

먼저 목주도종睦州道踪 선사를 찾아갔는데, 도종선사는 문언이 오는 것을 보고 문을 닫아버렸다. 문언이 문을 두드리자 도종선사는 누구냐고 물었고, 문언이 대답하자 도종선사가 문언에게 무엇 때문에 왔느냐고 다시 질문했다. 문언이 "자기의 일〔己事〕이 아직 밝혀지지 않아 선사께 가르침을 청합니다."*라고 하였다. 그러자 도종선사는 문을 열어 보고 다시 문을 닫았다. 이같이 3일 동안 문언이 끊임없이 문을 두드렸으나 문밖에서 거절당했다. 3일째에 이르러 도종선사가 문을 열 때, 문언은 곧 밀고 들어갔다. 도종선사가 그를 붙잡고 "빨리 말해라, 빨리 말해라."라고 재촉했다. 문언이 입을 열려고 할 때, 목주가 곧 그를 밀고는 "진나라 때의 삐걱대는 경첩이다.〔秦時䡈轢鑽〕"라며 문을 닫았는데, 문언의 다리가 문 사이에 끼었다. 문언은 여기에서 깨달았고, 이로부터 도종선사 문하에서 수년 간 수학하였다.

---

* 〔宋〕守堅集,『雲門匡眞禪師廣錄』卷下(『大正藏』47, 573b) "己事未明, 乞師指示."

그 후에 도종선사가 설봉의존雪峰義存 선사를 참알할 것을 권하였다. 문언선사가 설봉산 아래에 이르렀을 때, 어떤 화상을 만났다. 문언선사가 그 화상에게 설봉산에 가서 의존을 참배하려 하는지를 묻자 그렇다고 답하였다. 그러자 문언선사는 설봉선사에게 몇 마디 전해줄 것을 청하며, 다른 사람에게는 알려주지 말 것을 다짐하자, 화상은 허락하였다. 문언선사는 설봉선사에게 "이 늙은 화상아.

하안거夏安居 중

어째서 머리의 쇠도리깨를 버리지 않는가?"라고 말해달라고 부탁했다. 그 화상은 설봉선사에게 가서 문언선사가 부탁한 대로 하였다. 설봉선사는 그 말을 듣고 내려와 화상의 가슴을 잡고, "빨리 말하라, 빨리 말하라!"라고 소리쳤지만 화상은 어떻게 대답할지 몰랐다. 설봉선사는 그를 밀며 "조금 전 그 말은 네가 한 말이 아니구나."라고 하자 화상은 절강浙江에서 온 선사가 시킨 것이라고 하였다. 그러자 설봉선사는 여러 승려들에 게 "500인의 선지식을 맞이할 준비를 하라."고 말하였다. 다음 날 문언선사가 설봉선사를 만났을 때 "무엇이 부처인가?"라고 묻자, 설봉선사는 그에게 "잠꼬대하지 말라.〔莫寐語〕"고 하였다. 문언선사는 곧 참배하고 3년을 머물렀다. 어느 날 설봉의존 선사가 "그대가 본 것이 무엇인가?"라고 묻자, 문언이

"저의 견처見處는 위로부터 여러 성인과 더불어 털끝 하나도 바꾸지 않았습니다."*

고 하였다. 문언은 설봉의존 선사로부터 종인宗印을 부촉 받았다. 의존선사가 입적한 후 문언선사는 비로소 설봉산을 떠나 여러 곳으로 행각하면서 많은 고승들도 만나며 이름을 사해四海에 떨쳤다.

문언선사는 이후 영수여민靈樹如敏 선사 회상에서 수좌首座를 맡아 8년을 지냈다. 여민선사는 입적하기 전 남한南漢 황제에게

"인천안목人天眼目을 구비한 이는 바로 우리 수좌 스님입니다."**

라는 유서를 남겼으며, 황제는 그 뜻에 따라 문언선사에게 주지 자리를 부촉하고 자의紫衣도 하사하였다. 8년 후 문언선사는 운문산에 주석하면서 일가의 종풍宗風을 개창하였다.

운문문언 선사에게 커다란 영향을 준 스승은 목주도종, 설봉의존, 영수여민 선사이며, 그 가운데 설봉의존의 법맥을 계승하였다. 또한 선사의 『유계遺誡』에는

"내가 영수靈樹선사에게 머물다 산으로 옮긴 것이 무릇 30여 년

---

* 〔宋〕雪竇重顯頌古, 克勤評唱,『佛果圜悟禪師碧巖錄』卷1(『大正藏』48, 145c) "某甲見處, 與從上諸聖, 不易一絲毫許."
** 〔宋〕守堅集,『雲門匡眞禪師廣錄』卷下(『大正藏』47, 576a) "人天眼目, 堂中上座."

이다."*

라고 말하고, 30여 년 동안,

"크게 홍법弘法하여 교화하니, 선禪의 학인들이 모이고, 문에 올라 입실入室한 자를 다 기록할 수 없다."**

고 밝히고 있다.『전법정종기傳法正宗記』8권에

"이제 천하가 그를 숭상하여 운문종이라고 하였다. 그 법사法嗣가 무릇 88명이다."***

라고 하였으며,『경덕전등록景德傳燈錄』에는 사법제자가 61인,『오등회원五燈會元』에는 76인이라고 기록하고 있다. 득법제자 가운데 커다란 영향을 끼친 선사로는 덕산연밀德山緣密, 향림징원香林澄遠, 동산수초洞山守初, 파릉호감巴陵顥鑒, 쌍천사관雙泉師寬 등이 있다.

　문언선사의 교화 방식은 다양하지만, 제자 덕산연밀德山緣密은 그를 '운문삼구雲門三句'로 개괄하였다. 덕산연밀은

---

*　　앞의 책(『大正藏』47, 575b) "吾自居靈樹及徙當山, 凡三十余載.

**　　앞의 책, "大弘法化, 禪徒湊集, 登門入室者, 莫可勝紀."

***　〔宋〕契嵩編修,『傳法正宗記』卷8(『大正藏』51, 757b) "今天下尙之號爲雲門宗者也. 其所出法嗣凡八十八人."

"내게 삼구三句의 말이 있어 너희들에게 보여주겠다. 일구一句는 함개건곤函蓋乾坤이고, 일구는 절단중류截斷衆流이며, 일구는 수파축랑隨波逐浪이다. 무엇으로 변론을 하겠느냐? 만약 변론이 나오면, 참학參學에 분위分位가 있음이요, 만약 변론이 나오지 않으면 장안의 길 위에서 나란히 굴러갈 것이다."*

라고 설하였는데, 이 삼구가 문언선사의 선법을 정리한 것이다.

'함개건곤函蓋乾坤'은 사물의 보편성, 즉 사물의 본체本體를 의미한다. 본체는 보편하여 없지 않은 곳이 없으며, 포용하지 못하는 것이 없어 두루 구족함을 말한다. 운문종에서는 모든 사물을 진여眞如 혹은 불성佛性으로부터 현현한 것으로, 즉 진여불성眞如佛性이 우주만물의 본체임을 강조하며, 본체를 '돈오頓悟'할 수 있도록 가르침을 펴고 있다고 하겠다. 문언선사 『어록語錄』에

"모든 화상들은 망상妄想하지 마라. 하늘은 하늘이고, 땅은 땅이며, 산은 산이고, 물은 물이며, 승僧은 승이고, 속俗은 속이니라."**

---

* 〔宋〕普濟集, 『五燈會元』卷15(卍續藏 65, 308a) "我有三句語示汝諸人: 一句函蓋乾坤, 一句截斷衆流, 一句隨波逐浪. 作麼生辯? 若辯得出, 有參學分; 若辯不出, 長安路上輥輥地."

** 〔宋〕守堅集, 『雲門匡眞禪師廣錄』卷上(『大正藏』47, 547c) "諸和尙子莫妄想, 天是天, 地是地, 山是山, 水是水, 僧是僧, 俗是俗."

라고 설하는데, 이러한 구체적 존재인 자연에 일종의 보편성, 즉 보편적 진리를 가지고 있음을 지적하는 것이다. 그에 따라

"건곤乾坤 그리고 만상萬象, 지옥 및 천당, 사물 사물이 모두 참된 현상이요, 각각 모두 상하지 않는다."*

라고 송頌하고 있다.

'절단중류截斷衆流'는 운문선사가 학인들을 제접할 때 사용한 방법이다. 학인들의 생각을 끊는 방법인데, 학습된 생각을 따라 사고하는 것이 아니라 사유를 못하게 논리를 절단하는 데 목적을 둔다. 문언선사의 유명한 '일자관一字關'은 한 글자로 학인들의 물음에 답하여 분별사량을 끊어 버리는 '절단중류'의 방편이다. 그에 따라

"퇴적된 산악이, 하나하나 다하여 티끌이 되고, 다시 현묘玄妙함을 헤아리면, 얼어붙은 쇠사슬이 와해되어 꺾인다."**

라고 송하고 있다.

'수파축랑隨波逐浪'은 학인들의 근기에 맞추어 법을 베푸는 방법이다. 여기에는

---

* 〔宋〕守堅集, 『雲門匡眞禪師廣錄』卷下(『大正藏』47, 576b) "乾坤幷萬象, 地獄及天堂, 物物皆眞現, 頭頭總不傷."
** 앞의 책, "堆山積岳來, 一一盡塵埃, 更擬論玄妙, 氷鎖瓦解摧."

십우도송(十牛圖誦, 小西天)

"예리한 물음은, 높고 낮음이 이지러지지 않고, 여전히 병에 맞
는 약처럼, 진단은 때에 맞음에 있다."*

고 송한다. 운문종에서는 '삼구'를 '취모검吹毛劍', '운문검雲門劍'으
로 말하는데, 날카롭고 예리하여 학인의 지해知解와 정식情識을 단
숨에 단절하여 마음이 무심無心으로 돌아가 한 터럭도 붙을 수 없
음을 깨닫게 하기 때문이다.

문언선사의 제자들은 영남嶺南, 호남湖南, 강서江西 등지에서 각
지방 종장이 되어 선법을 펼쳤으며, 송나라 때 유명한 운문종 선승

---

* 앞의 책, "辯口利舌問, 高低總不虧, 還如應病藥, 診候在臨時."

으로는 설두중현雪竇重顯과 불일설숭佛日契嵩을 꼽는다. 전자는 운문종 중흥조中興祖이고, 후자는 송나라가 정책적으로 불교를 배척함에 따라 수많은 문인과 사대부士大夫들이 불교를 비판할 때 하나하나 직접 설복하여 불교에 입문케 하였다.

맺음말

천년 고찰 운문사는 초창기에 황제의 지원을 받아 규모가 크고 호화롭게 조성되었다. 당시 선종 사찰로는 보기 드물다. 운문종 법맥法脈은 200년 밖에 계승되지 못하고 송나라 때부터 점점 쇠락하였다. 다행히 운문사는 다시 중창되어 세상에 장엄한 모습을 드러내고 있으며, 운문종 법맥도 계승하고 있다. 특히 '농선병중農禪并重' 전통을 유지하면서 불법을 선양하고 있어 번잡한 현대인에게는 아주 매력적인 대도량이다.

운 문 고 사
雲門故事

㉮옛날 운문산 일대가 매우 가물었다. 당시 아계阿桂와 아화阿花라는 연인이 있었는데, 산에 놀러와 물놀이를 하며 돌을 옮겼다. 그들은 큰 돌을 치우다 물살에 떠밀려 깊은 연못 밑으로 가라앉고 말았다. 사람들이 두 사람의 시신을 끌어 올렸는데 갑자기 바람이 불어 천천히 승천하였다. 그리고 시신을 두었던 곳에 두 그루 작은 나무가 자라나 흰 꽃이 피면서 향기가 가득하였다. 사람들은 연인을 기념하여 계수나무라고 불렀으며 그 못을 계화담桂花潭이라 이름 지었다. 지금도 가을이면 운문산에는 만발한 계수나무 꽃의 향기가 사람의 심신을 편안하게 해준다.

㉯ 운문사 문언선사는 영수여민靈樹如敏 선사 회상에서 7년 동안 수좌를 맡았다. 사찰 역사에 의하면, 문언선사가 이 절에 오기 전까지 20여 년간 여민선사에게는 수좌가 없었다. 대중이 기이하게 여겨 이유를 물었더니 선사는 이렇게 대답하였다. "나의 수좌는 이제 출생하였다." 몇 년이 지나 다시 물어보니 "나의 수좌는 소를 기르고 있다."고 대답하였다. 또 오랜 시간이 지나 물어보니 "나의 수좌는 오랫동안 행각하고 있다."고 하였다.

어느 날, 여민선사는 갑자기 대중에게 산문 밖으로 나가 수좌 스님을 모셔오도록 하였다. 스님들이 산 밖을 나가 보니 행각을 마치고 온 문언선사가 있었다. 그리하여 선원 수좌로 모셨다.

21

강소성 남경시 청량산
江蘇省 南京市 清凉山

청량사
清凉寺

법안문익
法眼文益

법안문익 선사는 오가 가운데 가장 늦은 '법안종法眼宗'을 개창하였다. 문익선사는 화엄학과 선을 융합하려는 경향이 강했으며, '일체현성一切 現成'을 중심으로 사상을 전개했는데, 이는 화엄의 '성기론性起論'과 깊은 관련이 있는 것이다. 그에 따라 문익선사는 『종문십규론宗門十規論』을 찬 술하여 '이사불이理事不二', '이사원융理事圓融'을 강조했으며, '선교불이 禪教不二', '선교융합禪教融合'을 제창하였다. 또한 문익선사의 가장 유명 한 제자인 천태덕소天台德韶의 법을 계승한 영명연수永明延壽는 『종경록 宗鏡錄』100권을 찬술하여 본격적으로 화엄과 선, 나아가 정토를 융합시 켰다. 법안종은 가장 마지막에 성립되었지만, 5대 이후에 법맥이 끊어졌 다. 그러나 문익선사와 천태덕소, 영명연수 등의 사상은 지금도 커다란 영향을 끼치고 있다고 하겠다.

머리말

청량사淸凉寺는 육조六朝의 고도古都 남경南京 서쪽 청량산에 있다. 남경성南京城은 강소성 중부에 있으며, 북쪽으로는 장강(長江; 楊子江)이 흐르고 성 내에는 명산이 겹겹이 있으며, 진회하秦淮河가 관통하고 있다. 예로부터 상업이 발달하여 진회하를 중심으로 다양한 건축물이 들어서 '십리진회十里秦淮'라는 명칭을 얻었다. 상업의 발달은 문화의 번영을 이끌어 성 내외 명산에는 각 종파 사찰들이

청량사

건립되었는데, 남조南朝 시기부터 480여 사찰이 세워졌다. 법안문익法眼文益 선사도 남경 청량산 청량사에서 선법을 펼치니, '법안종法眼宗'의 발원지이다. 법안종이란 명칭은 문익선사 입적 후에 황제에게 받은 시호 '대법안선사大法眼禪師'에서 비롯된 것이다.

사원의 역사

청량사는 남조南朝 시기에 창건된 것으로 추정되지만, 구체적인 시기는 알려지지 않았다. 청량산은 석두산石頭山, 석수산石首山 등으로도 칭한다. 남조 양무제梁武帝, 당대 온정균溫庭筠, 송대 왕안석王安石, 소동파蘇東坡, 청대 『유림외사儒林外史』의 작자 오경재吳敬梓

등 수많은 이들이 청량사 관련 시문詩文을 남겼다.

남당南唐 승원昇元 원년(938) 원종元宗 황제는 사찰을 중건重建하여 예를 갖추어 문익선사를 주지로 모시고 사찰 명을 '석두청량대도량石頭淸凉大道場'으로 개명하였다. 이로부터 석두산을 청량산으로 칭하게 되었다.

북송 태평흥국太平興國 5년(980) 막부산幕府山 청량광혜선사淸凉廣惠禪寺에 소장하고 있던, 제왕들이 하사한 전적典籍들을 이곳으로 옮겼다. 이로 인해 사찰은 더욱 흥성하게 되었다. 순우淳祐 12년(1252)에는 산 정상에 황제 피서처인 취미정翠微亭을 세우니, 뛰어난 경관으로 유명하게 되었다. 명대明代 건문建文 4년(1402), 후에 영락제永樂帝가 된 연왕燕王 주체朱棣가 사찰을 중건하고 '청량척사淸凉陟寺'라고 사액賜額하였다. 당시 사찰 규모는 상당히 커서 터가 20무(畝; 약 4,000평)에 달하였다.

청량종성淸凉鐘聲

태평천국太平天國의 난으로 사찰 건물은 대부분 훼손되었으며, 산의 수목마저 전부 베어져 황량하게 되었다. 근대에 이르러 사찰의 중요 건물들을 중건하였으나, 일본의 침략으로 다시 파괴되었다.

중국정부가 수립된 이후 여러 차례 수리를 거쳐 현재는 남경의 유명한 관광지가 되었다. 2009년 6월 20일, 강소성 남경시 청량사는 새롭게 수리를 마치고 정식으로 법회를 열어 중국불교 법안종 조정祖庭임을 선포하고 개방하였다.

사원의 현황

청량산공원에 들어서면, 양쪽에 산이 늘어서 있고 가운데에 좁고 긴 분지가 있는데, 점차 높아지는 형태로 마치 의자 같은 모습이다. 현재 청량사는 공원 내 청량산 남쪽 기슭에 위치하고 있다. 사찰 안에 들어서면 빨간 기둥과 황색 벽으로 이루어진 불전佛殿이 세워져 있고, 불전 뒤에 붉은 벽으로 이루어진 작은 건물들이 배열되어 있다. 최근에 복원된 청량사 모습이다. 사찰 주변은 흙을 쌓아 산을 만들었고, 대나무와 수목, 화초들을 심었으며, 붉은 벽과 파란 기와 등을 사용하여 청정한 명승지로 꾸몄다. 사찰 건축 면적은 287.1㎡이며, 대지는 400㎡이다.

사찰 가운데에 최근 조성된 커다란 쇠솥이 하나 있는데, 표면에는 보시한 신도들의 이름이 새겨져 있다. 사찰 정문 앞 담으로 둘러진 원형의 문에는 '고청량사古淸凉寺'라고 쓰여 있다. 사찰 안에는 도금한 대보살이 반좌盤坐하고 있으며, 양변에 18나한羅漢이 줄지어 있는데, 보살과 나한의 조형이 매우 아름답다.

사찰 뒤에는 피서궁인 덕경당德慶堂이 있는데, 남당南唐의 황제 이욱李煜이 친필로 쓴 편액扁額이 걸려 있다. 뒤편에는 육각정六角亭이 있다. 육각정 안에는 남당 황제 이경李璟을 위하여 보대保大 3년(945) 광혜廣惠선사가 판 옛날 우물이 있는데 '남당의정南唐義井',

환양천還陽泉

'보대천保大泉'이라고도 칭한다. 우물물은 풍부하고 수질이 매우 좋아 승려들이 마셨으며, 늙어도 백발이 되지 않는다고 하여 '환양정還陽井'이라고도 한다. 1982년 공원관리처에서 우물에 정자를 건립하고 북쪽에 석비石碑를 세웠는데, 남면에 '환양천還陽泉'이라고 새기고 뒤편에 우물에 대해 자세하게 소개하고 있다.

　　사찰 뒷산 정상에는 남당 시기에 건립한 취미정翠微亭이 있는데, '서풍정暑風亭'이라고도 한다. 송대 문인 오연吳淵이 찬술한 『건취미정기建翠微亭記』에는 "취미의 풍경은 실로 천하에서 가장 뛰어나다."고 찬탄할 정도로 풍경이 아름답다.

　　청량사 구조는 일반적인 사원 배치와는 다르게 중국의 원림園林 형태를 지니고 있다. 이러한 점에서 전문가들은 대표적인 불교문화와 원림문화의 융합으로 평가하고 있다.

　　청량사는 법안종 조정祖庭으로 국가 2급문화재 향로香爐를 비롯해 불교 문화재가 많다. 이 가운데 남당 황제 이경의 '팔분서八分書', 동우董羽의 '용화龍畵', 이소원李霄遠의 '초서草書'는 진귀한 예술품으로 청량사의 '삼절三絶'로 불린다. 이외에도 역대 수많은 문인과 화가의 작품이 사찰에 소장되어 있다.

청량사 일원

일주문(山門)

법당 내 공양 올리는 스님

청량문익 선사와 그의 선사상

청량문익 선사는 속성이 노魯 씨이고, 여항(余杭; 杭州) 사람이며, 당 희종僖宗 광계光啓 원년(885)에 태어나 남당 중흥中興 원년(958)에 입적하였다. 7세에 순안淳安 지통원智通院에서 출가하여 12세에 월주(越州; 浙江省 紹興) 개원사開元寺에서 구족계를 받았다. 명주(明州; 折江省 寧波) 아육왕사阿育王寺에서 율律과 유학儒學을 익혔다. 후에 선사상에 매료되어 남쪽으로 선사를 찾아 유력하였다. 현사사비玄 沙師備의 제자인 나한계침羅漢桂琛 선사 문하에서 '일체현성一切現 成'의 개시開示에 의해 깨달음을 얻었으며, 그 후 임천(臨川; 지금의 江西省 臨川市)에서 법을 열었다. 남당 황제 이승李昇이 명성을 듣고

408

선사를 금릉(金陵; 현 南京)으로 청
하여 먼저 보은원報恩院에 주석하
게 하였으며, 후에 청량사淸凉寺에
머물게 하였다. 그에 따라 후인들
은 청량문익淸凉文益이라 불렀다.
당시 선사 문하가 매우 흥성하여,

법안문익

"삼좌三坐 대도량大道場은 아침,

저녁의 설법 때, 제방 총림이 다 존경하여 교화되었다. 이역異域
에도 법을 사모한 자가 있어, 멀리 건너 찾아왔다."*

고 하였다. 그가 입적 후, 남당南唐 군주 이경李璟에 의해 '대법안선
사大法眼禪師' 시호와 '대지장대도사大智藏大導師' 시호를 받았다. 이
러한 시호에 따라 문익선사가 개창한 종을 법안종이라 한 것이다.
　문익선사의 선사상은 선사가 개오한 인연인 '일체현성'과 밀접
한 관계를 가진다. 선사의 『어록』에 따르면, 문익은 일찍이 복주福
州에서 장경長慶선사를 참배하였다. 그러나 깨달은 바가 없어 다시
그를 떠나 제방을 참학하였다. 지장원地藏院을 지날 때 눈을 만나
잠시 머물러 나한계침羅漢桂琛 선사를 참알하였다. 화로 옆에서 계
침선사가 문익에게 "이번에 어느 지방으로 가는가?"라고 묻자, 문

---

*　〔明〕語風圓信·郭凝之編集, 『金陵淸凉院文益禪師語錄』(『大正藏』 47, 594a)
　　"三坐大道場, 朝夕演旨時, 諸方叢林, 咸尊風化. 異域有慕其法者, 涉遠而至."

익이 "행각行脚하러 갑니다."라고 답하였다. 계침선사가 다시 "무엇이 행각인가?"라고 하자, 문익이 "모릅니다."라고 하였다. 계침선사가 "가장 친절함을 모르는구나."라고 의미 깊은 말을 하였다. 눈이 그친 후에 문익이 떠나는데 계침선사는 입구까지 나왔다. 이때 계침선사가 문익에게 "너는 늘 삼계유심三界唯心, 만법유식萬法唯識을 말하는구나."라고 하였다. 그러면서 집 아래 돌을 가리키며 문익에게 "이 돌은 마음 안에 있는가, 아니면 마음 밖에 있는가?"라고 묻자, 문익은 조금도 주저하지 않고, "이 돌은 사람의 마음 안에 있습니다."라고 하였다. 계침선사가 곧 다시 "너는 행각하는 사람으로 여러 곳을 돌아다니는데, 어째서 돌을 마음에 두는가?"라고 하자, 문익은 말이 궁벽해져 대응하지 못하고 행장을 내려놓으며 남기로 결정하고 계침선사를 따라 참선하였다. 한 달 동안 매일 견해를 밝혀 도리를 말하였다. 그때 계침선사는 매번 "불법佛法은 그렇지 않다."고 답하였다. 문익이 "저는 이미 언어의 궁리窮理를 끊었습니다."라고 하였다. 이렇게 하여 계침선사가

"만약 불법을 논하자면, 일체가 현성現成한다."[*]

라고 하자, 문익은 이 말에 크게 깨달았다.

이러한 까닭에 문익선사의 선사상은 '일체현성'을 중심으로 전개된다고 할 수 있는데, 제자 천태덕소天台德韶는 다음과 같이 명확

---

[*]　앞의 책(『大正藏』 47, 588b) "若論佛法, 一切現成."

하게 설명하였다.

불법佛法은 눈앞에 드러난 것(現成)이요, 모든 것이 갖추어졌다. 어찌 도道가 원만하여 태허太虛와 같아, 부족함도 없고 남음도 없음을 보지 못하는가. 만약 이와 같으면 또한 누가 부족하게 하고 누가 남게 하며, 누가 옳고 누가 그르며, 누가 깨달은 자이고 누가 깨닫지 못한 자인가? 따라서 도는 동쪽으로 가도 또한 상좌上座이고, 서쪽으로 가도 상좌이며, 남쪽으로 가도 또한 상좌이고, 북쪽으로 가도 또한 상좌이다. 무엇으로 인하여 동서남북이 있겠는가? 만약 깨닫는다면, 자연히 견문각지見聞覺知의 길이 끊기어, 일체一切 제법諸法이 앞에 나타난다. 무슨 까닭으로 이러한가? 법신法身은 상相이 없으나, 눈에 부딪치면 모두 형상이 생긴다. 반야般若는 앎이 없어, 인연을 대하여 비추니, 일시에 철저히 깨달아 얻을 수 있겠는가? 여러 상좌上座와 출가한 이들이 함께 무엇을 하는가? 이것이 본유本有의 이치이니, 나누어져 밖으로 하지 않는다. 마음을 알아 본원本源을 통달하였기 때문에 사문沙門이라 칭하였으니, 만약 마음을 알아 밝디 밝게 하면, 실로 털끝만큼의 장애도 없다.*

---

* 〔宋〕道原纂, 『景德傳燈錄』卷25(『大正藏』51, 409a) "佛法現成, 一切具足. 豈不見道圓同太虛, 無欠無余. 若如是也, 且誰欠誰剩, 誰是誰非, 誰是會者, 誰是不會者? 所以道, 東去亦是上座, 西去亦是上座, 南去亦是上座, 北去亦是上座. 因甚麼得成東西南北? 若會得, 自然見聞知覺路絶, 一切諸法現前. 何故如此? 爲法身無相, 觸目皆形; 般若無知, 對緣而照, 一時徹底會取好? 諸上座, 出家

이로부터 문익선사가 '일체현성'으로 제자들을 가르쳤음을 명확하게 알 수 있다. 이는『오가종지찬요五家宗旨纂要』에서

"법안의 가풍家風은 바로 소리를 듣고 도를 깨닫고〔聞聲悟道〕, 색을 보고 마음을 밝힌다〔見色明心〕. 구句 속에 예리함이 숨어 있고, 말 속에 울림이 있다. 삼계유심三界唯心으로 종宗을 삼아 불자拂子로 그것을 밝힌다."*

라는 법안종 평가에서도 분명하게 엿볼 수 있다.

이러한 '일체현성'은 화엄사상과 깊은 관계가 있는데, 실제 문익선사가 찬술한『종문십규론宗門十規論』에는 화엄학 관련 내용이 많이 등장한다.『종문십규론』에는

"이치〔理〕와 일〔事〕이 서로 위배되어, 탁하고 깨끗함을 나누지 못한다."**

는 병폐를 바로잡으려는 의도를 가지고 있음을 엿볼 수 있다. 문익선사는

兒合作麼生? 此是本有之理, 未爲分外. 識心達本源, 故名爲沙門, 若識心皎皎地, 實無絲毫障碍."

* 〔淸〕性統編,『五家宗旨纂要』卷3(卍續藏 65, 281c) "法眼家風, 則聞聲悟道, 見色明心. 句里藏鋒, 言中有響. 三界唯心爲宗, 拂子明之."

** 〔唐〕文益撰,『宗門十規論』(卍續藏 63, 36c) "理事相違, 不分濁淨."

청량고사清凉古寺

"대개 조불祖佛의 종宗은, 이치〔理〕를 갖추고 일〔事〕을 갖추었다.
일은 이치를 의지해 서고, 이치는 일을 빌려 밝혀진다. 이치와
일이 서로 바탕이 되어, 또한 눈과 발이 같다. 만약 일이 있는데
이치가 없으면 진흙에 막혀 통하지 못하고, 만약 이치가 있는데
일이 없으면 질펀하게 젖어 돌아오지 못한다. 그 불이不二를 바
란다면, 원융圓融을 귀하게 해야 한다."*

고 하여 '이사불이理事不二', '이사원융理事圓融'을 강조하고 있다. 또

---

* 　앞의 책(卍續藏 63, 37c) "大凡祖佛之宗, 具理具事; 事以理立, 理假事明; 理
　　事相資, 還同目足. 若有事而無理, 則滯泥不通; 若有理而無事, 則汗漫無歸. 欲
　　其不二, 貴在圓融."

한 선사의 『어록』에도

"선사가 '단지 예컨대 만상 가운데 홀로 몸을 드러내면, 만상을 뺀 것인가, 만상을 뺀 것이 아닌가?'라고 하자, 덕소德韶가 이르길, '빼지 않은 것입니다.'라고 하였다. 선사는 '두 개다.'라고 말하였다. 이때 지켜보던 몇몇 사람이 연달아 '만상을 뺀 것이다.'라고 말하였다. 선사는 '만상 가운데 홀로 몸을 드러냈다.'고 하였다."*

는 문답이 있다. 이로부터 '일체현성'과 화엄의 '이사원융'의 도리를 분명하게 확인할 수 있다.

이와 같이 법안종의 선사상은 화엄학과 선을 통합하려는 의도를 보이는데, 특히 문익선사의 가장 유명한 제자 천태덕소의 법을 계승한 영명연수永明延壽는 『종경록宗鏡錄』 100권을 찬술하여 본격적인 선교일치禪敎一致를 제창하고 있다. 연수선사의 「서문」에는

"이제 조불祖佛의 대의大意와 경론經論의 정종正宗을 자세히 하고자, 번잡한 글을 제거하고, 오직 요지를 가려 가설을 펼쳐 묻고 답하고, 널리 이끌어 증명한다. 일심一心을 들어 종宗으로 삼고, 만법을 거울처럼 비춘다. 옛날에 만든 깊은 뜻을 엮고 이어, 보

---

* 〔明〕語風圓信·郭凝之編集, 『金陵淸涼院文益禪師語錄』(『大正藏』 47, 594a)
"師云: 只如萬象之中獨露身, 是拔萬象, 不拔萬象? 昭云: 不拔. 師云: 兩個也. 於時參隨一衆, 連聲道: 拔萬象. 師云: 萬象之中獨露身."

장寶藏의 원만함을 포섭하여 간략하게 하고, 이와 똑같이 나타내고 드날려, 그것을 록錄이라고 하였다."*

고 『종경록』 찬술 목적을 밝히고 있다. 문익선사의 『종문십규론』을 계승하려는 의도라고 할 수 있다.

문익선사가 개창한 법안종은 '오가' 가운데 마지막으로 성립된 종파이다. 비록 전승은 5대 이후로 미미해지지만, 문익선사와 천태덕소, 영명연수 등의 사상은 지금도 커다란 영향을 끼치고 있다.

맺음말

법안종은 선종오가 가운데 저술이 가장 풍부하며, 특히 '선교불이禪教不二', '선교융합禪教融合'을 체계적으로 제시한 특색을 지니고 있다. 청량사는 법안종 조정祖庭으로 선종사에서 뚜렷한 지위를 차지하고 있다. 현재 청량사는 복원이 진행되고 있으며, 철저한 고증을 통해 본래 모습을 되찾고자 하기 때문에 그 속도는 비교적 느리다. 머지않아 천년 고풍이 온전하게 복원되어 우리 눈앞에 다시 드러날 수 있기를 기대한다.

---

* 〔宋〕延壽集, 『宗鏡錄』 卷1, 「序」(『大正藏』 48, 417a) "今詳祖佛大意, 經論正宗, 削去繁文, 唯搜要旨, 假申問答, 廣引證明, 舉一心爲宗, 照萬法如鏡. 編聯古制之深義, 攝略寶藏之圓, 同此顯揚, 稱之曰錄."

청 량 고 사
清涼故事

어느 날, 법안선사가 청량사에서 법상에 앉아 대중 스님들에게 물었다.

"누가 호랑이 목에 걸린 방울을 떼 낼 수 있겠느냐?"

누구도 대답하지 못했다.

이때 법등法燈 스님이 마침 바깥에서 이 물음을 듣고 깊이 생각하지 않고 대답하였다.

"호랑이 목에 걸린 방울은 방울을 단 사람이 그 방울을 떼 낼 수 있습니다."

법안은 말을 듣고 법등이 꽤 수행이 깊은 것을 알아차리고 크게 칭찬하였다.

이 이야기를 통해 "방울을 단 사람이 방울을 떼 낼 수 있다."는 해령환수계령인解鈴還須繫鈴人 공안이 생겨났다.

22

강소성 평향시 양기산
江西省 萍鄉市 楊岐山

보통사
普通寺

양기방회
楊岐方會

양기방회 선사는 임제종의 '양기파楊岐派'를 개창하였다. 방회선사는 문자선文字禪이 크게 유행하던 상황에서 제자들이 그 어록을 초록하는 것을 허락하지 않았고, '입처즉진立處卽眞'과 '수연임운隨緣任運'하는 가운데 돈오頓悟를 강조하는 임제의 종지를 굳게 지켰다. 방회선사는 불법의 제일의第一義는 절대로 말로 할 수 있는 것이 아니지만, 학인들을 깨닫게 하기 위해서는 여전히 제이기第二機 가운데 언어의 '갈등葛藤'으로 진여본체眞如本體를 드러낼 수 있다고 보았다. 선법禪法의 요지는 생활하는 가운데 진여공리眞如空理를 여실하게 깨달아가는 데 있다고 주장하며, 돈오頓悟의 과정은 "당처當處에서 일어나는 것"이고, 따라서 "처하는 곳에서의 해탈[隨處解脫]"을 강조한다. 송대에 일본 승려 준잉俊芿이 양기파 6세 원총原總선사에게 법을 받고 본국으로 돌아가 경도京都에서 용천사湧泉寺를 창건하고, 일본 '양기선楊岐禪'을 열었다.

머리말

양기산楊岐山은 옛날에는 옹릉산翁陵山, 녹산漉山이라고 불렸으며, 해발은 약 1,000m에 이른다. 전국戰國시기 유명한 철학가 양주楊朱가 이곳에 이르렀는데, 산이 크고 길이 복잡하여 갈림길에서 방향을 잃고 처량하게 눈물을 흘렸다고 하여, 후세 사람들이 산 이름

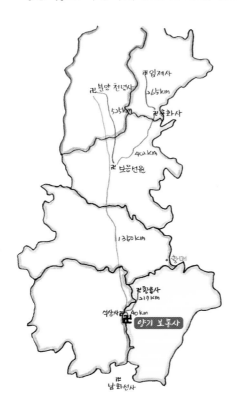

을 양기산楊岐山이라 하였다고 전해진다. 황룡파黃龍派와 함께 임제종 두 분파인 양기파楊岐派가 여기에서 탄생하였다. 황룡파가 짧은 시기에 소멸함에 따라 양기파는 임제의 정종正宗이 되어 지금까지 전해지고 있다. 양기파는 중국 전역에 널리 영향을 미쳤을 뿐 아니라 한국, 일본까지 전해졌다.

418

산문 이정표(山脚路標)

사원의 역사

일찍이 당 개원開元 연간(약 713~741)에 광리廣利선사가 양기산에
탑을 세웠다. 그러나 광리선사의 행적에 관한 자료가 모두 사라져
고증할 수 없다. 당 천보天寶 12년(753)에 이르러, 하택신회荷澤神會
선사의 제자 승광乘廣선사가 남쪽으로 내려와 법을 전하고, 양기산
봉도봉奉桃峰 아래 모개산茅開山에서 결사結社를 하여 광리사廣利寺
를 건립하였다. 대력大曆 8년(773) 마조도일馬祖道一의 법통을 이은
제자 견숙甄叔선사가 이곳에서, 승광선사를 의지하여 수학하며 그
와 함께 널리 교화하였다. 정관貞觀 14년(798) 승광선사가 원적하
고, 견숙선사가 법통을 이었다. 이후 20년 동안, 견숙선사가 심혈을

대강당大講堂

기울여 경영하여 법문이 빛나고 발전하였다. 이 기간에 선사가 거처하는 선실禪室의 불상佛像에 광채가 서리고, 선법이 뛰어나, 불도를 좋아하는 선비들과 학인들이 사방에서 모여들었다. 점차 총림이 되어 양기산의 1차 전성기를 이루었다.

승광와 견숙의 영향으로, 활달한 불교문화가 오랫동안 누적되어 양기산에 사찰이 많이 건립되었고 대단히 흥성하게 되었다.

> "홀로 양기산 정상에 나아가, 부처님 모신 법당 세우니, 장엄한 사원의 모습, 허공에 발하는구나."[*]

---

[*] "独步楊岐山頂上, 建出花宮勝仙闕, 文臺將勢射虚空."

300년 뒤 방회方會화상이 '양기파'를 창설하고 견실한 기초를 다졌다.

송宋 경력慶曆 연간(1041) 방회선사가 이곳에 머물면서 선법을 펼치고, 사찰 명칭을 보통사普通寺로 개명하였다. 이로부터 사찰은 번창하여 "방사房舍가 1,000여 좌가 되고, 누樓의 높이가 100여 길이나 되었다."고 한다. 비구와 비구니가 100여 명 이상 되어 양기파 토대를 정립하고, 이로부터 중국 선종 오가칠종 가운데 임제종의 커다란 지류인 '양기파'의 조정祖庭이 되었다.

원에서 청에 이르기까지, 수백 년 동안 전란의 피해를 입어 보통사는 6차례나 훼손되었다. 명대에 사원이 중건되고, 청 건륭乾隆 원년(1736)에 다시 중수되어, 지방 향신(鄕紳; 퇴직 관리로 그 지방에서 학문과 덕망이 높은 사람)들이 시주를 모아 몇 년에 걸쳐 지은 건물이 20여 좌이다. 절 전체 면적은 수백 묘(畝; 1묘는 약 200평)를 차지하고, 건축면적은 약 2,000m^2이며, 도광道光 23년(1843) 읍에 사는 감보현甘寶賢 등 신도들이 이어서 보수했다. 민국民國시대 이르러 불가피한 천재天災와 인재人災로 여러 차례 보수하였다. 안타깝게도 '문화대혁명' 기간에 심하게 파손되고 많은 문화재들이 훼손되거나 사라졌다. 현재 절에 남아 있는 역대 선사들의 묘탑, 묘명, 비문 및 청대 문인 문연식文延式 묘와 묘명 등은 재난 뒤에 겨우 잔존하는 진귀한 문화재이다.

'문화대혁명' 이후, 태허太虛대사의 제자인 비구니 이상離相 노법사는 양기산의 불교문화 전통을 대단히 소중히 여겨 고령임에도 인력과 물자 등을 적극적으로 마련하며 보통사 복원을 추진하였다. 1982년에서 1984년까지 보통사 각 전당은 기초적인 복원이 이루어졌고, 전국정협부주석全國政協副主席이자 중국불교협회장인 조박초趙樸初 거사가 '양기보통사楊岐普通寺'라고 편액을 써주었다. 1984년부터 각종 불상을 제작하기 시작하였으나, 기술적인 문제로 1988년 다시 조성하여 어느 정도 보수가 이루지게 되었다. 그러나 전국 각처의 다른 사원에 비하면, 여전히 피폐한 모습이었다. 2010년 2월 혜통慧通 노스님이 양기파 조정祖庭인 보통선사普通禪寺에 옛 조사를 참배하러 왔다가 눈물을 금할 수 없었다. 그 후 양기 보통선사에 주지 소임을 보면서 예전 사찰을 복원하는 일에 전념하고 있다.

사원의 현황

보통사는 강서성江西省 평향시萍鄉市 상율현上栗縣 양기산에 위치하며, 시에서 23km 떨어져 있다. 양기산은 예로부터 산수가 좋았다. 특히 '산정천山頂泉'이 가장 아름다운데, 높은 산의 꼭대기에 자연적으로 형성된 연못이어서, 1년 내내 물이 마르지 않고 흐른다. 한여름에는 샘물이 사방으로 흘러 몇 갈래 계곡을 따라 흘러 내려간다. 샘물은 시원하고 맛이 좋으며 자연스럽고 신선한 기운이 있다. '산정천'이 있는 곳에서 '전고당前古塘'을 볼 수 있다. 이곳은 샘물이 모여 이루어진 곳으로, 평소 비와 이슬이 더해 60만 방(1方은 1세제곱미터임. 60만 방≒60만 톤)의 물을 수용할 수 있다. 푸른 물, 푸른 산, 푸른 대나무가 거꾸로 거울에 비추는 것 같아 푸른 물결은 만물

하늘우물(天井)

을 모두 담은 한 편의 풍경화 같다.

보통사는 지금 대규모 중창불사가 진행 중이다. 그 가운데 전체가 나무로 지어진 대웅보전은 산속의 분지 중앙에 위치하며, 사원의 대부분은 이미 기본의 형태를 갖추었다. 사원의 전체 모습은 1980년대에 계획된 것으로, 서북쪽에서 동남쪽을 향해 자리하고 있으며, 약 7,000㎡이다. 사원 안에는 현재 여래불, 관음, 관제關帝 등의 불상이 있고, 호법 위타, 18나한, 24위 제천諸天 등 목조 신상이 있다.

양기楊岐를 말하면, 사람들은 종종 진산鎭山의 보물인 '양기방죽楊岐方竹'을 떠올리는데, 이전 사람들의 고증에 의하면, 세상에 방죽方竹은 여러 종이 있다고 한다. 그러나 '양기방죽'은 아래는 네모이

양기방죽楊岐方竹

고 위는 둥근 젓가락 형태의 특징이 있고, 사방에 모서리가 돋기되어 한여름에는 죽순이 난다. 그래서 선현들은 '양기방죽'을 찬미한 시를 남겼다.

"네모난 몸으로 태어남은 조화옹의 공이니, 뭇 꽃들과 같지 않아 저절로 이름이 났다네. 서왕모西王母 계시지 않은 요지瑤池를 보니, 속세에 편승하다 선경仙境을 만난다네."*

보통사는 이러한 환경 속에 위치하고 있다. 비록 여러 차례 훼

---

* "生就身方造化功, 非類群芳自著名. 不在王母瑤池見, 偏于人間仙境逢."

손되었으나, 약간의 옛 고적과 문물이 남아 있다. 당 정원貞元 14
년(798) 승광乘廣선사 원적 후 제자 견숙甄叔이 대중을 이끌고 높
이 2.35m 되는 팔각형의 탑을 세웠다. 화강암 자연석으로 이루어
진 탑의 몸체에는 고풍스럽고 웅장한 부조가 새겨져 있어 고대 건
축의 풍격風格을 갖추고 있다. 또한 문인門人 환원還源이 1,000리 길
을 걸어, 낭주사마朗州司馬 유우석劉禹錫에게 비문 찬술을 부탁하고,
탑 아래 비를 세웠다. 비의 높이는 2.8m이고, 넓이는 0.9m이며, 비
문은 1,350자이고, 비좌碑座는 거북이가 받치고 있으며, 비액碑額은
둥근 모양이며, 용의 도안으로 조각되어 있다. 중간에 전서篆書로
"당고광선사비唐故廣禪師碑"라 써넣었다. 탑이 훼손된 후, 비를 절
안으로 옮기고, 담을 둘러놓아 지금까지 남아 있게 되었다.

　당 원화元和 15년(820) 견숙선사가 원적한 뒤에, 양기사楊岐寺
왼쪽 편에 탑을 세웠는데, 높이가
1.78m, 너비가 0.88m이며, 모양이 네
모난 정자와 비슷하다. '유염탑油鹽塔'
이라고도 한다. 따로 비명 하나를 세
웠는데, 「견숙선사탑명甄叔禪師塔銘」
이다. 당 대화大和 원년(832)에 세웠
으며, 사문 지한至閑이 비문을 짓고,
승려 원유元幽가 썼으며, 비 높이는
2.8m, 너비는 0.9m, 비문은 527자로,
지금까지 전해 온다.

　보통사 뒷산에 오래된 측백나무 한

유우석이 쓴 승광선사탑명(劉禹錫撰乘
廣禪師塔銘)

견숙선사탑甄叔禪師塔

견숙선사가 심은 잣나무

그루가 있다. 『양기산지楊岐山志』에 의하면, 이 나무를 '견숙백(甄叔柏; 견숙의 측백나무)'이라고 하는데, 견숙선사가 양기에 오자마자 손수 심었다고 한다. 그래서 이 나무를 '到栽柏(도재백)'이라고 한다는 설도 있고, 스님이 설법으로 죽은 나무를 살렸기에 '倒栽柏(도재백)' 이라고도 한다. 견숙선사는 일찍이 "측백나무 가지가 땅에 드리우면, 내가 다시 오겠노라.〔柏枝垂枝, 我當重來〕"라는 게송을 남겼는데, 나중에 나뭇가지와 잎이 땅에 드리웠을 때, 방회方會선사가 일대종사一代宗師가 되어 법을 널리 펼쳐 양기파를 제창하였다. 이 나무를 찬양한 시가 한 수 있다.

"푸른 가지 푸른 잎 하늘을 찌르니, 지난 풍상 손꼽아보니 1,000년이 지났구나. 산을 여신 조사께서 손수 심으시고, 세속 피한 산인은 구름을 짝해 자는구나."*

나무는 비록 1,000년 동안 풍상을 겪어 늙었지만 굳세게 우뚝 뻗어 있고, 가지와 잎이 무성하고 울창하여, 생기가 가득하다.

양기방회 선사와 그의 선사상

양기방회(992~1049) 선사는 속성俗姓이 냉冷 씨이고, 원주袁州 의춘(宜春: 지금의 江西省 宜春) 사람이다. 20세에 출가하여 담주(潭州: 지

---

* 　"蒼枝翠葉干刺天, 屈指風霜過千年. 開山祖師手親植, 避世山人伴雲眠."

양기방회

금의 湖南省 長沙)의 석상초원(石霜楚圓; 987~1040) 선사에게 인가받았다. 송 경력 연간(1041~1048)에 방회선사는 스승 석상선사의 가르침을 받아 남원(南源: 지금의 宜春)에 머물렀고, 나중에 평향萍鄕에서 승려와 신도들에 의하여 주지로 모셔져 양기산에서 법을 전했다. 방회선사 원적 뒤에, 문인이 집록한 『양기방회화상어록楊岐方會和尙語錄』, 『양기방회화상후록楊岐方會和尙後錄』 각 1권이 남아 있다. 그의 사상은 임제의 정종正宗이 되었다.

양기방회 선사는 한편으로는 임제종의 '수처작주隨處作主', '입처개진立處皆眞' 사상을 충실하게 계승하였지만 이에 얽매이지 않고 임제종의 정수를 잃지 않으며 다양한 선리禪理를 세웠다. 이 선풍禪風은 양기파의 발전을 강화하는 방법론의 기초를 다지게 하였다. 당시 공안선公案禪, 문자선文字禪이 크게 유행하는 상황에서, 방회선사는 제자들이 어록을 초록하는 것을 허락하지 않았고, '입처개진'과 '수연임운隨緣任運'하는 가운데 돈오頓悟를 강조하는 임제의 종지를 굳게 지켰다.

선사는 불법의 제일의第一義는 절대로 말로 할 수 있는 것이 아니지만, 학인들을 깨닫게 하기 위해서는 제이기第二機 가운데 언어의 '갈등葛藤'으로 진여본체眞如本體를 드러낼 수 있다고 보았다. 선법禪法의 요지는 생활하는 가운데, 일상 사무를 보는 가운데, 진여공리眞如空理를 여실하게 깨달아 가는 데 있다고 주장하며, 돈오頓悟의 과정은 '당처當處에서 일어나는 것'이고, 따라서 '처하는 곳에서의 해탈〔隨處解脫〕'을 강조한다.

"모든 법이 다 불법이다. 불전佛殿은 삼문三門을 마주하고, 승당僧堂은 부엌과 창고를 마주하니, 만약 깨달아 얻으면, 발우를 들고 지팡이 짚고 천하를 주유周遊하고, 만약 깨닫지 못하면 다시 면벽面壁하라."*

이 말은, 선禪의 요지를 깨닫는 가장 수승한 방법은 생활에서 일상적인 행동을 실천하는 가운데 당하當下에 돈오하는 계기를 찾는다는 것이다. 만일 뜻대로 되지 않는다면, 그보다 낮은 달마조사처럼 면벽하는 '벽관壁觀'을 닦으라고 한다.

『양기방회화상어록』에는 선사의 상당법어가 있는데 다음과 같다.

"양기의 일요一要는 천성千聖이 같이 오묘하니, 대중에게 보시하라. 선상禪床을 치고 말하기를, '과연 실조失照하였구나.'"**,

---

* 『楊岐方會和尙後錄』(『大正藏』 47, 646c) "一切法皆是佛法, 佛殿對三門, 僧堂對廚庫, 若也會得, 擔取鉢盂拄杖, 一任天下橫行. 若也不會, 更且面壁."

** 〔宋〕仁勇編, 『楊岐方會和尙語錄』(『大正藏』 47, 640b) "楊岐一要, 千聖同妙. 布施大衆, 拍禪床一下云: 果然失照."

"양기의 일언一言은 모난 것을 따라 원만함을 이루니, 만약 의심하여 헤아리면 10만 8천 리가 된다."*,

"양기의 일어一語는 부처님을 꾸짖고 조사를 질책하니, 밝은 눈이 사람 앞에 있으니, 잘못 들지 않는다."**,

"양기의 일구一句는 재빨리 눈으로 보게 되니, 선상에 오래 있어도, 숟가락과 젓가락을 잡는다."***

이러한 상당법어들은 학인들에게 언어문자에 집착하지 말고 곧바로 마음의 근원을 꿰뚫어 본심을 깨달아야 한다는 가르침이다. 선사는

"번창해서 크게 쓰이면, 온전한 진〔全眞〕에 발을 내딛어 진眞이란 이름이 서게 되며, '진'을 여의지 않고 서면, 서 있는 곳이 바로 '진'이다."****

라고 하여 자기가 체험하고 여실하게 깨달아야 비로소 옳은 도를

---

*   앞의 책, "楊岐一言, 隨方就圓. 若也擬議, 十萬八千."

**   앞의 책, "楊岐一語, 呵佛叱祖, 明眼人前, 不得錯擧."

***   앞의 책, "楊岐一句, 急著眼覷, 長連床上, 拈匙把箸."

**** 앞의 책(『大正藏』 47, 641b) "繁興大用, 擧步全眞, 既立名眞, 非離眞而立, 立處卽眞."

동안거 중(禪七中)

눈으로 보고 자유롭게 운명에 맡길 수 있다고 지적했다. 선사는

"넓은 허공이 안개에 갇히고 큰 들에 바람이 일면, 온갖 풀과 나
무는 본래 사자후를 하고, 마하대반야를 연설한다. 삼세제불은
그들의 발밑에서 대법륜을 굴린다. 만약 깨달으면 힘들이지 말
고, 만약 깨닫지 못하면 양기의 산세가 험하다고 말하지 말며,
앞에 가장 높은 봉우리가 더 있음을 알아야 한다."*

---

*   앞의 책(『大正藏』47, 640b) "霧鎖長空, 風生大野, 百草樹木作大師子吼, 演說
     摩訶大般若. 三世諸佛, 在爾諸人脚跟下轉大法輪. 若也會得, 功不浪施, 若也
     不會, 莫道楊岐山勢嶮, 前頭更有最高峯."

고 설했다.

임제종 선풍은 줄곧 준열한 대기大機와 대용大用을 특색으로 삼아, 예로부터 "임제장군臨濟將軍"이라는 말이 있었다. 그에 따라 양기파 문정文政선사는 백장회해百丈懷海의 대기와 황벽희운黃檗希運의 대용을 겸하여 양기방회 선사의 선법을 개괄하였다. 또한 황룡黃龍 문하에서 나온 혜홍慧洪선사도

"양기선사는 타고난 지혜가 뛰어나 빠르게 깨닫고, 삼매에 들어 노닐기를 잘하였으며, 납자를 검증하기를 즐겨하여 옛 존숙尊宿의 풍모가 있었다. 그에 따라 경력慶歷 이래 종사宗師로 호칭되었다."*

고 찬탄하였다.

『오등회원五燈會元』과『가태보등록嘉泰普燈錄』등에 의하면, 방회의 법을 이은 제자 13인이 있는데, 그 가운데 백운수단白雲守端과 보녕인용保寧仁勇이 상수上首이다. 보녕인용 아래 수성초문壽聖楚文과 상방일익上方日益이 있으며, 백운수단 아래 오조법연五祖法演이 있다. 오조법연 문하에서 준수한 인재들이 배출되었으니, 불안청원佛眼淸遠, 태평혜근太平慧勤, 천목제天目齊, 원오극근圓悟克勤, 오조표자五祖表自, 운정재량雲頂才良 등이다. 이 가운데 불안청원, 태평혜

---

* 〔宋〕惠洪撰,『禪林僧寶傳』卷28(卍續藏 79, 548c) "楊岐天縱神悟, 善入游戲三昧, 喜勘驗衲子, 有古尊宿之遺風. 慶歷以來, 號稱宗師."

근, 원오극근 3인은 '선문삼불禪門三佛'로 칭해졌다. 불안청원의 3대 몽암원총蒙菴元聰에 이르러, 송 경원慶元 5년(1199) 일본 승려 준잉俊芿이 중국에 참알하여 양기 문하 6세 원총原總선사에게 법을 받고 본국으로 돌아가 경도京都에서 용천사涌泉寺를 창건하고, 일본 양기선楊岐禪을 열었다.

맺음말

양기방회 선사는 다양한 선리禪理를 널리 채택하여 스스로 일가를 이루니, 세상에서 '양기파'라고 칭하였으며, 보통사는 양기파의 발생지가 되었다. 송조宋朝 이후, 임제종은 양기와 황룡 두 파로 나뉘었는데, 황룡파는 전승이 오래가지 못하고 양기파는 번창하여 후대에 임제종 정맥을 계승하였다. 이런 까닭에 송 이후는 양기의 역사가 임제종의 역사가 되었다. '양기산 보통사'가 일가를 이루어 두각을 나타낼 수 있었던 것은 앞서 승광과 견숙 두 고승이 불법을 선양하였기 때문이다. 머지않아 보통사 복원이 마무리되면, 반드시 전인의 자취를 따라 종문宗門을 진흥시켜, 고덕의 아름다운 풍모를 세상에 널리 전파하리라 믿는다.

양기고사
楊岐故事

전설에 의하면, 절에 사는 원주 스님이 저녁에 바리때를 유염탑油
鹽塔 아래에 놓아두면 뒷날 기름과 소금이 탑 안에서 흘러나와 절
의 식용으로 충분하였다고 한다. 소금과 기름은 오직 절에 있는 스
님들만 공양할 수 있고, 빌려 주거나 팔아서는 안 된다는 규칙이 있
었다.

하지만 어떤 욕심 많은 스님이 규칙을 어기고 기름과 소금 일부
를 몰래 절 앞에 있는 상인에게 팔았다고 한다. 그 다음날, 원주 스
님은 늘 하던 대로 기름과 소금을 가지러 갔는데, 기름과 소금이 없
을 뿐만 아니라, 노란 비단 윗면에 다음과 같은 글이 적혀 있었다.
"본래 돌덩어리가 환영으로 인간 몸으로 환생했는데, 도리어 인간
세상에서 헛된 명예를 구하는구나! 다만 오늘부터 기름과 소금이
끊기리니, 천년만년토록 굶주림의 형극을 받으리라." 이 글을 다 읽
고 나자, 노란 비단도 사라졌다.

주지 스님이 이 일을 알게 되자, 탐욕스런 화상을 찾아 매우 꾸짖
고, 벌칙으로 뒷산에 가서 면벽수도 하도록 하였다. 그리하여 '사과
애(思過崖: 잘못을 생각하는 벼랑)'와 '화상석和尙石'이 되었다. 이후부
터 기름과 소금은 나오지 않았다고 한다.

· 23 ·

강서성 수수현
江西省 修水縣

황룡사
黃龍寺

황룡혜남
黃龍慧南

황룡혜남 선사는 임제종의 '황룡파'를 개창하였다. 혜남선사는 '황룡삼관黃龍三關'으로 유명하다. 황룡삼관은 "사람마다 모두 생연(生緣: 사물이 생성되기 위한 여러 원인; 연기)이 있는데, 상좌의 생연은 어디에 있는가? 〔人人盡有生緣. 上座生緣在何處〕", "내 손이 어찌 부처님의 손과 같단 말인가?〔我手何似佛手〕", "내 다리가 어째서 나귀의 다리와 같은가?〔脚何似驢胸〕"의 세 가지 질문이다. 이러한 '삼관'을 통하여 학인들을 깨닫게 하였으며, 이는 이후 간화선看話禪의 효시라고도 할 수 있다. 송나라 때 이학理學의 기초를 닦은 주돈이周敦頤는 "나의 이 묘심은 실로 황룡종에서 계시를 받았다.〔吾此妙心, 實啓黃龍〕"라고 밝히고 있다.

머리말

인도에서 발원한 불교는 서역을 거쳐 중국 동한東漢 명제明帝 시기 강서江西로 들어왔다. 강서로 들어온 불교는 수隋·당唐 시대를 거치며 토착종교가 되면서 불교사에 남을 뛰어난 업적을 쌓으며 민중들에게 신앙으로 자리 잡았다. 황룡사가 위치한 강서 수수修水 지역은 뛰어난 풍광과 순박한 불심을 도처에서 찾아볼 수 있다. 황룡종黃龍宗 본사 황룡사는 부근의 수많은 사원 가운데 가장 반짝이는 명주明珠라고 할 수 있다.

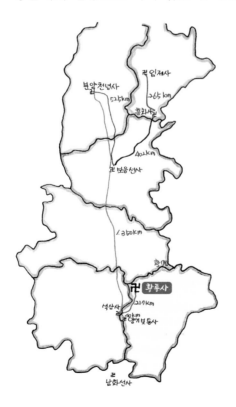

멀리서 본 황룡사黃龍寺

사원의 역사

황룡사黃龍寺 개산開山 조사 초혜超慧선사는 속성이 장張 씨이며, 젊었을 때 진사進士에 합격하였다. 그러나 벼슬자리를 원하지 않아 여기저기 유랑하다 황룡산黃龍山에 이르러 아름다운 경치에 반해 걸음을 멈추고 동쪽 산기슭에 황룡사를 창건하였다. 황룡사를 창건한 초혜선사는 이곳에 주석하면서 여러 가지 흥미로운 전설을 남겼다. 그 가운데 가장 널리 알려진 것은 도교 도사道士인 여동빈 呂洞賓과의 이야기이다.

　어느 날 여동빈이 찾아와 초혜선사와 법法을 논하다 논쟁이 붙게 되었다. 기나긴 논쟁 끝에 초혜선사의 승리로 끝나자 선사의 호법 제자가 되었다. 그로부터 황룡사는 점차 유명해지고 승려들이 각처에서 모여들었다. 사원 앞 삼문三門 충구沖口의 석량(石梁; 돌다리) 위에 쓰인 '법굴法窟' 두 글자가 황룡사의 전성시기를 상징적으로 나타내고 있다.

5대10국五代十國 시기 황룡사는 전란으로 훼손되었지만, 송대宋代에 다시 복원되어 발전을 이뤘다. 1015년 송 진종眞宗이 조서詔書를 내려 황룡사를 '숭은황룡선원崇恩黃龍禪院'이라고 하사하였다. 이후 이 지방 홍주태수 정공맹이 황룡사에 왔다가 시주를 하여 전답을 만들어 임제종 고승 혜남慧南선사를 주지로 모셨다.

혜남선사는 이곳에서 30여 년간 선법禪法을 펼치며 '황룡파黃龍派'를 개창하였고, 황룡사는 송대 강서 사대총림四大叢林 가운데 하나가 되었다. 명대에는 성암盛庵선사가 주지로 있으면서 종풍을 사해에 떨쳤다. 그러나 아쉽게도 그 이후 쇠락하다 청대 초기 빙감冰鑒선사가 일시적으로 황룡사를 중흥하였지만 또 다시 쇠락하였다. 이후 태평천국太平天國 등의 전란으로 불전佛殿은 소실되고 심지어 방장실方丈室은 외양간으로 변하였다.

1994년 비구니 인옥仁玉 스님이 황룡사 주지로 부임해 다른 사찰과 신도들의 시주를 받아 불당佛堂, 관음당觀音堂, 조사당祖師堂, 관음정觀音井, 조사탑祖師塔, 종루鐘樓 등을 수리하고, 옛날의 법기法器, 편액扁額, 대련對聯 등 문화재들을 수집하여 복원하고 있다.

종루鐘樓

석공교石拱橋

사원의 현황

황룡사는 수수修水 시내와 약 70km 떨어져 있다. 주위 산천은 옛 모습 그대로 인간의 손이 닿지 않는 순수한 자연의 아름다움이 사람의 마음을 감동시킨다. 아직도 복원 중에 있는데, 절 앞의 작은 개울에 놓인 한 쌍의 돌다리가 사원의 규모를 짐작케 한다. 무성한 잡초 가운데 종이 달려 있지 않은 종각은 마치 주인 없는 집 같다.

전체적인 사원 전각은 앞선 시대의 건축물을 복원한 것이다. 우선 관음당觀音堂이 있는데, 민간 건축물과 유사하며, 문 위에 있는 검은색 편액에는 '황룡고찰黃龍古刹'이라 쓰여 있다. 당내에 있는 '전봉묘법箭鋒妙法'이라는 목편木匾은 청나라 말기 어느 방장 스님

요사 승방僧房

황룡사와 농가

이 쓴 것이다. 관음당 오른쪽 응접실에 황룡사의 역사, 그리고 마애석각摩崖石刻과 조사들의 사리탑 등 고적古迹을 사진으로 만날 수 있다. 관음당 뒤에 있는 대웅보전과 조사당은 누추한 듯 보이지만 소박하고 청정함이 드러난다.

이밖에도 사원 내에는 오랜 역사를 간직한 석각石刻, 석비石碑 그리고 목각木刻들이 즐비하게 늘어져 있다. 전성 시기 황룡사가 얼마나 웅장했는지를 엿볼 수 있다. 황룡사는 역사상 수많은 문인의 칭송을 받아 주변 암벽에 명인들의 석각石刻이 많다. 특히 황정견黃庭堅은 수수修水 사람으로, 황룡사 고승들과 친교를 맺었다. 그는 혜남慧南선사를 '참다운 총림叢林의 주인'이라고 찬탄하였다. 그러한 인연으로 황룡사 편액을 다수 남겼는데, 그중 행서行書와 해서楷書

사이의 서체인 행해行楷로 쓴 '영원靈源', 85cm 되는 '황룡산黃龍山', '법굴法窟' 등이 그의 작품이다. 그 외에도 '삼관三關', '취운동翠雲洞' 등 다른 석각들도 볼 수 있다.

절 입구 약 1km 정도 거리에 황룡사 탑림塔林이 있다. 수십 좌가 넘는 고승들의 묘탑墓塔이 존재한다. 그러나 황룡혜남 선사의 탑신은 볼 수 없고, 외부 정자 주련柱聯에 비문만 남아 있다. 원래 혜남 선사 탑 좌우에는 그의 제자 조심祖心과 사심死心선사의 사리탑이 있었지만 지금은 아쉽게도 기초석만 남아 있다. 하지만 이곳 주민들은 아직도 옛 역사를 기억하여 '삼탑기三塔嘰'라고 부른다.

황룡혜남과 제자의 사리탑舍利塔

황룡혜남 선사와 그의 선사상

황룡혜남(1002~1069) 선사는 속
성이 장張 씨이고 강서성江西省 옥
산현玉山縣 출신이다. 11살에 고
향인 정수선원定水禪院의 지란智鑾
스님을 스승으로 불교와 유학儒學
을 배웠다. 19살에 정식으로 삭발
하고 수계를 받았다.

황룡혜남

얼마 후 스승의 가르침에 따라
참방參訪을 시작하였다. 처음에 여산廬山 귀종사歸宗寺에 도착하여
자보自寶 화상을 친견하고 정진하다 서현사栖賢寺로 옮겨 징선사澄
禪師 밑에서 참학參學하였다. 그 후 삼각사三角寺 늑담회징泐潭懷澄
선사를 스승으로 모셨으며, 선사의 권유로 석문산石門山 늑담사泐
潭寺에 머물렀다. 늑담사는 지금의 보봉선사寶峰禪寺로 마조도일 선
사의 사리탑이 있다. 선사는 서기書記라는 소임으로 학인을 지도함
에 막힘이 없으니 명성이 사해에 자자해졌다. 이후 혜남선사는 운
봉문열雲峰文悅 선사의 인도引導로 석상자명石霜慈明 선사를 참방參
訪하고, 선지禪智에 탄복하여 입실제자入室弟子가 되었다. 이어 여러
해를 정진하던 중 자명선사의 꾸짖음에 대오하고, 자명선사가 손
으로 '몰沒'을 쓰니 '유有'자로 바꾸어 쓴 후 인가印可를 받았다.

1036년 혜남선사는 황룡산에서 개법開法하여 30년을 한결같이
법석法席을 열었다. 선사는 '황룡삼관黃龍三關'을 방편으로 임제종

'황룡파'를 개창한다.

『오등회원五燈會元』에 '황룡삼관'에 대하여 다음과 같이 밝히고
있다.

> 혜남선사는 학인이 오면 먼저 묻기를, "사람마다 모두 생연(生
> 緣: 사물이 생성되기 위한 질료와 조건)이 있는데, 상좌의 생연은 어
> 디에 있는가?〔人人盡有生緣, 上座生緣在何處〕"라고 하였다. 학인이
> 막 대답하려고 할 때 또 다시 손을 내밀며 묻기를, "내 손이 어찌
> 부처님 손과 같단 말인가?〔我手何似佛手〕"라고 하였다. 또 학인이
> 물어오면 갑자기 다리를 치며, "내 다리가 어째서 나귀의 다리
> 와 같은가?〔脚何似驢脚〕"라고 물었다. 30여 년 동안 이 세 가지 질
> 문에 계합契合하는 사람이 없었고, 겨우 대답하는 사람이 있어도
> 선사는 옳은지 그른지를 말하지 않았다. 이에 따라 총림叢林에서
> 는 '황룡삼관'이라고 부른다.

이에 대하여 구체적으로 말하자면, '삼관' 가운데 '생연生緣'은 인
생과 운명의 각종 인연을 가리키며, 생멸生滅이 무상無常함을 암시
한다. '내 손'과 '부처님 손'은 중생의 몸과 불신佛身을 가리켜 범凡
과 성聖이 다름이 없음을 나타낸다. 이것은 당하當下에 본심本心으
로 돌아가 직접 구하면 불佛과 조사祖師를 한걸음에 다 초월할 수
있음을 말한다. '내 다리'와 '나귀의 다리'는 사람과 이류異類이지만
성공性空의 측면에서 일치함을 의미한다. 또한 선사가 '삼관'을 묻
고 나서 옳고 그름을 말하지 않은 까닭은 삼관을 통달한 자는 더 이

상 응답이 필요 없기 때문이다. 반대로 '삼관'을 물어도 여전히 깨닫지 못하는 학인에게는 더 이상 해석을 해 주어도 이로울 것이 없다는 것이다.

혜남선사는 '삼관'에 대하여 다음과 같은 게송을 지었다.

고탑古塔

　생연이 끊어진 곳에, 나귀의 다리가 펼쳐지고(生緣斷處伸驢脚)
　나귀의 다리를 펼칠 때, 부처의 손이 열린다.(驢脚伸時佛手開)
　오호의 참학하는 이들에게 알리니(爲報五湖參學者)
　삼관을 하나하나 뚫고서 오거라.(三關一一透將來)

이와 같이 혜남선사는 '황룡삼관'을 설하지만, 오로지 학인들이 자수자오自修自悟할 것을 가르쳐 '인연이 맞으면 깨닫게 됨(觸機卽悟)'을 강조한다. 이는 임제종臨濟宗의 '촉목이진觸目而眞'이라는 관점을 계승한 것이다. 선禪은 닦음(修)이 아니고, 불佛은 구하는 것이 아니고, 지금 이대로 자연 그대로 모든 것이 원만하다고 주장한다. 혜남선사가 이르기를,

"도道는 수행을 빌릴 필요는 없으나 오염되지 않게 하여야 한다.
선禪은 배움을 빌릴 필요는 없지만, 마음을 쉬는 것을 귀하게 해

야 한다. 마음이 쉬기 때문에 근심이 없고, 수행하지 않기 때문에 가는 곳마다 모두 도량이다. 근심이 없으면 벗어나야 할 삼계三界가 없고, 수행하지 않으면 구해야 할 보리도 없다."*

고 역설한다.

'황룡삼관'은 임제종 '황룡파'의 교의를 기본적으로 개괄하고 있다. 임제종 선풍을 계승하여 문답 가운데 학인을 인도하는 것을 강조한다. 황룡사 삼관교三關橋 옆 석정石亭에 "이미 삼관을 넘은 자〔已過關者〕"라는 말도 있고, 절 오른쪽 화인갱化人坑 석벽에는 "三關(삼관)" 두 글자가 새겨져 있다.

현대 학자들은 '황룡삼관'이 선종의 교화 방법을 발전시켰으며, 혜남선사가 제창한 '활구活句'로 선禪을 가르치는 것과, 같은 선기禪機라도 다양한 방식으로 표현할 수 있음을 제시한 것에서 간화선看話禪의 효시를 열었다고 평가한다. 혜남선사에게 법을 받아 명산에서 많은 대중을 제접한 제자가 83명이나 된다. 그 가운데 황룡조심黃龍祖心, 보봉극문寶峰克文, 동림상총東林常總 세 분은 '황룡삼계黃龍三系'라고 칭해지며, 중국과 우리나라, 일본에 커다란 영향을 미쳤다. 고려 탄연坦然국사는 임제종 황룡파 제5세 육왕개심育王介諶의 법을 계승하였다. 일본 명암영서明庵榮西는 황룡파 제8세 허암회폐虛庵懷敝 선사를 스승으로 모셨고, 일본으로 돌아가 '황룡종'을 개창

---

* 〔唐〕『黃龍慧南禪師語錄』(『大正藏』 47, 632c). 道不假修, 但莫污染. 禪不假學貴在息心. 心息故心心無慮. 不修故步步道場. 無慮則無三界可出, 不修則無菩提可求.

황룡 삼관三關

하였다. 송나라 때 이학理學의 기초를 닦은 주돈이周敦頤는 "나의 이 묘심은 실로 황룡종에서 계시를 받았다.(吾此妙心, 實啓黃龍)"고 밝히고 있다.

맺음말

황룡사는 현존하는 고적들을 볼 때, 초혜선사가 개산하고 송대 황룡혜남 선사가 주석하면서 강서4대 총림으로 불리니 상당히 번성했음을 알 수 있다. 혜남선사가 이르기를,

"우리 황룡파는 말법 시기에 출세하였으니, 법고法鼓를 열심히

두드려 타락한 강령을 다시 일깨워야 한다."*

고 하였다. 이 가르침에 따라 혜남선사의 제자들이 적극적으로 불법을 선양하고 종풍宗風을 크게 일으켜 해외까지 전해졌다. 그러나 황룡사도 다른 고찰들처럼 역사의 전란 속에서 흥망을 거듭하였다. 현재 비구니 스님의 주도로 중창 중인 황룡사는 다시 시절 인연을 기다리고 있다. 황룡혜남 선사의 일갈이 귓전을 울린다.

"어부가 한가롭게 노래하고, 나무꾼도 홀로 큰소리로 노래한다.〔漁人閑自唱, 樵者獨高歌〕"

---

*   〔唐〕『黃龍慧南禪師語錄』(『大正藏』 47, 634b) "黃龍出世, 時當末運, 擊將頹之法鼓, 整已墜之玄綱.""黃龍出世, 時當末運, 擊將頹之法鼓, 整已墜之玄綱."

황 룡 고 사
黃龍故事

㉮전설에 의하면 초혜조사는 원래 영안사永安寺 주지 소임을 맡고 있었는데 몇 년 동안 변변치 못하였다고 한다. 사원에 사마두타司馬頭陀라는 전좌가 오랫동안 용궁에서 도망 나온 흰 거북이를 돌보고 있었는데, '땅의 지리에 정통下知地理'하는 신통함을 갖고 있었다. 그런데 그 거북이가 꿈에 초혜조사에게 황룡산에 대사찰을 지을 것을 권유하였다. 이에 초혜조사는 지체 없이 황룡산으로 가 절을 지으니 법석이 대단하였다.

㉯여동빈呂洞賓이 스승 한중리漢鐘離를 떠나 전국 각지를 유람하였다. 하루는 황룡산黃龍山에 왔는데 마침 초혜超慧조사가 제자에게 불경을 가르치고 법을 전수하고 있었다. 여동빈이 법당에 몰래 들어갔으나 인례스님에게 들켰다. 스님은 그가 메고 있는 검 두 개를 빼앗아 우물에 던져버렸다. 여동빈은 다시 한중리로 돌아왔다. 한중리는 그를 황룡사로 돌려보냈다. 여동빈은 할 수 없이 다시 황룡사로 와서 잡일을 하면서 초혜의 불법을 배웠다. 3년 뒤, 여동빈이 마음의 정과正果를 얻자 초혜스님은 그의 검 하나를 돌려주면서 정의를 실천하게 하였으며, 다른 하나의 검은 황룡사에 남겨 사원을 지키게 하였다.

절강성 항주시 여항경산
浙江省 杭州市 余杭徑山

경산사
徑山寺

대혜종고
大慧宗杲

대혜종고 선사는 남악계 임제종의 법맥을 계승하고 있으며, 송대宋代 문자선文字禪의 폐해를 극복하고자 은사인 원오극근의 『벽암록碧巖錄』을 불태우고, 간화선看話禪을 제창한 것으로 유명하다. 문자선의 폐해를 극복하고자 했던 또 다른 사조는 굉지정각宏智正覺 선사의 묵조선黙照禪도 있다. 그러나 묵조선은 달마선達磨禪으로의 복귀였지만, 간화선은 『단경壇經』으로부터 비롯된 조사선으로의 복귀를 제창하였다. 특히 대혜선사는 사상적으로 마조선과 임제선을 중시한다. 대혜선사의 화두참구 방법은 매우 다양하게 나타나지만, 그 대표적인 방법은 첫째, 사구死句와 활구活句의 결택, 둘째, '단거화두(但擧話頭: 다만 화두만을 듦)', 셋째, '시시제시(時時提撕: 때때로 이끌어 일깨움)', 넷째, '제기의정提起疑情', 다섯째, 임성소요任性逍遙이다. 이러한 대혜종고의 간화선은 한국선에 지대한 영향을 미쳤다.

머리말

13세기 중국 남송南宋 시기에 경산사를 비롯하여 '총림오산叢林五
山' 제도가 세워졌다. 당시 경산사는 전국 사원 가운데 첫 번째로
손꼽히는 수선도량修禪道場으로 규모가 방대하고, 수많은 대중이
운집하여 명성 또한 높았다. 다섯 개 산봉우리로 유명한 경산徑山
은 절강성浙江省 항주杭州 근처에 자리하고 있고 '쌍경雙徑', '경오徑
塢'라고도 불린다. 경산 꼭대기에 위치한 경산사는 경치가 기이하
고 아름답다.

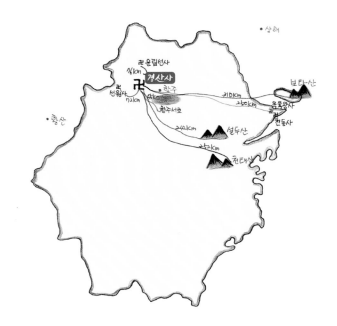

산문山門

사원의 역사

경산사는 당대의 법흠(法欽: 714~792) 선사로부터 기원한다. 법흠은 우두종牛頭宗의 유명한 고승 현소玄素선사의 제자이다. 경산사는 개산開山 이래 역대 황제의 관심을 받았으며 소장하고 있는 '경산흥성만수선사徑山興盛萬壽禪寺'라는 글은 송대 영종寧宗 황제의 친필이다.

남송南宋 시기 '오산십찰五山十刹'로 항주의 경산사, 영은사靈隱寺, 정자사淨慈寺와 영파寧波의 천동사天童寺, 아육왕사阿育王寺 등이 있다. 이 가운데 규모가 제일 크고 가장 유명한 경산사는 오산 가운데 으뜸이며, '천하총림 제일도량'으로 명성과 영향력이 다른 나라까

경산사

지 널리 알려졌다.

　1137년 임제종 대혜종고大慧宗杲 선사가 영은사에서 경산사로 옮겨왔다. 선사가 처음 왔을 때는 300여 명 대중이 주석하였지만, 이듬해는 2,000여 명 대중이 모여들었다. 대중이 너무 많아 모두 수용할 수 없자 사원 동쪽 산을 개간하여 천승각千僧閣을 세웠는데, 규모가 방대하고 장엄했다고 한다. 1147년 주지 진헐청료眞歇淸了 는 천승각 맞은편에 용유각龍遊閣을 세워 황제가 하사한 『원각경해 圓覺經解』를 소장하였다. 용유각은 원각각圓覺閣이라 칭한다. 이후 여러 차례 재난에도 다시 복원하여 ‘동남제일선원’으로 대중 3,000 여 명이 주석하였다. 경산사의 번성은 원나라 말까지 계속되지만, 후에 전쟁으로 쇠퇴하여 옛날 천하선림의 모습을 찾을 수 없다. 명

장경루藏經樓

석가보전釋迦寶殿

대明代와 청대淸代에 재건하지만 규모는 축소되고, 청의 강희康熙 황제는 '향운선사香雲禪寺'라는 편액을 하사하였다. 그러나 이후 계속 쇠락하여 옛날의 번성함을 되찾지 못하였지만 지금 다시 웅비하고 있다.

사원의 현황

현재 경산사에서 제일 특색 있는 것은 궁궐 대문 같은 큰 산문山門이다. 사원으로 통하는 긴 돌길이 있는데, 당나라 때 감진鑒眞율사가 일본에 계율을 전하러 가면서 이 길을 거쳐 출발했다고 한다. 길이는 3,000m, 폭은 1.5~2.5m에 이른다. 오랜 세월 길바닥에 깔린 청석青石 벽돌은 마모된 흔적이 역력하다. 길 양쪽 산은 가파르

방장실과 승료僧寮

방장실 입구

고 대나무가 높이 치솟아 기품이 있다. 길가에 진선정進善亭, 반산 정半山亭, 불성수佛聖水, 망강정望江亭, 동파세연지東坡洗硯池, 어비정 御碑亭 등이 있다. 산기슭 길을 따라 50분 정도 오르면 정상에 도착 한다.

동파세연지는 소동파蘇東坡와 인연이 있다. 소동파가 항주 태수 太守로 있을 때, 경산을 자주 참배하여 변재辯才, 유림維琳선사와 두 터운 우정을 쌓았다. 소동파는 경산에 관한 시 8편을 넘게 남겼으 며, 관직에서 물러난 후 경산에서 노년을 보내고 싶어 했다.

사찰에는 현재 천왕전天王殿, 대웅보전大雄寶殿, 장경루藏經樓, 종 루, 고루 등이 있다. 대웅전 뒤 용정龍井은 법흠선사가 처음 수행한 곳이라고 한다. 종루에는 무게 9,700킬로그램에 이르는 명대(明代: 1404년) 고종古鐘이 있다. 비록 낡았지만 지금도 종소리가 10리 넘 게 울려 퍼지니, 옛날의 찬란함을 다시 음미하게 한다.

경산 선차禪茶는 지금도 유명하다. 당대에 시작하여 송대에 이름 을 꽃피웠다. 법흠선사가 부처님께 차공양을 올리기 위해 몇 그루 심은 것에서 시작되어 유명한 명차에 이름을 올렸다. 매년 봄 스님 들이 차를 손질해 선차 품평회를 열어 차인들과 불자들에게 대접 하고 법회도 연다. 천년 세월을 내려온 선차 품평회는 차를 통하여 도를 담론하는 격외 '청규淸規'의 전통이 되었다.

또한 이곳은 다성茶聖으로 유명한 육우(陸羽, 733~804) 선생이 『다경茶經』을 집필한 지역으로 잘 알려져 있다. 육우는 『다경』을 쓰 기 위하여 경산 쌍계雙溪에 은거하였다. 그는 쌍계 장군산將軍山 아 래 샘물로 차를 끓였는데, 사람들은 이를 기념하기 위하여 육우천

차밭, 다선일미茶禪一味. 당송시기, 경산사는 선림청규禪林淸規를 토대로 선원
차례禪院茶禮를 개창하여 차茶를 선법의 체증體證과 운수납자들을 접인하는
기연機緣으로 만들었다.

陸羽泉이라고 칭하고, 차나무를 심은 곳을 차엽오茶葉塢라 한다.

대혜종고 선사와 그의 선사상

남송南宋 때 대혜종고大慧宗杲 선사가 경산사에 주석하면서 임제종
臨濟宗 종풍이 천하에 다시 명성을 날린다. 대혜종고(1089~1163)의
속성은 해奚 씨로, 안휘성安徽省 영국寧國 사람이다. 17세에 출가하
여 19세부터 행각行脚을 한다. 처음에는 담당문준湛堂文準 선사 문
하에서 정진하다 문준선사 열반 후 원오극근圓悟克勤 선사 문하에
들어가 참선한 지 42일 만에 도를 깨닫는다. 대혜선사는 악비岳飛
장군과 같이 금나라 북벌北伐을 주장하다 진회秦檜의 모함을 받아

몇 번에 걸쳐 17년간 유배생활을 하였다.

대혜종고

대혜선사가 활동하던 송대는 문자선文字禪이 유행하고 있었다. 송대는 그 이전 시대와 달리 모든 관직을 철저하게 과거를 통해 선발하여 문인사대부들이 주축을 이룬 사회였다. 따라서 그들을 교화하기 위하여 이른바 문자로 선禪을 논하는 '문자선'이 유행했던 것이다. 특히 대혜선사의 은사인 원오극근의 『벽암록碧巖錄』은 당시 문자선의 대표작이라 할 수 있다. 대혜선사는 『벽암록』을 불태우며, 간화선看話禪을 제창한 것으로 유명하다.

대혜선사가 『벽암록』을 불태운 사건을 정선淨善이 편집한 『선림보훈禪林寶訓』에는 이렇게 기록하고 있다.

"천희天禧 연간에 설두선사가 변설과 박학의 재주로 뜻을 미화시켜 달라지게 하고, 새로운 기교를 구하여 학인들을 농락하니, 학풍이 이로 말미암아 일변되었다. 체선逮宣 연간에 원오선사가 또 자기의 뜻을 붙여 그와 달리하여 『벽암록』이라 하였다." ……
소흥紹興 초에 대혜선사가 민(지금의 복건성)에 가니 학인들이 그 (벽암록)에만 매달려서, 반조하여 수행하지 않고, 나날이 심하게 빠져들어 폐단을 이루는 것을 보고, 곧 『벽암록』을 불사르고 그 설을 금지시켰다."*

대혜선사가 은사의 『벽암록』을 불사르고 금지시킨 것을 두고 이후에 경산사 주지를 맡은 희릉希陵은 중간重刊 『벽암록』의 '후서後序'에 다음과 같이 밝히고 있다.

"대혜선사는 학인으로 입실할 때, 내리는 법어法語가 매우 달라, 그를 의심하였는데, 헤아림과 삿된 예리함이 스스로 꺾이고, 다시 국문鞫問하고 정성을 다해도 스스로 항복하여, 가로되, '나는 『벽암록』 가운데 확인해 왔지만, 실로 깨달음이 있지 않다. 그 밝히지 못한 근본을 생각하니, 오로지 언어를 숭상하여, 입이 이기는 것만을 도모함에 있는 것이다. 이것으로 말미암아 『벽암록』을 불살라, 이 폐단을 구하고자 한다.'고 하였다. 그러나 이 글을 이루고, 이 글을 불사름이, 마음을 씀은 곧 하나이니, 어찌 둘이 있겠는가?"**

또한 삼교노인三教老人의 「서序」에는

---

* 〔宋〕淨善重集, 『禪林寶訓』 卷4(『大正藏』 48, 1036b) "天禧間雪竇以辯博之才, 美意變異, 求新琢巧, 籠絡當是學者, 學風由此一變矣. 馳逮宣政間, 圜悟又出己意. 離之爲碧岩錄, …… 紹興初, 佛日入閩, 見學者牽之不返, 日月鶩, 浸漬成弊, 卽碎其板, 辟其說."

** 〔宋〕重顯頌古, 克勤評唱, 『佛果圓悟禪師碧巖錄』 卷10, 「後序」(『大正藏』 48, 224c) "大慧禪師因學人入室, 下語頗異, 疑之, 才勘而邪鋒自挫, 再鞫而納款自降, 曰: 我碧岩錄 中記來, 實非有悟. 因慮其不明根本, 專尙語言, 以圖口捷. 由是火之, 以救斯弊也. 然成此書, 火此書, 用心則一, 豈有兩哉?"

"원오圓悟는 아들을 보고 손자를 생각하는 마음이 많기 때문에 거듭 설두雪竇의 송頌을 염拈하였고, 대혜大慧는 불살라 빠진 것을 건지려는 마음이 많기 때문에『벽암록』을 훼손하였다."*

라고 한다. 따라서 대혜선사가『벽암록』을 불사른 것은 당시 유행하던 문자선의 폐해를 막으려고 한 것이라고 할 수 있다. 대혜선사는

"땅에서 넘어졌다면, 땅을 딛고 일어나라.〔因地而倒, 因地而起〕"**

는 유명한 말과 같이, 문자선의 폐해를 문자선이 이룩한 공안公案 가운데 핵심적인 몇 마디의 '화두話頭'로 제시하여 참다운 조사선의 선리를 '오득悟得'하는 것으로 전향하게 함을 목적으로 한다고 하겠다.

이러한 대혜선사의 화두참구법은 다양하게 나타나지만, 여기서는 다음과 같은 대표적인 몇 가지를 소개하고자 한다.

첫째, 사구死句와 활구活句의 결택이다. 대혜선사는

"무릇 참학자는 활구를 참하길 바라고, 사구를 참하지 말라. 활구 아래서 깨달으면, 영겁토록 막힘이 없고, 사구 아래서 깨달으

---

*   앞의 책 卷1,『後序』(『大正藏』48, 139c) "圓悟顧子念孫之心多, 故重拈雪竇頌; 大慧救焚拯溺之心多, 故立毁碧岩錄."

**   〔宋〕蘊聞編,『大慧普覺禪師語錄』卷20(『大正藏』47, 898b)

면, 자신도 구할 수 없다."*

라고 설한다. 일찍이 덕산연밀德山緣密 선사는

"다만 활구에 참하고, 사구는 참하지 말라. 활구로 깨달음을 얻
으면, 영겁토록 막힘이 없다. 하나의 티끌, 하나의 불국佛國, 하나
의 가섭迦葉, 하나의 석가釋迦는 바로 사구이다. 눈썹을 치켜 올
리고 눈을 깜박이며, 손가락을 들어 부처를 세우는 것은 바로 사
구이다. 산하대지가 다시 뒤섞여 거짓이 없는 것도 바로 사구이
다."**

라고 설한 바가 있다. 이로부터 선리禪理가 명료한 것을 사구로 보고
있음을 알 수 있는데, 이는 혜홍慧洪의 『선림승보전禪林僧寶傳』에서

"무릇 말 가운데 말이 있으면 사구가 된다고 하고, 말 가운데 말
이 없으면 활구라고 칭한다."***

---

*   앞의 책 卷14(『大正藏』47, 870b) "夫參學者, 需參活句, 莫參死句. 活句下薦
      得, 永劫不忘; 死句下薦得, 自救不了."
**   〔宋〕普濟集, 『五燈會元』卷15(卍續藏 80, 308a) "但參活句, 莫參死句. 活句下
      薦得, 永劫無滯. 一塵一佛國, 一葉一釋迦, 是死句. 揚眉瞬目, 擧指堅佛, 是死
      句. 山河大地, 更無淆訛, 是死句."
*** 〔宋〕慧洪, 『禪林僧寶傳』卷12(卍續藏 79, 508c) "夫語中有語, 名爲死句; 語中
      無語, 名爲活句."

다시 말하면, 무엇을 알려고 생각으로 헤아리는 것은 사구이고, 분별심이 일어나지 않고 오로지 화두만 참구하는 것은 활구라 한다.

둘째, '단거화두但擧話頭'이다. 화두로 '활구'를 결택했다면, '다만 화두만을 들어야〔但擧話頭〕' 한다는 것이다. 간화선의 출발점은

"다만 고인이 입도한 하나의 화두를 간看하는 것〔但只看箇古人入道底話頭〕"*

이라고 할 수 있는데,『대혜어록』에서는

"잡념이 일어날 때, 다만 화두를 들어라.〔雜念起時, 但擧話頭〕"**

등의 표현이 상당히 많이 나타난다. 이렇게 단지 하나의 화두를 철저하게 들라는 것은 다양한 공안에 대해 문리文理로 탐구하던 문자선의 폐해를 겨냥한 점도 있었을 것이다.

셋째, '시시제시時時提撕'이다. '때때로 이끌어 일깨움〔時時提撕〕'이라는 것은

"밤낮을 가리지 않고 멈추지 않음〔晝夜不停〕"***

---

* 〔宋〕蘊聞編,『大慧普覺禪師語錄』卷22(『大正藏』47, 903中)

** 앞의 책 卷20(『大正藏』47, 898a)

*** 앞의 책 卷27(『大正藏』47, 925c)

을 뜻한다. 이를 『대혜어록』에서는 다음과 같이 말하고 있다.

승려가 조주趙州 선사에게 묻기를, "개는 또한 불성佛性이 있습니까, 없습니까?"라고 하자, 조주선사는 "없다."라고 하였다. '간看'을 할 때, 널리 헤아릴 필요가 없고, 주해할 필요가 없고, 나누어 깨달음을 얻어야 할 필요가 없고, 입을 여는 곳에서 말할 필요가 없고, 들고 일어난 곳에서 도리를 지을 필요가 없고, 공적처空寂處에 떨어질 필요가 없고, 마음을 평등하게 깨달을 필요가 없고, 종사宗師가 있는 곳에서 간략할 필요가 없고, 일 없는 상자 속에서 흔들 필요가 없다. 다만 가고 머물며 앉고 누움에, 때때로 이끌어 일깨운다[時時提撕]. 개는 또한 불성이 있느냐, 없느냐? 없다! 이끌어 일깨워 평등하게 성숙시켜도, 입으로 의논하고 마음으로 생각함이 미치지 못하고, 방촌(方寸; 마음) 속에서 안절부절하니, 철을 깨물어 가는 것과 같고, 재미가 없을 때, 결코 뜻을 잊지 말며, 이와 같은 때를 얻으면, 도리어 좋은 소식이 있다.*

이러한 대혜선사의 말은 상당히 중요한 의미가 내포되어 있는데, 무엇보다 눈을 끄는 것은 자그마치 9번이나 사용하는 "필요

---

* 앞의 책 卷21(『大正藏』 47, 901c) "僧問趙州: 狗子還有佛性也無? 州云: 無. 看時不用搏量, 不用注解, 不用要得分曉, 不用向開口處承當, 不用向擧起處作道理, 不用墮在空寂處, 不用將心等悟, 不用向宗師處領略, 不用掉在無事甲裏. 但行住坐臥, 時時提撕: 狗子還有佛性也無? 無! 提撕得熟, 口議心思不及, 方寸裡七上八下, 如咬生鐵橛, 沒滋味時, 切勿退志, 得如此時, 却是個好消息."

가 없다〔不用〕"는 구절이다. 이와 유사한 대목이 다음과 같이 나타
난다.

> 승려가 조주선사에게 묻기를, "개는 또한 불성이 있습니까, 없습
> 니까?"라고 하자, 조주선사는 "없다."라고 하였다. 다만 감히 이
> 끌어 일깨워 깨우침을 드니, 왼쪽에서 와도 아니고, 오른쪽에서
> 와도 아니다. 또한 마음을 평등하게 깨달음을 얻지 못하고, 또한
> 들고 일어난 곳에서 맡음을 얻지 못하고, 또한 현묘함을 지어 간
> 략함을 얻지 못하고, 또한 유무有無를 지어 헤아림〔商量〕을 얻지
> 못하고, 또한 참다운 없음〔眞無〕을 지어 복탁(卜度: 생각하여 헤아
> 림)이 없음을 얻지 못하고, 일 없는 상자 속에 앉음을 얻지 못하
> 고, 또 돌을 치는 불과 번쩍이는 번개의 빛이 있는 곳에서 깨달
> 음을 얻지 못한다. 용심用心하는 바가 없음을 곧바로 얻어, 마음
> 이 하는 바가 없을 때, 성性을 공空에 떨어뜨리지 않으면, 여기가
> 도리어 좋은 곳이다.*

여기에서는 '얻지 못함〔不得〕'을 7번이나 사용하고 있다. 이러한
'불용不用'이나 '부득不得'은 어느 곳에도 집착하지 말라는 의미를

---

*   앞의 책 卷30(『大正藏』 47, 941b) "僧問趙州: 狗子還有佛性也無? 州云: 無.
    只敢提撕擧覺, 左來也不是, 右來也不是. 又不得將心等悟, 又不得向擧起處承
    當, 又不得作玄妙領略, 又不得作有無商量, 又不得作眞無之無卜度, 又不得坐
    在無事甲裏, 又不得向擊石火閃電光處會. 直得無所用心, 心無所之時, 莫怕落
    空, 這裏却是好處."

내포하고 있어 상당히 중요한 선리를 담고 있다고 하겠다.

넷째, '제기의정提起疑情'이다. 대혜선사는 화두참구에 있어서 '의정疑情'을 대단히 중시했는데,

"언구를 의심하지 않는 것은 큰 병이 된다."[*]

"큰 의심 아래 반드시 큰 깨달음이 있다."[**]

라고 설한다. 대혜선사는 나아가

"만약 화두를 버리고, 도리어 다른 문자 위에 의심을 일으키고, 경교經敎에 의심을 일으키고, 고인古人의 공안에 의심을 일으키고, 날마다 부딪히는 진로塵勞 가운데 의심을 일으킨다면, 모두 사마邪魔의 권속이다."[***]

라고 하여 전적으로 '화두'에 대한 의정만 강조하고 있다. 또한 대혜선사는

---

[*] 〔宋〕蘊聞編, 『大慧普覺禪師語錄』 卷17(『大正藏』 47, 883a) "不疑言句, 是爲大病."

[**] 앞의 책, "大疑之下, 必有大悟."

[***] 앞의 책 卷28(『大正藏』 47, 930a) "若棄了話頭, 却去別文字上起疑, 經敎上起疑, 古人公案上起疑, 日用塵勞中起疑, 皆是邪魔眷屬."

선당禪堂

"생生이 온 곳을 알지 못하고, 죽음이 갈 곳을 모르는 의심하는 마음을 잊지 않는다면, 생사生死가 서로 더해진다. 다만 서로 더해지는 곳에서 화두를 간看하라."*

고 하여 의정을 특히 강조하고 있다.

다섯째, 임성소요任性逍遙이다. 대혜선사는 이와 같이 화두를 끊임없이 참구하면 결국은 힘을 얻어 능히 자재自在할 수 있음을 강조하는데, 다음과 같이 말한다.

---

* 　앞의 책 卷23(『大正藏』 47, 911a) "疑生不知來處, 死不知去處底心未忘, 則是
　生死交加. 但向交加處看個話頭."

홀연히 일구一句 아래 투철해 얻어, 바야흐로 비로소 법무량法無量의 회향이라 이르니, 여실하게 보고, 여실하게 행하며, 여실하게 쓰니, 바로 능히 하나의 터럭 끝에서 보왕찰寶王刹을 볼 수 있고, 미진微塵 속에서 대법륜大法輪을 굴린다. 여러 가지 법을 성취하고, 여러 가지 법을 깨뜨려, 일체가 나로 말미암으니, 장사가 팔을 펴는 것 같아, 다른 힘을 빌리지 않고, 스승과 제자가 유행하되, 반려를 구하지 않는다. 여러 가지 수승한 묘함이 앞에 나타나도 마음이 놀라 이상히 여기지 않고, 여러 가지 악업의 경계가 앞에 나타나도 마음이 두려워 떨지 않으니, 나날이 쓰는 사위의(四威儀: 行住坐臥) 가운데, 인연을 따라 넓게 놓고〔隨緣放曠〕, 성품에 맡겨 소요〔任性逍遙〕한다.*

이로부터 화두 참구의 거의 마지막 경계를 밝히고 있음을 알 수 있다. 특이한 것은 그러한 경지를 '임성소요任性逍遙'라는 도가道家 용어로 칭하고 있다는 것이다. 이는 중국 반야학의 발전 과정에서 도가 용어를 많이 차용하였기 때문이고, 실제 임운任運에 있어 '자재自在'를 의미하는 것이다. 『대혜어록』에는 '임성소요'와 관련된 다음과 같은 구절들이 보인다.

---

* 〔宋〕蘊聞編, 『大慧普覺禪師語錄』 卷27(『大正藏』 47, 928a) "忽然一句下透得, 方始謂之法無量回向, 如實而見, 如實而行, 如實而用, 便能於一毛端見寶王刹, 微塵裡轉大法輪. 成就種種法, 破種種法, 一切由我, 如壯士展臂, 不借他力, 師子游行, 不求伴侶. 種種勝妙現前心不驚異, 種種惡業境界現前心不怕怖, 日用四威儀中, 隨緣放曠, 任性逍遙."

어떤 것이 세간상世間相을 무너뜨리지 않고 실상實相을 말하는 것인가? 묘희(妙喜: 大慧의 號)가 너를 위하여 설파하였다. 어른을 시봉하여, 얼굴색을 순하게 하고, 제자의 소임을 맡은 자는 피해 면함을 얻지 못하니, 그 후에 인연을 따라 넓게 놓고[隨緣放曠], 성품에 맡겨 소요[任性逍遙]한다. 날마다 쓰는 사위의四威儀 안에서, 항상 스스로 조사하고 살피니, 다시 무상無常하여 빠르게 변함으로써, 생사의 일이 크니, 때때로 이끌어 깨우친다[時時提撕]. 일이 없으면 또한 모름지기 성인의 글을 읽어, 성식性識에 자질을 더한다. 진실로 능히 이와 같으면, 입세간入世間과 출세간出世間에 허물과 우환이 없음을 갖춘다.*

만약 힘을 얻었다면, 유가儒家가 바로 불교요, 불교가 바로 유가이며, 승僧이 바로 속俗이요, 속이 바로 승이며, 범부가 바로 성인이요, 성인이 바로 범부이며, 나는 바로 너요, 너는 바로 나이며, 하늘은 바로 땅이요, 땅은 바로 하늘이며, 물결은 바로 물이요, 물은 바로 물결이다. 소수蘇酥, 락酪酪, 제호醍醐가 섞여 한 맛을 이루고, 병 밑받침, 비녀, 팔찌가 녹아 하나로 금金을 이루니, 내게 있지 사람에게 있지 않다. 도를 얻으면 이 밭이, 나로 인하여 지

---

* 〔宋〕蘊聞編, 『大慧普覺禪師語錄』 卷22(『大正藏』 47, 906c) "如何是不壞世間相而談實相? 妙喜爲爾說破: 奉侍尊長, 承順顏色, 弟子之職當做者不得避免, 然後隨緣放曠, 任性逍遙. 日用四威儀內, 常自檢察, 更以無常迅速, 生死事大時時提撕. 無事亦須讀聖人之書, 資益性識. 苟能如是, 入世出世間俱無過患矣."

휘되니, 이른바 내가 법왕法王이 되니, 법에서 자재自在하여, 얻고 잃고 옳고 그름이 어찌 꺼리고 걸려, 강하게 되는 것이 아니니, 법이 이와 같은 까닭이다.*

이로부터 대혜선사의 '임성소요'는 바로 '자재'임을 명확하게 알수 있다. 대혜선사는 자신의 간화선에 대하여

"이 일은 총명하고 영민함에 있지 않고, 또한 근기가 둔鈍하고 천식淺識에도 있지 않다. 실제에 근거하여 논하면, 단지 분지일발噴地一發로 준칙을 삼을 뿐이다. 겨우 이 소식을 얻어, 무릇 언구가 있게 되며, 진리를 벗어나서 세운 곳은 아니고, 세운 곳은 바로 진리〔立處卽眞〕이니, 이른바 흉금을 드러내고, 천지를 덮을 뿐이다."**

라고 소회를 밝히고 있다.

대혜선사가 제창하는 간화선은 육조혜능으로부터 전승한 조사선을 다시 부흥시키려는 의도를 가진 것으로, 근저에는 조사선의

---

* 앞의 책 卷28(『大正藏』 47, 932b) "若得团地一下, 儒卽釋, 釋卽儒; 僧卽俗, 俗卽僧; 凡卽聖, 聖卽凡; 我卽爾, 爾卽我; 天卽地, 地卽天; 波卽水, 水卽波. 酥酪醍醐攪成一味, 瓶盤釵釧熔成一金, 在我不在人. 得道這個田地, 由我指揮, 所謂我爲法王, 於法自在, 得失是非, 焉有罣碍, 不是强爲, 法如是故也."

** 앞의 책 卷22(『大正藏』 47, 906b) "此事不在聰明伶俐, 亦不在鈍根淺識. 据實以論, 只以噴地一發爲準的耳. 才得這消息, 凡有言句, 非離眞而立處, 立處卽眞, 所謂胸襟流出, 蓋天蓋地如是而已."

노천관음상露天觀音像

핵심이 존재한다. 다만 접근 방법을 일상생활에서 더욱 간단하고 실행하기 쉽게 구성하였기 때문에 당시 학인들뿐만 아니라 사대부들에게 환영받아 널리 유행하게 되었다.

맺음말

대혜선사가 제창한 간화선은 지금도 조사선에 이르는 가장 중요한 방법으로 채택되고 있다. 더욱이 한국불교는 임제종 법맥을 계승하고 있고, 나아가 선법으로 간화선이 주된 맥을 차지하고 있다.

대혜선사가 임제종을 계승하여 간화선을 제창하였으니, 그 본산인 경산사는 한국불교에 상당히 중요한 의미가 있다.

㉮전하는 바에 의하면, 개산조사 법흠法鈫이 처음 경산에 왔을 때
는 눈꽃이 날리는 겨울이었다. 법사가 초가집에서 경을 읽고 있는
데 갑자기 백발노인이 나타나 그에게 절을 하며 "사부님!"이라고
크게 불렀다. 법흠은 노인을 부축하여 일으켰다. 노인은 계속하여
이르기를

"나는 본래 이 산의 다섯 개 용추龍湫를 지키는 용신으로 이 산에
법을 열 사람을 1,000년 동안 기다렸습니다. 당신이 이곳에 왔으
니 이제 나는 가도 되겠습니다. 내가 가면 용추는 전부 마를 것
입니다. 하지만 특별히 북쪽 봉우리 양지쪽에 용추 하나를 남겨
두었으며 암자도 당신에게 드리겠으니 이 산에서 개산開山을 하
십시오."

말이 끝나자마자 용 모양으로 변신하여 하늘로 사라졌다. 후에
법흠이 북쪽 봉우리 양지에 가보았더니 과연 새로 세운 암자가 있
었으며 그 옆에는 샘 하나가 있었다. 용신을 기념하기 위해 법흠은
그 샘을 "용정龍井"이라고 불렀으며, 암자에서 불법을 가르치면서
사원을 지었는데 절 이름은 '경산사徑山寺'이다.

㉯소동파가 법흠의 명성을 듣고 하루는 경산사에 놀러 왔다. 방장은 소동파의 옷차림이 수수함을 보고 보통 향객鄕客인가 하여 그저 "앉아."라고만 하였다. 그리고 작은 스님에게 분부하여 이르기를 "차!"라고 하였다. 작은 스님은 보통차를 올렸다. 잠깐 서로 문안한 후 방장은 손님의 말하는 스타일이 평범하지 않고 성품이 비범함을 느껴 "앉으세요." "차를 드리거라."라고 고쳐 말하였다.

깊은 대화가 오가던 중에 방장은 손님이 소동파임을 알고 저도 모르게 "상좌에 앉으십시오."라고 하였다. 작은 스님을 불러 "좋은 차를 드리거라."라고 하였다. 그리고 먹을 갈고 종이를 펴서 묵보墨寶를 구하였다. 소동파는 붓을 들어 대련 한 쌍을 썼다. 상련은 '좌청좌청상좌坐請坐請上坐'이고 하련은 '차경차경향차茶敬茶敬香茶'이다. 두 사람은 서로 마주 보면서 껄껄 웃었다.

· **25** ·

섬서성 서안시
陝西省 西安市

와룡선사
臥 龍 禪 寺

허운선사
虛 雲 禪 師

허운선사는 근대의 고승이다. 명明, 청淸 시기에 철저한 불교탄압으로
쇠락한 불교를 중흥시키고자 노력했으며, 특히 간화선看話禪을 근대의
시대정신에 맞게 재정립하여 제시한 점은 중요한 사상사적인 의의를 갖
는다.

머리말

"학이 서고 뱀이 다니며 세력이 그치지 않건만, 오천(五天: 오천
축)의 현묘한 글 귀신도 시름겨워 하는구나. 유가의 제자들 아는
사람 없는데, 귀 뚫은 호승胡僧은 웃으며 고개 끄덕이네."*

송나라 태조의 시詩로, 서안 와룡선사에 있는 '옴唵'자 비碑를 묘
사한 것이다. 당나라 고승 의정義淨이 서역에서 가지고 와 새긴 것
으로, 비문을 알아보는 사람이 없었으며, 귀신과 견문 있는 모든 사
람이 두려워하지 않음이 없었다고 전해진다. 송 태조는 제위帝位에

---

*   淨慧主編, 『虛雲和尙全集』 中州古籍出版社, 2009. "鶴立蛇行勢無休, 五天玄
字鬼神愁. 儒門弟子無人識, 穿耳胡僧笑點頭." "鶴立蛇行勢無休, 五天玄字鬼
神愁. 儒門弟子無人識, 穿耳胡僧笑點頭."

오르기 전 와룡선사에 와서 고승 혜과惠果화상과 자주 이야기를 나누었다. 혜과화상은 하루 종일 높은 곳에 누워 있어, 사람들이 '와룡화상臥龍和尙'이라고 불렀으며, '와룡선사'라는 명칭도 여기에서 온 것이다.

유구한 세월의 시련과 사람이 만든 재난을 겪어온 와룡선사는 서안 시내에 있다. 비교적 보존이 잘된 사원이다. 옛 건물들이 여러 곳에 자리하고 있어 서안에서 첫 번째로 손꼽히는 선종사원으로 도풍道風이 순수하게 남아 있다. 예로부터 지금까지 와룡사는 '선칠禪七'을 특히 중요시하여, 1년에 한 번, 음력 10월 15일부터 10차례 '선칠'을 행하니, 70일 동안 용맹정진한다. 근대의 고승 허운虛雲선사가 일찍이 주석하였다.

일주문

대웅보전

사원의 역사

사원 안에 있는 비문碑文에 따르면, 와룡사는 한나라 영제靈帝 시기(168~189)에 창건되었다. 1,800여 년 전이니, 중국 초기 사원 가운데 하나라고 할 수 있다. 수나라 당시에는 '복응선원福應禪院'이라고 하였다. 당대에 오도자吳道子가 그린 관음상이 보존되어 있어 '관음사觀音寺'라고 불렀다. 당 의종懿宗 함통咸通 연간(860)과 희종僖宗 건부乾符 연간(874)에, 연이어 석각다라니경당石刻陀羅尼經幢을 건립하였다. 당말 송초에 선종이 성행하여 많은 율사律寺와 강사講寺들이 선종사찰로 바뀌었는데, 와룡사도 예외 없이 임제종이 전해져 주류를 이루었다. 송초宋初 고승 혜과惠果가 주지로 들어와 하루 종일 높은 곳에 누워 있어 당시 사람들이 '와룡臥龍화상'이라 불렀다. 그에 따라 송 태종 때(976~997) 사찰 명칭을 '와룡사'로 바꾸었다. 송 태조 조광윤趙匡胤이 아직 세상에 드러나지 않았을 때 와룡사에서 머물렀다. 당시 조광윤은 산문 위에 높이 걸려 있는 '와룡'이란 글자가 새겨진 편액을 보고 대단히 상서로운 징조라고 생각하였다. 나중에 조광윤이 황제가 되어 부처님께 감사의 참배를 올리며, 특별히 칙령을 내려 와룡사를 크게 넓혀 새롭게 보수하였다. 원에서 청에 이르기까지 와룡사는 여러 차례 중수되었다.

광서光緖 초기 동하東霞화상이 있었는데, 호는 공령高齡이고 산동 사람이다. 처음에는 관리였는데, 관리 사회가 부패했음을 깊이 느껴 벼슬을 버리고 출가하여 승려가 되었다. 이 절에서 홀로 대중을 접인接引하니, 한때 200여 명의 승려가 머물며 불법의 교화를 크게 떨쳤다. 광서 16년(1890) 삼단대계三壇大戒를 전수하여 승려들을 배출하며 불법의 혜명을 계승하였다. 1900년 러시아, 독일, 영국 등 8국 연합군이 북경을 침입하자 자희태후慈禧太后와 광서황제가 서안西安으로 피난하였다. 당시 허운虛雲선사는 북경에 주석하였는데, 선사에게 귀의한 많은 황족과 대신들이 선사의 안위를 걱정하여 서안에 오시도록 청하여 와룡사에 주석하게 하였다. 그때 서안에 큰 가뭄과 전염병이 만연하자 선사는 7일 동안 법회를 열었고, 한더위에 눈이 날리기를 구하자 눈이 내렸으며, 이에 자희태후가 감동하여 눈밭에서 무릎 꿇고 절을 올렸다. 그 후 태후는 은 1,000냥을 보시하여 사원을 중수하고 석패방石牌坊을 건립하였는데, 웅장하고 아름다웠다. 또한 친히 '자운비왈慈雲悲曰', '삼승질요三乘迭耀'

(좌) 와룡사청규비臥龍寺淸規碑

(우) 명나라 영종장경비성지(明英宗頒賜藏經碑聖旨)

라고 쓴 편액을 하사하였으며, 산문 편액에 "칙건시방와룡선림(勅建十方臥龍禪林: 칙령으로 시방세상에 와룡선림을 세움)"이라고 썼다. 당시 서장西藏과 몽고의 라마 왕족들은 천리 먼 길을 마다하지 않고 각종 진품眞品과 불상을 보내 왔다. 그 가운데 불상은 와룡사에 공양하라고 칙령을 내린 것이다. 그래서 현재 사원 안에는 소형 불상들이 매우 많다.

민국 시기 와룡사는 여전히 동쪽, 중앙, 서쪽의 삼원三院이 보존되어 있었고, 부지 면적이 17무(畝; 1무는 약 200평)이며, 전당과 사우가 200여 칸으로, 청말의 모습을 유지하고 있었다. 민국 13년(1924) 강유위康有爲가 공적인 일로 섬서성陝西省에 와서 여러 사찰을 순례하고 이곳에 와서 '와룡사'라는 세 글자의 편액을 썼다. 강

법당法堂

옥불상玉佛像

유위는 원래 사원 안에 있는 송판宋版 『대장경』을 가져갈 생각이었
으나 뜻을 이루지 못했다고 한다. 민국 20년(1931)에서 22년까지
주자교朱子橋, 정송생井松生 등이 연이어 기부금을 보내 대전과 법
당, 염불당을 유지 보수하였다.

　와룡사는 민국 20년(1931) 보생寶生화상이 주지로 있을 때 한 차
례 수계산림을 하고, 민국 24년(1935) 자운법사가 한 차례 수계하
였다. 민국 31년(1942), 33년, 35년 낭조朗照법사가 세 차례 수계법
회를 봉행하여 적지 않은 승려들을 배출하여 불교를 후대에 이어
가도록 하였다. 민국 21년부터 38년까지 와룡사에 섬서성불교회
陜西省佛敎會를 두었다. 와룡사는 역사에서 주로 선종도량이었지만,
다른 종파의 경전과 교의를 아울러 전파하여 '각종병홍도량各宗幷
弘道場'이라 불려진다. 예컨대 1922년에는 묘활妙闊법사가 『유식삼
십팔송』과 『능엄경』 등을 강설하였고, 1931년에는 태허太虛법사가
『금강경』 강의를 열었으며, 1932년에는 자운慈雲법사가 『원각경』
을 강설하였다. 1942년과 1949년 후반에는 낭조朗照법사가 주지를
맡으면서 『능엄경』과 『법화경』 등을 두루 강설하였다. "문화대혁
명" 기간에는 승려들이 절을 떠나고, 불상과 법물法物이 남김없이
훼손되었으며, 공장이 입주하여, 사원의 면모가 전혀 없었다.

사원의 현황

와룡사는 서안 시내 백수림가柏樹林街 동쪽에 자리 잡고 있다. 건축
물의 구조가 잘 짜여 있고 명·청대의 풍격風格이 있다. 오간산문五

間山門은 북쪽에서 남쪽으로 향해 있고, 편액에 '와룡선림'이라고 크게 쓰여 있다. 전당 앞에는 청석靑石 사자 한 쌍이 사납고 용맹스럽게 서 있으며, 산문 밖에는 철책문 하나가 있다. 문 안에는 동쪽과 서쪽 문지기 숙소가 각기 두 칸이 있다. 동쪽에는 문물보호비가 자리를 지키고 있다. 동쪽과 서쪽에 건물 세 칸이 나란히 마주 서 있고, 동쪽에는 지장상을 서쪽에는 관음상을 모셨으며, 두 전당 북쪽에는 각각 비랑碑廊 네 칸이 세워져 있다.

안으로 향해 첫 번째 건물이 천왕전이고, 양쪽에 종과 고루鼓樓, 회랑이 있고, 안쪽 벽에는 18나한 석각상과 사원 보수에 시주한 사람들의 이름이 새겨져 있다. 세 번째 정원 안에는 대웅보전이 있으며, 가운데에 화엄華嚴 삼성三聖을 모셔 놓았으며, 한쪽 면에 조박초趙樸初 선생이 쓴 '대웅보전'이라는 편액이 높이 걸려 있다. 동쪽과 서쪽의 객당客堂은 각각 5칸이며, 서당西堂에는 목각삼성불이 모셔져 있다. 후원 동쪽에 연수당延壽堂이, 서쪽에 조사당이 있다.

뒤로 가면 대비전大悲殿 3칸이 있고, 안에는 향장목香樟木에 조각한 천수관음상이 그 뒤에는 위타상韋陀像 한 분이 모셔져 있다. 뒤쪽 대원大院 동쪽과 서쪽에 각각 전당 5칸이 나란히 있다. 가장 뒤쪽에 있는 것이 설법당이며, 안에는 3m가 넘는 미얀마 석가불옥상이 모셔져 있고, 동서로 방장실이 자리하고 있다. 동쪽 정원 안에는 재당, 주방, 손님 식당, 창고 등이 있다. 뒷부분에 숙소 42칸이 있다. 서원西院에는 선당禪堂이 있는데, 대들보가 크고 화려하며, 처마와 기둥이 높고 커서 장관이다. 20m쯤 더 들어가면 뒷면에 또 염불당이 있고, 그 안에 서방삼성상西方三聖像이 모셔져 있다.

와룡사 안에는 비석림碑石林을 세우고 문물을 모아 놓았는데 현장玄奘법사가 서역에서 가지고 왔다고 전해지는 불족적비佛足迹碑, 당 오도자吳道子가 그린 관음상비觀音像碑, 송나라 진종眞宗 함평咸平 연간(1003)에 합금으로 주조한 '유명종幽冥鍾'이 있다. '유명종'은 '무안종無眼鍾'이라고도 하는데, 모양이 정교하고 아름다우며, 종소리가 은은하고 감동적이다. 명 홍무洪武 15년(1382) 와룡역사비臥龍歷史碑, 명 영종英宗 정통正統 10년(1445) 반사장경비頒賜藏經碑, 명 무종武宗 정덕正德 16년(1521) 중수비重修碑, 청 함풍咸豐 2년(1852) 중흥십행규약비重興十行規約碑, 동치同治 7년(1868) 와룡역사비, 청 광서 27년(1901) 태후연은량중수비太后捐銀兩重修碑, 민국 35년(1946) 전계비傳戒碑 등도 있다.

와룡사는 1992년부터 다른 용도로 쓰고 있던 건물과 방을 회수하기 시작하여 1995년에 이르러 복원 공사가 완성되었다. 와룡사는 역사적으로 형성된 순정한 도풍으로 평소 수행하는 승려들이 동경하는 곳이었다. 복원된 이후 상주하는 승려가 60여 명에 달한다. 선종 총림 제도와 전통 청규를 엄격하게 유지하고 있어 현재 중국에서 첫 번째로 손꼽히는 선종 도량이 되었다.

허운 노화상과 그의 선사상

허운선사(1840~1959)는 근대의 가장 위대한 고승 가운데 한 분이다. 선사의 일생은 중화민국의 100년 재난과 함께한다. 본적은 호남 상향현湘鄉縣이고, 출생할 때 어머니가 돌아가셔서 서모 슬하에서 자랐다. 속성俗姓은 소蕭 씨이고, 초명은 고암古巖, 또 다른 이름은 연철演徹이다. 자는 덕청德淸, 별호는 환유幻游이다. 부친 소옥당蕭玉堂이 관직을 지낸 천주泉州 부막府幕에서 탄생하였다.

허운 노화상

100여 년 동안 고행을 하고 15개 도량을 행각하며 6대 조정(祖庭; 본사급)을 중창하였다. 선종 오종을 계승하였으니, 제자와 신도들이 수백만 명에 달하는 고승으로 '선종의 태두泰斗'라고 칭송되었다. 허운선사는 어렸을 때, 스승에게 유가儒家의 글을 배우고, 불법을 신봉하는 할머니의 영향을 받아 한마음으로 부처님을 섬겼다. 17세 때 남악에 출가하러 갔는데, 길이 익숙하지 않아 도중에 가족들에 의해 집으로 돌아갔다. 19세에 복건福建 고산鼓山 용천사涌泉寺에서 출가하여 상개常開선사를 스승으로 모시고 다음해 계를 받았다. 가족들이 찾아오는 것을 피하기 위하여 사원 뒤에 있는 동굴에서 3년 동안 고행을 하다, 부친이 나이가 들어 고향으로 돌아가겠다는 소리를 듣고서야 동굴에서 나왔다. 나중에 다시 산에 가서 3년 동안 고행하였으니, 모두 합하면 6년이나 동굴수행을 한 것이다.

청 광서光緒 18년(1892) 묘련妙蓮화상에게 임제종 의발을, 요성耀成화상에게 조동종 의발을 전수받았다. 27세에 고산鼓山을 떠나 절

강의 명산과 큰 사찰에 가서 명망 높은 선사들을 참방하여 경전의 가르침을 배우고, 선종을 탐구하였다. 이후 섬서 종남산, 사천 아미산, 라싸의 삼대사三大寺를 참방하였다. 부모님 은혜에 보은하기 위하여 일찍이 23개월 동안 보타산에서 오대산까지 3보1배를 하는 도중에 생사生死를 경험하였다. 서장에서 인도, 석란(錫蘭; 지금의 스리랑카), 미얀마로 부처님 자취를 따라 순례하였다. 미얀마에서 본국으로 돌아오면서 운남 계족산鷄足山을 참배하고, 귀주, 호남, 호북 등지를 경유하여 안휘 구화산九華山을 참배하였다. 다시 양주 고민사高旻寺에 가서 선칠법회禪七法會에 참가하고 적산赤山 법인法忍 화상이 계신 곳에서 깨달음을 얻었다.

허운선사가 양주 가는 길에 강을 건널 때 실족해서 물에 빠져 하루 밤낮을 떠내려가 생명이 위급했는데 어부에게 구조되었다고 한다. 나중에 고민사에 도착하자 주지가 선사에게 선당禪堂의 집사執事를 맡겼다. 선사가 거절하자 주지는 대중 앞에서 향판香版을 치며 강권하였고, 말없이 따랐다. 나중에 그가 물에 빠졌던 일을 아는 다른 스님이 고민사 대중에게 알리자 그때서야 그의 처지를 알고, 선당 집사의 일을 면제해 주었다. 8번째 선칠禪七이 되었을 때, 밤늦게 정진 중 차를 받다 뜨거운 찻물이 손에 닿아 잔을 떨어뜨려 깨졌다. 갑자기 잔이 깨지는 소리를 듣고, 선사는 본분사를 깨닫고, 다음과 같은 두 수의 게송을 남겼다.

잔이 땅에 떨어지니,
쨍그랑 소리 분명하고,

(화두가) 허공에서 부서지니,

날뛰던 마음 이 자리에서 그치네.

(杯子撲落地 響聲明瀝瀝 虛空粉碎也 狂心當下息)

손은 더운 찻물에 데고, 잔은 깨지니,

집이 부서지고 가족을 잃은 것처럼 말문이 막히는구나.

봄이 되어 꽃향기 곳곳에 짙으니,

산하대지가 다 여래로다.

(燙着手打碎杯 家破人亡語難開 春到花香處處秀 山河大地是如來)

광서 26년(1900) 8국 연합군이 북경을 침공해 들어오자, 신도들
이 선사의 안위를 걱정하여 서안으로 피신할 것을 권하였다. 허운
선사는 서안 와룡선사에 머물며 법을 널리 펼치고, 큰 가뭄과 전염
병의 재난을 해결하고 와룡선사를 조용히 떠났다. 비록 허운선사
가 머문 시간은 길지 않았지만, 와룡선사의 중흥을 이룰 수 있는 계
기를 마련하여 최근의 복구도 가능하게 되었다. 다음해 허운선사
는 종남산에 초가집을 짓고 2년 동안 깊이 수행하였다. 그 뒤 계족
산에 가서 발우암鉢盂庵 주지를 하며 남양南洋 등지에 사찰을 세우
기 위해 보시를 구하였다. 선통宣統 원년(1909)에 이르러 북경에서
『용장龍藏』 전부를 청해 얻어 계족산에 돌아오니, 칙령으로 발우암
을 보국축성사報國祝聖寺로 개명하게 되었다.

1912년 중화민국이 건립되고, 승려를 환속시키고 절을 훼손하
는 풍조가 나타났다. 전군(滇軍: 운남성 군대) 사단장이 친히 허운선

서북제일선림西北第一禪林

화두話頭

사를 붙잡으러 왔는데, 설법으로 설복시켜 허운선사에게 귀의하였다. 민국 7년(1918) 허운선사는 남양에서 옥불玉佛을 청하여 축성사祝聖寺로 돌아와 사원을 중건하였다. 이후 전(滇; 운남), 월(粵; 광동), 민(閩; 복건)의 군정軍政 요청에 응해 곤명昆明 화정사華亭寺로 옮겼다 고산鼓山에서 주지를 하며, 조계 육조의 도량 남화사南華寺를 중창하였다. 민국 31년(1942) 겨울 중경重慶에서 보국식재대비법회報國息災大悲法會를 주관하며 3개월 넘게 지냈다. 민국 32년(1943) 겨울 광동 북쪽 운문산雲門山 대각사大覺寺를 중창할 것을 발원하였다. 1951년 군대가 사찰을 포위하고 허운선사를 가해加害하는 '운문사변'을 당해, 다음과 같은 대련을 남겼다.

앉아서 네 번의 왕조 다섯 황제를 보며 상전벽해가 몇 번인지 깨닫지 못했더니,
온갖 재난과 어려움 다 겪고 세상 무상함을 깨닫는구나.
(坐閱五帝四朝不覺滄桑幾度, 受盡九磨十難了知世事無常.)

1959년 10월 13일, 허운선사는 강서 운거산雲居山 진여사眞如寺에서 세수 120세, 법랍 100세로 입적하였다.

허운선사가 몸소 중수하고 확장해 세운 명산 고찰古刹의 수가 많은데 모두 유명한 선종사원들이다. 운남 곤명 운서사雲棲寺, 복건 고산 용천사, 광동 소관韶關 남화사와 운문사, 강서 운거산 진여사 등이다. 선사는 머무는 곳마다 쇠락한 사찰을 복원하였지만, 스스로는 항상 하나의 삿갓, 하나의 불자拂子, 한 벌의 납의納衣, 하나의

걸망만 몸에 지녔을 뿐, 입적할 때까지 낡은 초가집에 머물렀다.

일생 동안 허운선사는 선수행에 몰두하면서 한편으로『능엄경현요楞嚴經玄要』,『법화경약소法華經略疏』,『유교경주석遺教經注釋』,『도각경현의圖覺經玄義』,『심경해心經解』등 10여 종의 저술을 완성하였다. 평생 대중과 제자들에게 강경講經하고 설법한 것은 셀 수가 없다. 선사는 불교를 부정적인 것이고 미신이라 여기는 잘못된 주장에 대하여 "불교를 모르는 사람의 말"이라고 논박하였다. 또한 불교사상은 스스로도 이롭고 남도 이롭게 하는 것이라고 하였다. 선사는 "불법을 배우는 것은 항상 계율을 지키는 것을 근본으로 삼는다."고 하여 계율을 엄격하게 행하였으며, 입적하기 전에도 시자들에게 반드시 계율을 중시할 것을 부촉하였다.

허운선사는 한 시대 선학의 대가로 평범하면서 자연스러운 선풍을 주장하며,『능엄경』을 중시하여 여러 차례 강설하였다.『참선게參禪偈 12수』의 첫 수에서 다음과 같이 읊었다. "참선은 현묘한 것이 아니요, 체득해 깨달아 근원을 연구하는 것이네. 마음 밖에 원래 법이 없으니, 어찌 하늘 밖에 하늘을 말하겠는가.(參禪不是玄 體會究根源. 心外原無法 哪云天外天.)" 참선의 목적과 임무는 바로 명심견성明心見性하여 스스로 불도佛道를 이루어, 우리들 마음속에 있는 분별과 망령된 욕구를 없애는 것이며, 우리들 마음의 본원을 체득해 깨닫는 것이며, 안에서 찾아 구하는 것이며, 자성自性의 빛을 드러내어 본래면목을 철저히 아는 것이라고 강조하였다. 선사가 찬술한『목우도牧牛圖』게송에 이러한 관점이 명확하게 드러나 있다.

"본래 하나의 일 없어도 생각에서 구할 수 있고(本無一事可思求)

평지풍파 붓으로 거두리라 믿으니(平地風波信筆收)

땅에서 넘어지면 다시 땅에서 일어나(從地倒還從地起)

시방세계에 맘껏 노니는구나.(十方世界任優游)"

결론적으로 허운선사의 선풍은 육조 혜능대사가 창건한 남종의 돈오법맥을 계승하여, 참되게 수행하여 실증함에 있다. 신심信心이 굳어 모든 인연을 내려놓고 일문一門에 깊이 들어가면 곳곳에서 모두 수행할 수 있고, 도처가 모두 도량이 된다고 생각하였다. 허운선사는 선禪에 있어 탁월한 깨달음을 체득했을 뿐만 아니라 여러 고찰을 중창하고 승려들을 배양했으며, 법장法藏을 정리하여 가르침과 청규淸規를 천하에 떨치게 하는 데 뛰어난 공헌을 하였다.

맺음말

1,800여 년의 역사를 지닌 와룡선사는 선종을 위주로 모든 종파宗派를 겸하면서 명심견성明心見性을 목적으로 하는 전통적인 선도량禪道場이다. 청말 재난 속에서 와룡선사는 시대를 슬퍼하고 백성을 불쌍히 여기는 보살심으로 중화 민중들에게 많은 위로를 주면서 발전하였다. 그러나 세상이 어지러워 사원 훼손을 면하기 어려웠다. 나라가 안정되자 부처님 가르침도 다시 흥기할 수 있어, 현재 와룡선사는 각계 법연法緣의 보호 아래, 청대의 본래 모습을 거의 회복하였고, 번화한 도시 속에 인간정토人間淨土를 구현해냈다. 최

근 선풍이 크게 떨쳐지면서 근엄한 도풍으로 이름이 나고, 천하의 불자들이 동경하는 곳이 되었다. 현재 방장 여성如誠법사는 1987년 주지로 주석한 이래, 선종의 종풍을 널리 펼치고, 종문의 가르침과 계율을 엄수하여 단월檀越들에게 깊은 존경을 받고 있다.

와룡고사
臥龍故事

㉮송 태조 조광윤이 보위에 오르기 전에 와룡선사에서 며칠을 머물며 고승과 즐겁게 담소를 나눈 적이 있다고 한다. 그런 인연으로 왕위에 오른 후에도 자주 고승을 찾아와 담론談論하였다. 이 고승은 종일 누워 있어 사람들은 '와룡화상臥龍和尙'이라고 불렀다. 후에 송 태종은 절 이름을 '와룡선사臥龍禪寺'로 개명하였다.

㉯1900년 8개국 연합군이 침략하였을 때 자희태후慈禧太后는 광서光緖 황제와 서안으로 피신하였다. 그해 8월 삼복三伏 기간에 서안은 가뭄과 전염병으로 죽은 시신들 때문에 악취가 하늘을 찔렀다. 허운 노화상은 여러 대중을 데리고 와룡선사에서 기우제祈雨祭 대법회를 열었다. 7일간의 대법회가 끝나는 날 하늘에서 눈이 내리기 시작하였다. 허운 노화상은 법대에 혼자 앉아 7일 동안 계속 용맹정진하였다. 그랬더니 장안성 내외 온 천지가 얼음으로 꽁꽁 얼었다. 안하무인의 자희태후도 감동 받아 친히 현장에 찾아와 눈 위에서 허운 노화상에게 절을 올리며 존경을 표하였다.

법지法志 심득心得

佛佛佛이여

心心心이로다

닦고 수증함이 없지는 않지만

닦아 수증되면 십만 팔천 리

때때로 오르는 뒷동산

언제나 한결같이 반가운 친구들

見心見佛 照心照佛

견심견불 조심조불

捨念入心 捨識入禪

사념입심 사식입선

隨緣如如 如如解脫

수연여여 여여해탈

법지法志

1980년 자월慈月 스님을 은사로 해조암에서 득도하고, 자운慈雲 스님을 계
사로 비구계를 수지하였으며, 불국사 승가대학을 졸업하고 중강을 역임하
였다.

중앙승가대학을 졸업하고, 동국대학교 불교대학원에서 석사학위를, 중국
남경대학교에서 박사학위를 취득하였다.

한국의 정각사·해인사, 중국의 남화선사·고명사·사조사 등에서 수선 안
거하였다.

현재 중국남경대학 『중국불교예술中國佛敎藝術』 편집위원, 부산 대원사 주
지, 대한불교조계종 교육아사리, 동국대 WISE캠퍼스 겸임교수 등의 소임
을 맡고 있다.

저서로 『법보단경』(역주), 『중국불성론』(역주) 등이 있다.

중국선 로드맵

초판 1쇄 인쇄 2024년 2월 26일 | 초판 1쇄 발행 2024년 3월 5일
지은이 법지 | 펴낸이 김시열
펴낸곳 도서출판 운주사

(02832) 서울시 성북구 동소문로 67-1 성심빌딩 3층
전화 (02) 926-8361 | 팩스 0505-115-8361
ISBN 978-89-5746-770-1 03220　값 33,000원
http://cafe.daum.net/unjubooks 〈다음카페: 도서출판 운주사〉